AlphaZero

알파제로를
분석하며 배우는
인공지능

Artificial Intelligence

Original Japanese title: AlphaZero SHINSOU GAKUSHU·KYOUKA GAKUSHU·TANSAKU JINKOUCHINOU PROGRAMMING JISSEN NYUMON

Copyright ⓒ 2019 Hidekazu Furukawa

Original Japanese edition published by Born Digital, Inc.
Korean translation rights arranged with Born Digital, Inc.
Through The English Agency (Japan) Ltd. and Danny Hong Agency

1쇄 발행 2019년 12월 30일

지은이 후루카와 히데카즈
옮긴이 김연수
펴낸이 장성두
펴낸곳 주식회사 제이펍

출판신고 2009년 11월 10일 제406-2009-000087호
주소 경기도 파주시 회동길 159 3층 3-B호
전화 070-8201-9010 / **팩스** 02-6280-0405
홈페이지 www.jpub.kr / **원고투고** jeipub@gmail.com
독자문의 readers.jpub@gmail.com / **교재문의** jeipubmarketer@gmail.com

편집팀 이종무, 이민숙, 최병찬, 이 슬, 이주원 / **소통·기획팀** 민지환, 송찬수 / **회계팀** 김유미
진행 및 교정·교열 이종무 / **내지디자인** 이민숙 / **내지편집** 북아이 / **표지디자인** 미디어픽스
용지 타라유통 / **인쇄** 한길프린테크 / **제본** 광우제책사

ISBN 979-11-88621-80-4(93000)
값 30,000원

제이펍은 독자 여러분의 아이디어와 원고 투고를 기다리고 있습니다. 책으로 펴내고자 하는 아이디어나 원고가 있는 분께서는
책의 간단한 개요와 차례, 구성과 저(역)자 약력 등을 메일로 보내주세요.   **jeipub@gmail.com**

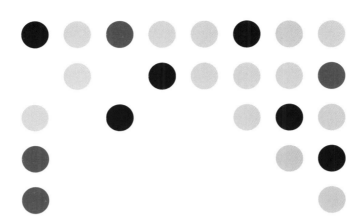

AlphaZero
알파제로를 분석하며 배우는
인공지능
Artificial Intelligence

후루카와 히데카즈 지음 / 김연수 옮김

제이펍

차례

CHAPTER **1**

알파제로와 머신러닝 개요　　　　　　　1

CHAPTER **2**

파이썬 개발 환경 준비　　　　　　　　27

**옮긴이
머리말**

인공지능Artificial Intelligence, AI이라는 용어는 1950년대에 처음 등장했다. 다른 과학 기술들과 달리 그 실체를 알기 어려웠기에 공상 과학 소설이나 영화에서는 저마다 다양한 형태로 인공지능의 모습을 그렸다. 〈터미네이터(The Terminator)〉(1984)에서 등장한 인공지능인 **스카이넷**Skynet은 자신의 지배를 위해 인류를 말살시키려 했고, 〈매트릭스(The Matrix)〉(1998)에서는 인공지능이 인류를 지배하고 고치 안에 인간을 가두어 에너지원으로 착취하기도 했다. 〈바이센테니얼 맨(Bicentennial Man)〉(1999)에서는 인간의 감정을 닮고 싶어 하는 인공지능의 모습을 그렸으며, 〈A.I.〉(2001)에서는 인간이 되고 싶어 하는 로봇 아이의 모습을 그렸다. 대부분의 소설이나 영화에서는 인간과 인공지능의 대립, 인간의 지능을 훨씬 뛰어넘은 인공지능의 무서움을 그리며 인류에게 고민을 안겼다.

그러나 기술의 속도는 사람들이 걱정하는 것만큼 빠르지 않았다. 〈터미네이터〉에서는 1984년에 스카이넷이 탄생하고 2029년에 지구를 점령하지만, 지난 몇 년 동안 인공지능이나 로봇 기술의 발전은 생각보다 더디었다. 1980년대 이후, 사람의 신경을 본떠 만든 인공 신경망인 **뉴럴 네트워크**Neural Network에 관한 연구가 활발하게 이루어졌지만, 그 연구의 결과는 실질적인 기술의 형태로 나타나지 않았다. 인공지능은 사람이 정교하게 만들어 낸 수많은 데이터를 학습한 뒤에야 지능인 것처럼 보이는 몇몇 결과물(체스 경기 등)을 만들어 냈다. 1990년대 중반 가전제품들에 **퍼지 이론**Fuzzy theory, **카오스 이론**Chaos theory, **유전자 알고리즘**Generic algorithm 등이 적용되었지만, 그 정도나 범위는 너무나 제한적이었다. 심지어 2000년대 중후반이 될 때까지도 로봇의 움직임은 사람의 몇 가지 움직임을 흉내 내는 정도에 그쳤다.

2006년, 토론토 대학의 **조프리 힌튼**Geoffrey Hinton 교수는 처음으로 **딥 러닝**deep learning의 개념을 제안했다. 딥 러닝 이론, 기존의 한계를 뛰어넘은 컴퓨팅 능력(하드웨어와 클라우드 컴퓨팅), 그리고 막대한 양의 데이터에 힘입어 1990년대 혹한기를 맞았던 인공지능은 다시 여명기를 맞아 엄청난 속도로 발전한다. 그리고 2016년, 구글 **딥마인드**DeepMind가 개발한 인공지능 **알파고**AlphaGo는 인간에 앞서기까지 앞으로 10년은 족히 필요할 것이라던 모든 전문가의 예상을 비웃듯, 이세돌 9단에게 5전 4승 1패로 승리를 거두고 전 세계를 경악에 빠뜨렸다. 알파고의 후손들이 정말 인류를 점령하고 지배하는 것일까?

이 책에서는 알파고를 한층 개량한 **알파제로**AlphaZero의 기반이 되는 뉴럴 네트워크의 핵심 알고리즘을 설명하며, 파이썬을 사용해 실제로 알고리즘을 구현해 본다. 독자는 컨볼루셔널 뉴럴 네트워크, 순환 뉴럴 네트워크 등을 학습하면서 머신러닝, 딥 러닝, 인공지능에 관한 폭넓은 지식과 경험을 얻을 수 있을 것이다. 또한, 단순히 알고리즘만을 구현하는 것이 아니라 다양한 게임(간소화된 틱택토, 오셀로, 장기 등)을 구현해 보면서 다양한 뉴럴 네트워크 알고리즘을 실제로 어떻게 사용할 수 있는지 학습하고, 결국 인공지능이 만들어 내는 세계는 어떠한 모습이며, 그리고 그 속에서 우리들이 어떤 역할을 하고 무슨 가치를 찾아내야 할 것인지 고민하고 기대할 수 있을 것이다.

번역하는 동안 많은 도움을 주신 모든 분께 감사드립니다. 특히, 이 책을 번역할 수 있도록 허락해 주신 제이펍 장성두 대표님, 예쁘게 책을 만들어 주신 편집자 및 디자이너 분, 베타리딩에 참여해 주신 모든 분께 감사드립니다. 여러분의 도움으로 더 많은 분이 책을 쉽고 편안하게 읽을 수 있게 되었으며, 역자 또한 많은 것을 새롭게 배울 수 있었습니다.

마지막으로, 번역하는 동안 한결 같은 사랑으로 곁을 지켜준 아내와 딸들에게 너무나도 감사합니다. 사랑합니다. 고맙습니다. 덕분에 삽니다.

2019. 12

경기도에서 **김연수**

머리말

이 책은 프로 바둑 기사들에게 승리를 거둔 인공지능 알파고의 최신 버전인 알파제로를 실제로 만들어 보면서 학습하는 인공지능 프로그래밍 입문서다.

작은 프로그램을 단계별로 작성하면서 프로그래밍 언어인 **파이썬**Python과 인공지능 기초 기술인 딥 러닝, 강화 학습, 탐색을 학습하고, 최종적으로 알파제로 기반의 인공지능을 완성해 **틱택토**tic-tac-toe, **커넥트4**Connect4, **오셀로**Othello, **간이 장기**Simple Sho-gi 게임을 실습해 본다.

인공지능 프로그래밍이라고 하면 고성능의 컴퓨터나 서버가 필요할 것 같지만, 이 책에서는 구글이 제공하는 무료 온라인 서비스인 'Google Colaboratory'를 사용하기 때문에 고급 장비는 필요로 하지 않는다. 웹 브라우저를 사용할 수 있는 개인용 컴퓨터(윈도우/맥/리눅스)와 네트워크 환경만 있으면 누구나 손쉽고 간단하게 인공지능 프로그래밍을 시작할 수 있다.

이 책은 다음의 독자를 대상으로 한다.

- 인공지능 프로그래밍을 시작하고자 하는 분
- 딥 러닝, 강화 학습, 탐색에 관해 학습하고자 하는 분
- 알파제로의 구조를 알고자 하는 분

알파제로의 특징은 크게 두 가지다.

첫 번째, 숙련된 기술자의 데이터를 전혀 필요로 하지 않는다. 사람이 가진 지식의 한계로부터 제약을 받지 않는 것이 인공지능의 강점으로 꼽힌다. 또한, 게임에 관한 규칙 이상의 어떤 전문 지식도 필요로 하지 않으므로 '두 사람이 대결하는 유한 확정 완전 정보 게임'[1]이라면 어떤 게임에서라도 응용할 수 있다.

두 번째, 알고리즘이 믿을 수 없을 만큼 우아하다. 프로 바둑 기사들에게 승리를 거두었기 때문에 세상의 많은 사람이 이해하지 못할 만큼 복잡한 알고리즘을 사용했다고 하더라도 전혀 이상하지 않다. 그러나 놀랍게도 딥 러닝, 강화 학습, 탐색이라는 기초적인 기술을 조합함으로써 대단히 간단하고, 스마트하며, 아름다운 알고리즘으로 구성되어 있다.

부디 이 책이 인공지능 프로그래밍을 시작하고 싶은 분에게 도움이 되고, 더 많은 분이 알파제로 알고리즘의 우아함을 느낄 수 있으면 좋겠다.

마지막으로, 본 디지털의 사토 히데카즈 씨, 삽화를 그려 준 히라사와 마코토 씨, 이외에도 도와준 많은 분에게 감사드린다.

후루카와 히데카즈

---

1 옮긴이 게임에서 둘 수 있는 수의 숫자가 정해져 있고(유한), 주사위를 던지는 것과 같이 게임 상태에 무작위적인 요소가 없으며(확정), 게임에 참여한 플레이어에게 모든 정보가 공개되는(완전 정보) 게임으로, 알파제로가 대상으로 하는 바둑, 장기, 체스가 이에 해당한다.

이 책은 2017년 12월에 영국의 딥마인드가 발표한 알파제로의 눈문에 게재된 머신러닝 알고리즘을 기반으로 인공지능 프로그래밍을 학습하기 위한 책이다. 책에 실린 프로그램은 저자가 직접 구현한 것으로, 바둑이나 장기와 같은 대규모 프로그램이 아니라 보다 간단한 오셀로와 같은, 두 사람이 대결하는 유한 확정 완전 정보 게임에 응용시켜 실제로 테스트해 볼 수 있다.

개발 언어로는 파이썬을 사용하며, 2장에서 파이썬의 기본적인 문법에 관해 간단히 정리해 놓았다. 혹시라도 파이썬을 처음 접하는 독자가 있다면 먼저 다른 입문서 등을 통해 학습하길 권한다.

이 책에서는 지금부터 머신러닝을 시작하는 분도 학습할 수 있도록 1장에서 머신러닝의 개요에 관해 정리했다. 다만, 알파제로에 적용된 기술을 설명하는 책이므로 일반적인 인공지능이나 머신러닝 학습에 관한 범용적인 설명은 하지 않는다. 해당 내용을 학습하고자 하는 분은 다른 전문 서적을 참고하기 바란다.

다음에 각 장의 개요를 간단히 소개한다. xvi페이지에 이를 '이 책의 로드맵'으로 정리해 두었으니 그 내용도 함께 참고하기 바란다.

1장 알파제로와 머신러닝 개요

영국 딥마인드가 개발한 알파고는 프로 바둑 기사에게 승리를 거두면서 화제를 일으켰다. 이 장에서는 알파고에서 알파제로에 이르기까지의 역사, 알파제로에서 사용되는 머신러닝에 관해 간단히 소개한다.

알파제로는 머신러닝의 기반 기술로 딥 러닝, 강화 학습, 탐색을 사용한다. 각 요소의 상세한 내용은 3~5장에서 예제 코드와 함께 설명하지만, 이 장에서 설명하는 개략적인 내용을 파악해 둠으로써 이후의 내용을 보다 편하게 읽을 수 있다.

2장 파이썬 개발 환경 준비

이 장에서는 파이썬 개발 환경을 구축하고, 이후의 장에서 예제 코드를 동작시키기 위한 환경을 준비한다.

머신러닝을 효과적으로 진행하기 위해서는 머신 리소스가 필요하다. 그러나 이 책에서는 구글이 무료로 제공하는 온라인 서비스 Google Colaboratory를 사용한다. 이를 통해 웹 브라우저만 있으면 프로그램 개발과 추론 모델 제작을 학습할 수 있다.

3장 딥 러닝

알파제로를 구성하는 머신러닝 알고리즘의 하나인 '딥 러닝'의 샘플을 작성하고 실행해 보면서 단계적으로 학습한다.

먼저, '분류'와 '회귀'를 위한 뉴럴 네트워크 작성에 관해 소개하고, 보다 복잡한 문제를 해결하기 위한 컨볼루셔널 뉴럴 네트워크와 'ResNet(Residual Network)'을 사용해 만든 분류 모델을 설명한다.

마지막으로, 딥 러닝을 보다 빠르게 수행하기 위한 'TPU'의 사용 방법도 설명한다.

4장 강화 학습

알파제로를 구성하는 머신러닝 알고리즘의 하나인 '강화 학습' 샘플 프로그램을 만들고 실행해 보면서 단계적으로 학습한다.

가장 먼저 '다중 슬롯머신 문제'를 예로 들어, 간단한 소재로 강화 학습의 기본을 학습한다. 이와 함께 미로 게임을 소재로 한 **정책 경사법**policy gradient과 **가치 반복법**value iteration인 'Sarsa'와 'Q 학습'의 두 가지 알고리즘을 소개한다.

알파제로는 딥 러닝과 강화 학습을 조합시킨 'DQN(Deep Q-Network)'을 사용하고 있으며,

이 또한 간단한 샘플을 만들어 보면서 설명한다.

5장 탐색

알파제로를 구성하는 머신러닝 알고리즘의 하나인 '탐색' 샘플을 만들고 실행해 보면서 단계적으로 학습한다. 탐색은 주로 두 사람이 대결하는 유한 확정 완전 정보 게임에서 사용되는 방법이다.

이 장에서는 먼저 탐색의 기초가 되는 **미니맥스법**Minimax algorithm과 **알파베타법**Alpha-Beta Pruning에 관해 설명한다. 그러나 경우의 수가 많은 게임에서는 이 방법을 실질적으로 사용하지 않으므로 부분 게임 트리를 만들기 위한 방법으로 '원시 몬테카를로 탐색'을 소개한다. 또한, 알파제로는 이를 한층 개량한 '몬테카를로 트리 탐색'을 사용한다.

이 장에서는 '틱택토'를 소재로 앞의 모든 알고리즘을 시험해 보면서 학습을 진행한다.

6장 알파제로의 구조

3~5장에서 설명한 딥 러닝, 강화 학습, 탐색의 지식을 활용해 알파제로로 틱택토를 공략한다. 이 장에서도 작은 샘플을 만들고 동작을 확인하면서 최종적으로 알파제로의 인공지능 프로그램을 완성한다.

'뉴럴 네트워크'나 '셀프 플레이(자기 대결)', '과거의 최강 AI와 최신 AI를 대전시켜 더 강한 AI를 남기는 것'과 같은 새로운 형태도 나오지만, 지금까지 익힌 지식을 바탕으로 하고 있으니 앞의 내용을 참고하면서 읽기 바란다.

7장 사람과 AI의 대전

이 장에서는 알파제로에 관한 주제에서 잠시 벗어나 틱택토를 사람과 AI가 대전할 수 있도록 게임 UI를 만드는 방법을 설명한다. 앞 장까지는 클라우드의 Google Colaboratory에서 샘플을 작성하고 실행했지만, 게임 UI는 브라우저에서 실행되지 않으므로 로컬 PC에서 파이썬 개발 환경을 구축한다.

또한, 파이썬 3에서 게임 UI를 제작하기 위해 기본 패키지로 제공하는 'Tkinter'를 사용하기 위한 기본적인 방법도 소개한다.

8장 샘플 게임 구현

마지막 장에서는 지금까지의 설명을 바탕으로 커넥트4, 오셀로, 간이 장기의 세 가지 게임을 만들어 본다. 이 게임들은 모두 두 사람이 대결하는 유한 확정 완전 정보 게임이다.

이 장의 핵심은 6장에서 틱택토를 위해 만든 알파제로 프로그램을 게임 규칙이나 UI 부분을 제외하고 약간의 커스터마이징을 하는 것만으로 거의 그대로 사용할 수 있다는 점이다.

학습 시간에 따라서 다르지만, 실제로 사람과 AI가 대전을 해보고 얼마나 강한 AI를 만들 수 있는지 확인할 수 있다.

이 책의 로드맵

먼저, 알파제로와 머신러닝의 개요 및 개발 환경 준비, 파이썬 문법을 설명한 뒤, 딥 러닝, 강화 학습, 탐색을 각각 학습하고, 그 지식을 활용해 알파제로 기반의 게임 AI를 만든다.

다음 그림을 통해 맵으로 장, 절 제목을 쉽게 알아볼 수 있다.

그림 **학습 로드맵**

예제 코드 목록

※ 예제 코드 다운로드:
https://github.com/Jpub/AlphaZero

장	절	파일명(혹은 폴더명)
2장 파이썬 개발 환경 준비	2-2 Google Colab 사용 방법 2-3 파이썬 문법	2_2_hello_colab.ipynb 2_3_python.ipynb
3장 딥 러닝	3-1 뉴럴 네트워크를 활용한 분류 3-2 뉴럴 네트워크를 활용한 회귀 3-3 컨볼루셔널 뉴럴 네트워크를 활용한 　　이미지 분류 3-4 ResNet을 활용한 이미지 분류	3_1_classification.ipynb 3_2_regression.ipynb 3_3_convolution.ipynb/3_3_co 　nvolution_tpu.ipynb 3_4_resnet.ipynb/3_4_resnet_t 　pu.ipynb
4장 강화 학습	4-1 다중 슬롯머신 문제 4-2 정책 경사법을 활용한 미로 게임 4-3 Sarsa와 Q 학습을 활용한 미로 게임 4-4 DQN을 활용한 카트-폴	4_1_bandit.ipynb 4_2_policy_gradient.ipynb 4_3_sarsa_q.ipynb 4_4_dqn_cartpole.ipynb
5장 탐색	5-1 미니맥스법을 활용한 틱택토 5-2 알파베타법을 활용한 틱택토 5-3 원시 몬테카를로 탐색을 활용한 틱택토 5-4 몬테카를로 트리 탐색을 활용한 틱택토	5_1_mini_max.ipynb 5_2_alpha_beta.ipynb 5_3_mcs.ipynb 5_4_mcts.ipynb
6장 알파제로의 구조	6-1 알파제로를 활용한 틱택토 6-2 듀얼 네트워크 생성 6-3 몬테카를로 트리 탐색 생성 6-4 셀프 플레이 파트 생성 6-5 파라미터 갱신 파트 생성 6-6 신규 파라미터 평가 파트 구현 6-7 베스트 플레이어 평가 6-8 학습 사이클 실행	6_7_tictactoe 폴더
7장 사람과 AI의 대결	7-2 Tkinter를 활용한 GUI 구현 7-3 사람과 AI의 대결	7_tkinter 폴더 6_7_tictactoe 폴더
8장 샘플 게임 구현	8-1 커넥트4 8-2 오셀로 8-3 간이 장기	8_1_connect_four 폴더 8_2_reversi 폴더 8_3_simple_shogi 폴더

예제 코드 이용에 대해

이 책에 실린 예제 코드는 책의 학습을 목적으로 작성한 것이며, 실질적인 활용을 보증하지 않는다. 학습 용도 이외에는 사용하지 않도록 주의한다. 또한, 책의 학습 목적으로만 이용할 수 있다. 이 책에 실린 예제 코드의 저작권은 모두 저자에게 귀속된다.

본문 중 웹사이트를 통해 머신러닝 데이터를 다운로드해서 이용하는 경우가 있으므로 이 경우에는 이용 권한을 확인한 뒤 사용하기 바란다.

베타리더
후기

🎖 강찬석(LG전자)

시중에서 찾아보기 어려운 알파제로 관련 서적으로서 딥 러닝과 강화 학습을 같이 배우면서 실제로 구현해 볼 수 있는 좋은 책이라고 생각합니다. 더불어 책에 포함된 Google Colab 활용에 대한 설명을 잘 학습하면 PC 자원이 부족한 독자라도 알파제로의 주요 알고리즘을 효율적으로 구현하고 테스트할 수 있다고 생각합니다.

🎖 권성환(LINE+)

이 책은 딥 러닝을 코드 기반으로 살펴보기에 좋습니다. 딥 러닝과 관련해서 깊이 있는 원론적 설명과 어려운 수식을 증명하는 부분 대신 예제 코드를 충분히 이해할 수 있을 정도의 용어 설명과 간단한 수식, 파이썬 기본 문법 등의 내용을 알차게 담았습니다. 딥 러닝이 낯설게 느껴지는 개발자 또는 딥 러닝 도메인 지식이 필요한 분이 가볍게 코드를 실행하며 읽을 수 있는 난이도 조절이 잘된 책입니다.

🎖 김용현(Microsoft MVP)

파이썬에 대한 간략한 설명, 뉴럴 네트워크에 대한 실습, 강화 학습을 이용한 모델과 인간과의 대결 앱을 만드는 실질적인 예제까지 인공지능과 파이썬에 대해 잘 모르는 독자라도 실습을 통해서 강화 학습을 실무에 적용하기 위한 충분한 아이디어와 방법을 알려주는 책입니다.

박태현(삼성전자)

알파제로에 관심 있거나 인공지능을 처음 접하는 분도 쉽고 재미있게 읽을 수 있는 책입니다. 읽는 내내 흥미로웠고 주변 지인에게 추천하고 싶습니다. 기초적인 이론부터 실습 예제까지 충실하게 설명된 책입니다.

송헌(규슈대학교 대학원)

가벼운 마음으로 강화 학습이 어떤 것인지 감을 잡고, 흥미를 불러일으키는 정도로 읽기에 좋은 책입니다. 강화 학습에 대한 기본적인 원리와 수식보다는 코드로 설명하는 것에 초점을 맞췄으며, 짧은 내용으로 알파제로까지 구현하는 것을 목표로 잡았습니다. 강화 학습에 대해 잘 모르는 사람이 읽으면 좋다고 생각합니다.

이현수(무스마 기술연구소)

머신러닝 분야에는 문외한이라서 각종 전문 용어의 등장에 어리둥절해하면서 책에서 시키는 대로 코드를 작성해 보았습니다. 미니맥스법에서부터 알파베타법, 원시 몬테카를로 탐색 그리고 몬테카를로 트리 탐색 방법에 이르는 개선 과정과 키워드 몇 가지를 머릿속에 담았습니다.

제이펍은 책에 대한 애정과 기술에 대한 열정이 뜨거운 베타리더들로 하여금
출간되는 모든 서적에 사전 검증을 시행하고 있습니다.

1

알파제로와
머신러닝 개요

이 장에서는 알파제로에서 사용할 수 있는 각종 머신러닝 알고리즘을 학습하기 전에 알파제로와 알파제로에서 사용되는 다양한 머신러닝 방법에 관해 간단히 설명한다. 더불어 머신러닝과 딥 러닝에 관한 일반적인 내용도 간단히 소개한다. 머신러닝 전반에 관해 더 자세히 알고 싶다면 다른 책을 참고하길 바란다.

알파제로는 영국 딥마인드가 개발한, 바둑, 체스, 장기에 대응하는 머신러닝 프레임워크다. 그 기반이 된 '알파고'의 역사를 되돌아보고, 기반 기술인 딥 러닝과 강화 학습에 사용되는 용어와 기초지식을 설명한다. 또한, 게임 예측을 위한 '탐색' 방법의 기반이 되는 '게임 트리' 모델도 소개한다.

이 장의 목적

- 딥마인드가 알파제로를 개발하게 되기까지의 역사를 파악한다.
- 알파제로의 기반이 되는 딥 러닝 및 강화 학습의 구조와 개요, 용어를 이해한다.
- 국면을 탐색하는 기본 알고리즘인 게임 트리 모델을 이해한다.

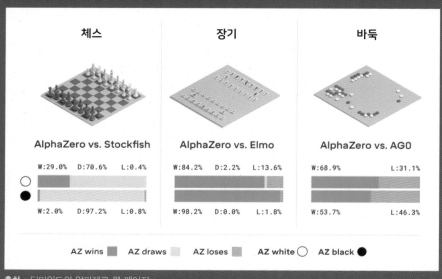

출처 • 딥마인드의 알파제로 웹 페이지

1-1 알파고와 알파고 제로, 그리고 알파제로

이 장에서는 책의 주제가 되는 알파제로와 그 기반이 되는 알파고 및 알파고 제로에 관해 소개한다.

1-1-1 알파고

알파고AlphaGo는 구글 산하의 영국 **딥마인드**DeepMind에서 개발한 컴퓨터 바둑 프로그램이다. 핸디캡이 주어지지 않은 상태에서 프로 바둑 기사에게 승리를 거둔 최초의 게임 AI다. 2015년 10월에 유럽의 판후이 2단, 2016년 3월에 세계 챔피언 8회 우승 기록을 보유한 이세돌 9단, 2017년 5월에 인류 최강 바둑 기사라 불리는 커제 9단에게 승리를 거두었다.

바둑은 탐색 범위가 넓고 경기 국면을 평가하기 어렵기 때문에 AI에게 가장 어려운 클래식 게임이며, 사람에게 승리하려면 앞으로 10년 이상이 걸릴 것으로 예상했다. 그와 같이 평가된 바둑에서 AI가 세계 최강의 바둑 기사를 쓰러뜨리자 세계는 그야말로 충격에 빠졌다.

표 1-1-1 **알파고의 전적**

시기	전적
2015년 10월	유럽 챔피언 판후이 2단에게 5전 5승으로 승리
2016년 3월	총 8회 세계 챔피언 경력의 이세돌 9단에게 4승 1패로 승리
2017년 5월	인류 최강의 바둑 기사라 불리는 커제 9단에게 3전 3승으로 승리

> Match3 - Google DeepMind Challenge Match: Lee Sedol vs AlphaGo
> https://www.youtube.com/watch?v=qUAmTYHEyM8

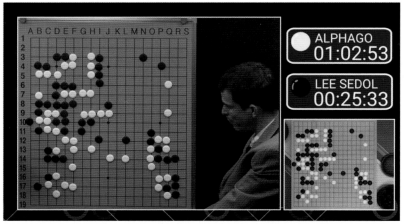

그림 1-1-1 유튜브에 공개된 알파고와 이세돌 9단과의 세 번째 대결

알파고는 과거부터 사용되던 '몬테카를로 트리 탐색', 알고리즘 기반의 탐색을 활용한 '예측' 능력, 딥 러닝을 활용한 국면에서의 최선의 수를 예측하는 '직감', 강화 학습을 활용한 셀프 플레이로부터 얻은 '경험'을 조합함으로써 인간을 뛰어넘는 최강의 AI가 되었다.

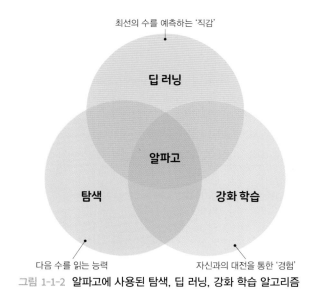

그림 1-1-2 알파고에 사용된 탐색, 딥 러닝, 강화 학습 알고리즘

알파고 논문 〈Mastering the Game of Go with Deep Neural Networks and Tree Search〉
https://storage.googleapis.com/deepmind-media/alphago/AlphaGoNaturePaper.pdf

1-1-2 알파고 제로

알파고가 이세돌 9단에게 승리한 이듬해인 2017년 10월, 딥마인드는 알파고의 최신 버전인 **알파고 제로**AlphaGo Zero를 발표했다. 알파고 제로는 알파고에 100대 0의 압승을 거두었다.

알파제로는 알파고에서와 같이 프로 기사의 기보 데이터를 전혀 사용하지 않고, 백지 상태에서 셀프 플레이만으로 최선의 수를 예측하는 학습을 수행했다는 점이 놀라웠다.

숙련자의 데이터에 의존하지 않는 것은 물론, 인간이 가진 지식의 한계에 의한 제약을 받지 않는 AI의 강력함에 모든 사람들이 경악했다.

알파고 제로 논문 〈Mastering the Game of Go without Human Knowledge〉
https://www.nature.com/articles/nature24270.epdf?author_access_token=VJXbVjaSHx FoctQ
Q4p2k4tRgN0jAjWel9jnR3ZoTv0PVW4gB86EEpGqTRDtpIz-2rmo8-KG06gqVobU5NSCFeHlLHc
VFUeMsbvwS-IxjqQGg98faovwjxeTUgZAUMnRQ

1-1-3 알파제로

알파고 제로를 발표한지 48일이 지난 2017년 12월, 딥마인드는 알파고 제로를 한층 개량한 **알파제로**AlphaZero를 선보였다. 알파제로는 바둑뿐만 아니라, 체스나 장기까지 학습할 수 있었으며, 당시 바둑, 체스, 장기 부문에서 게임 AI 세계 챔피언이었던 알파고 제로, **스톡피쉬**StockFish, **엘모**Elmo에 승리를 거두었다.

바둑판 면을 회전시켜서 학습 데이터를 부풀리는 바둑 특유의 학습 방법을 전혀 사용하지 않았으며, 게임의 결과에도 승리와 패배 외에 무승부를 추가했다. 체스나 장기는 판 면의 방향에 따라 의미가 달라지고, 무승부가 존재하기 때문이다.

이를 통해 숙련자가 만들어 낸 데이터가 없더라도 임의의 태스크를 학습할 수 있는 '범용 AI 알고리즘'이 구현되었다.

> **알파제로 논문**
> 〈A general reinforcement learning algorithm that masters chess, shogi and Go through self-play〉
> https://science.sciencemag.org/content/362/6419/1140

COLUMN ┃ 딥마인드가 발표한 최신 AI: 알파폴드, 알파스타

알파제로 이후 딥마인드는 '알파폴드(AlphaFold)'와 '알파스타(AlphaStar)'라는 새로운 AI를 발표했다.

알파폴드

알파폴드는 유전자 배열 정보를 통해 단백질의 입체 구조를 예측하는 기술로 2018년 12월에 발표되었다. 국제 단백질 구조 예측 콘테스트(CASP)에서 이제까지 없었던 높은 점수로 승리를 거두면서 화제가 되었다.

단백질이 가진 입체 구조를 정확하게 이해함으로써 알츠하이머, 파킨슨 질환 등의 신약 개발 분야에서도 큰 발전이 있을 것으로 기대된다. 또한, AI 기술이 신약 개발에서도 유용함을 알렸다.

> **AlphaFold: Using AI for scientific discovery**
> https://deepmind.com/blog/alphafold/

알파스타

알파스타는 리얼타임 전략 게임인 '스타크래프트(Starcraft) 2'를 공략하는 AI다. 2019년 1월에 알파스타는 스타크래프트 2 프로 게이머들 중 톱 플레이어와 대전해 10승 1패의 전적으로 승리했다.

스타크래프트 2는 자원을 수집하고 유닛을 생산하면서 세력을 넓히는 영역 확보 게임이다. 초대 스타크래프트를 포함해 20년 이상의 역사를 가지고 있으며, 전 세계적인 인기를 끌고 있다.

바둑은 완전한 정보가 주어지는, '턴(turn) 제' 방식 게임으로 선택 가능한 행동의 수는 361(바둑판의 19개 선의 교차점 수)인 것에 반해, 스타크래프트 2는 완전한 정보가 주어지지 않는, '리얼타임(real time)' 방식 게임으로 선택 가능한 행동의 수는 1,026으로 바둑과 비교할 수 없을 만큼 복잡성이 높다.

스타크래프트 2가 가진 게임성은 상품의 생산부터 판매에 이르는 기업 전략과도 비슷한 점이 있어서 AI 기술을 비즈니스에 응용하는 것도 기대된다.

> **AlphaStar: Mastering the Real-Time Strategy Game StartCraft II**
> https://deepmind.com/blog/alphastar-mastering-real-time-strategy-game-starcraft-ii/

딥 러닝 개요

딥 러닝은 알파제로에서 사용할 뿐만 아니라 이미지 인식, 자연어 번역 등 다양한 분야에서 사용되는 머신러닝의 한 방법이다. 이 절에서는 그 기초가 되는 뉴럴 네트워크와 학습의 종류, 그리고 학습 프로세스에 관해 간단히 설명한다.

1-2-1 딥 러닝이란?

딥 러닝 Deep Learning은 대량의 데이터 속에서 규칙성을 발견해 분류나 판단과 같은 추론을 수행하기 위한 규칙을 만들어 내는 머신러닝 방법의 하나이며, 머신러닝은 인공지능 연구 분야의 하나다.

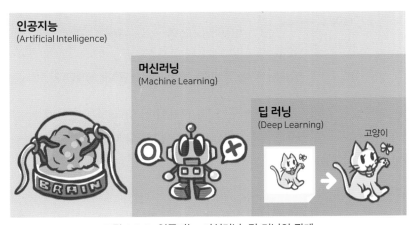

그림 1-2-1 인공지능, 머신러닝, 딥 러닝의 관계

머신러닝 이전의 인공지능은 예측이나 판단을 수행하기 위한 모든 규칙을 사람이 직접 만들어야 했다. 하지만 규칙을 만드는 사람이 해당 분야의 전문가라고 보장할 수 없으며, 전문가라 할지라도 규칙으로 자신의 감각(행동 평가)을 올바르게 정의하는 작업은 매우 어려운 것이었다.

규칙 기반rule-based이라 불리는 이 방법에서는 사람의 한계가 그대로 인공지능의 한계로 연결되었다.

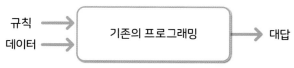

그림 1-2-2 **규칙 기반에서는 사람이 규칙을 만들어야 한다**

여기에서 등장한 것이 **머신러닝**Machine Learning이다. 머신러닝에서는 컴퓨터가 대량의 데이터를 분석하고, 그 데이터에 숨어 있는 규칙성이나 상호 관계에 기반해 대답을 만들기 위한 규칙을 발견해 나간다.

머신러닝은 명시적인 프로그래밍을 수행하는 것이 아니라 학습을 수행한다. 대량의 데이터와 대답을 입력하면 머신러닝은 입력값으로부터 통계적인 구조를 추출하고, 최종적으로 태스크를 자동화하는 규칙을 생성한다.

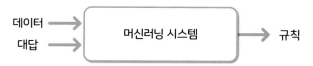

그림 1-2-3 **머신러닝에서는 데이터와 해답으로부터 규칙을 도출한다**

이와 같은 규칙을 도출하는 방법 중 하나가 '딥 러닝'이다. 딥 러닝은 인간의 뇌 속에 있는 신경세포인 '뉴런'과 그 연결 구조를 참고해서 만든 **뉴럴 네트워크**Neural Network라고 불리는 모델을 사용해서 머신러닝을 수행한다.

뉴럴 네트워크는 '네트워크 구조'와 조정 가능한 '가중치 파라미터'의 두 부분으로 구성되어 있다. 학습에 따라 가중치 파라미터를 최적화함으로써 데이터로부터 해답을 도출하는 규칙을 생성한다.

1-2-2 뉴런과 뉴럴 네트워크

여기에서는 뉴런과 뉴럴 네트워크에 관해 간단히 설명한다. 몇 가지 수식이 함께 나오지만, 수학 지식이 많지 않더라도 충분히 이해할 수 있도록 쉽게 설명한다.

■ 뉴런

사람의 뇌 속에 있는 신경 세포를 '뉴런'이라고 부른다. 그림 1-2-4는 뉴런을 모델화한 것이다. 가중치 파라미터는 뉴런 사이의 연결 강도를 의미한다.

뉴런은 x_1과 x_2라는 데이터를 입력받으면 $x_1 \times w_1 + x_2 \times w_2$가 **임곗값**threshold보다 큰 경우에는 1, 그렇지 않은 경우에는 0을 답으로 출력한다.

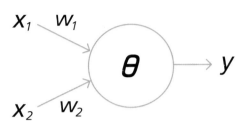

그림 1-2-4 **뉴런의 기본 구조**

표 1-2-1 **뉴런 파라미터**

파라미터	설명
x_1, x_2	입력(데이터)
y	출력(대답)
w_1, w_2	가중치 파라미터
θ	임곗값

시험적으로 w_1 = 1.0, w_2 = 1.0, θ = 1.5와 같이 가중치 파라미터와 임곗값을 설정해 본다. 뉴런 모델의 가중치 파라미터와 임곗값을 조정함으로써 AND 함수(x_1과 x_2 두 값 모두 1인 경우 1을 출력)의 규칙을 표현할 수 있다.

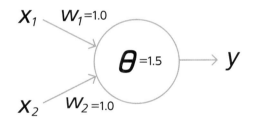

그림 1-2-5 **AND 함수를 표시하는 뉴런**

표 1-2-2 **AND 함수의 입력과 출력**

x_1	x_2	y
0	0	0
1	0	0
0	1	0
1	1	1

$x_1 \times w_1 + x_2 \times w_2$를 구현해서 계산해 보면 다음과 같다.

- 입력이 x_1 = 0.0, x_2 = 0.0인 경우 0.0 × 1.0 + 0.0 × 1.0 = 0.0(임곗값 1.5 이하)이므로 출력은 0
- 입력이 x_1 = 1.0, x_2 = 0.0인 경우 1.0 × 1.0 + 0.0 × 1.0 = 1.0(임곗값 1.5 이하)이므로 출력은 0
- 입력이 x_1 = 0.0, x_2 = 1.0인 경우 0.0 × 1.0 + 1.0 × 1.0 = 1.0(임곗값 1.5 이하)이므로 출력은 0
- 입력이 x_1 = 1.0, x_2 = 1.0인 경우 1.0 × 1.0 + 1.0 × 1.0 = 2.0(임곗값 1.5 이상)이므로 출력은 1

뉴런 모델은 학습 시 가중치 파라미터뿐만 아니라 임곗값도 최적화한다.

뇌 속에 있는 임곗값은 뇌세포의 감도와 같은 것으로 기본적으로는 변화하지 않기 때문에 학습으로 최적화를 수행하는 과정에서 이 임곗값이 치우쳐져 있다는 의미에서 **바이어스**bias 라고 부른다.

■ 뉴럴 네트워크

뉴런은 그 자체로는 복잡한 문제를 해결하지 못한다. 때문에 그림 1-2-6과 같이 뉴런을 나열해 **레이어**layer를 만들고, 그 레이어를 쌓아 올려 보다 복잡한 문제를 다룰 수 있는 뉴럴 네트워크를 만든다.

뉴럴 네트워크를 구성하는 레이어 중 가장 처음에 위치한 입력을 받아들이는 레이어를 **입력 레이어**input layer, 가장 마지막에 위치한 출력을 수행하는 레이어를 **출력 레이어**output layer, 입력 레이어와 출력 레이어 사이에 위치한 레이어를 **히든 레이어**hidden layer라고 부른다. 입력 레이어의 뉴런의 수가 입력(데이터) 수, 출력 레이어의 뉴런 수가 출력(대답) 수가 된다.

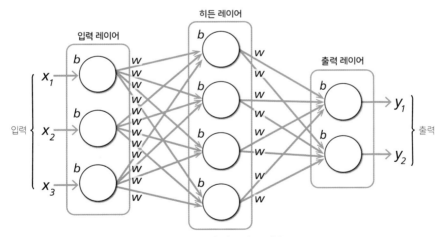

그림 1-2-6 **뉴럴 네트워크 기본 구조**

표 1-2-3 **뉴럴 네트워크 파라미터**

파라미터	설명
x_1, x_2, x_3	입력(데이터)
y_1, y_2	출력(대답)
w	가중치 파라미터
b	바이어스

히든 레이어는 여러 개를 생성할 수 있으며, 4 레이어 이상의 깊은 뉴럴 네트워크를 **딥 뉴럴 네트워크**Deep Neural Network라고 부른다.

딥 러닝을 활용하기 전에는 4 레이어 이상의 뉴럴 네트워크는 기술적인 문제로 충분히 학습시킬 수 없었고 그 성능 또한 만족스럽지 않았다. 하지만 최근 멀티 레이어 뉴럴 네트워크를 효과적으로 학습시킬 수 있는 방법이 지속적으로 개발되면서 딥 러닝은 폭발적으로 보급되었다.

또한, 학습에 필요한 컴퓨터의 성능 향상, 인터넷 보급에 따른 편리한 학습 데이터 수집 발달 역시 이러한 발전을 뒷받침했다.

1-2-3 모델 작성, 학습 및 추론

딥 러닝은 '모델 작성', '학습' 그리고 '추론'의 세 가지 단계로 이루어진다.

■ 모델 작성

모델 작성modeling 단계에서는 뉴럴 네트워크의 네트워크 구조를 작성한다. 입력 레이어의 입력 수, 출력 레이어의 출력 수, 히든 레이어의 수, 레이어의 종류 등 용도에 맞춰 설계한다.

학습 전의 뉴런은 올바른 가중치 파라미터와 바이어스를 알지 못하므로 0이나 상수 혹은 난수 등으로 초기화한다. 이 상태의 모델에 **테스트 데이터**test data를 입력해도 올바른 해답은 출력되지 않는다.

■ 학습

학습learning 단계에서는 입력되는 학습 데이터에 맞춰 적절한 예측값을 출력하도록 가중치 파라미터와 바이어스를 최적화한다. 이 과정에서는 대량의 학습 데이터와 정답 세트를 사용한다.

동물 사진에서 고양이인지 혹은 강아지인지를 분류하는 학습의 경우 학습 데이터는 동물의 사진, 정답은 고양이와 강아지 중 하나가 된다. 정답은 1.0, 오답은 0.0이 된다.

먼저, 모델에 학습 데이터를 입력하고 예상치를 출력한다. 예상치는 대답이 정답이라고 예측한 확률로 '고양이: 40%, 강아지: 60%'를 출력한다면 '고양이: 0.4, 강아지: 0.6'이 된다. 이후 예상치와 대답의 차이를 계산한다.

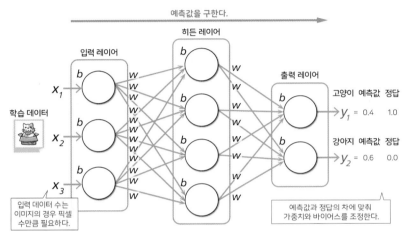

그림 1-2-7 **학습 프로세스는 먼저 예측값과 정답을 비교한다**

다음으로, 예측값과 정답의 차가 적어지도록 **백프로파게이션**backpropagation을 사용해 가중치 파라미터와 바이어스를 갱신한다.

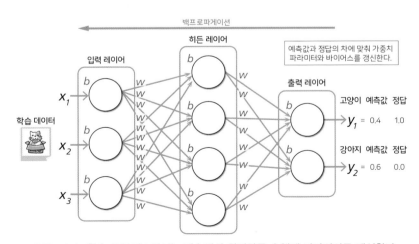

그림 1-2-8 **학습 프로세스에서는 계속해서 최적화를 수행해 파라미터를 갱신한다**

이를 반복해 예측값과 정답의 차를 점점 줄여가면서 최종적으로 학습 데이터 입력에 따라 적절한 예측값을 출력하는 모델이 된다.

■ 추론

모델의 학습이 완료되면 테스트 데이터를 모델에 입력해 **추론**inference을 수행한다. 예측값이 가장 높은 것을 정답이라고 추론한다.

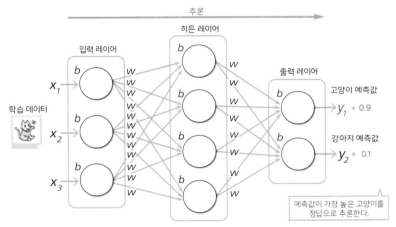

그림 1-2-9 **추론 프로세스에서는 학습된 모델을 확인한다**

1-2-4 지도 학습, 비지도 학습 및 강화 학습

머신러닝의 학습 방법에는 몇 가지 종류가 있으며, 대표적으로 '지도 학습', '비지도 학습', 및 '강화 학습'이 있다.

■ 지도 학습

지도 학습supervised learning이란 입력과 출력의 관계를 학습하는 방법이다. 예측의 기초가 되는 '정답 데이터'와 학습에 사용하는 '학습 데이터' 세트로 학습을 시키며, 입력된 데이터에 대한 예측값을 출력하는 추론 모델을 생성한다.

지도 학습은 '분류', '회귀'의 두 가지로 구분한다.

■ 분류

분류classification는 여러 특징 데이터를 기반으로 클래스(데이터 종류)를 예측하는 태스크다. 예측하는 클래스의 수가 2인 경우 '이진 클래스 분류'라고 부르며, 2 클래스보다 많은 분류를 수행하는 경우 '다중 클래스 분류'라고 부른다.

예를 들어, 임의의 사진을 보고 고양이 또는 강아지 중 하나를 예측하는 태스크를 생각해 볼 수 있다. 클래스는 고양이 또는 강아지 두 종류인 이진 분류에 해당한다.

그림 1-2-10 **분류 모델의 예**

■ 회귀

회귀regression는 여러 특징 데이터를 기반으로 연속값과 같은 수치를 예측하는 태스크다. 예를 들면, 광고 예산의 증가에 따른 상품 매출의 증가를 예측하는 태스크를 들 수 있다.

그림 1-2-11 **회귀 모델의 예**

분류가 '레스토랑을 좋아하는가 혹은 싫어하는가?'와 같이 소속되는 클래스(좋다, 싫다)를 예측하는 것이라면 회귀는 '한 달에 레스토랑에 몇 번 가는가?'와 같은 수치(0회, 1회, 2회, …)를 예측한다는 차이가 있다.

■ 비지도 학습

비지도 학습unsupervised learning이란 데이터의 구조를 학습하는 방법이다. 학습 데이터만을 사용해 학습을 수행하며, 학습 데이터에 포함된 잠재적인 패턴을 도출하는 추론 모델을 생성한다. 이 추론 모델을 이용해 클러스터링을 통한 데이터 분석을 수행할 수 있다.

■ 클러스터링

클러스터링clustering은 학습 데이터가 가진 패턴을 발견해 비슷한 패턴을 가진 성질의 데이터를 모으는 방법이다. 온라인 쇼핑의 유사 구매자 구분 등이 이에 해당한다.

그림 1-2-12 **클러스터링 모델의 예**

■ 강화 학습

강화 학습reinforcement learning이란 에이전트가 환경의 상태에 맞춰 어떤 행동을 해야 보상을 가장 많이 받을 수 있는지를 구하는 방법이다. 지도 학습이나 비지도 학습과 달리 학습 데이터가 주어지지 않은 채, 에이전트는 시행착오만을 통해 학습한다.

강화 학습에 관한 자세한 내용은 1-3 '강화 학습 개요'에서 설명한다.

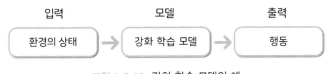

그림 1-2-13 **강화 학습 모델의 예**

1-2-5 컨볼루셔널 뉴럴 네트워크와 순환 뉴럴 네트워크

뉴럴 네트워크에는 문제에 따라 특성이 다른 몇 가지 모델이 존재한다. 대표적인 모델로 '컨볼루셔널 뉴럴 네트워크'와 '순환 뉴럴 네트워크'가 있다.

■ 컨볼루셔널 뉴럴 네트워크[2]

컨볼루셔널 뉴럴 네트워크 Convolutional Neural Network, CNN는 **컨볼루셔널 레이어**convolutional layer를 사용해 특징을 추출하는 뉴럴 네트워크로 이미지 인식 분야에서 높은 성능을 발휘한다.

---

2   옮긴이 컨볼루션 혹은 컨볼루셔널은 합성곱이라고 부르기도 한다.

컨볼루셔널 뉴럴 네트워크는 대부분의 경우 컨볼루셔널 레이어와 **풀링 레이어**pooling layer를 조합해서 사용한다. 컨볼루셔널 레이어에서 입력 이미지의 특징을 유지하면서 큰 폭으로 압축하고, 풀링 레이어에서 이미지의 국소적인 왜곡이나 평생 이동의 영향을 쉽게 받지 않는 **견고함**robustness을 확보해 간다.

그림 1-2-14 **컨볼루셔널 뉴럴 네트워크의 기본적인 구조**

2012년 이미지 인식 콘테스트인 **ILSVRC**Imagenet Large Scale Visual Recognition Challenge에서 토론토 대학의 힌튼 교수 팀이 컨볼루셔널 뉴럴 네트워크를 사용해 우승하면서 주목을 받았다. 우승의 원동력이 된 뉴럴 네트워크의 이름은 'AlexNet'이었으며, 같은 대회에서 2014년에는 구글이 개발한 'GoogLeNet', 2015년에는 마이크로소프트가 개발한 'ResNet'이 우승했다. 계속해서 새로운 모델이 발표되어 컨볼루셔널 뉴럴 네트워크의 성능이 급격하게 향상되었다.

표 1-2-4 **컨볼루셔널 뉴럴 네트워크 알고리즘**

종류	AlexNet	GoogLeNet	ResNet
발표 시기	2012년	2014년	2015년
개발 조직	토론토 대학	구글	마이크로소프트
에러율	15.3%	6.7%	3.6%
층 수	8	22	152

■ 순환 뉴럴 네트워크

순환 뉴럴 네트워크 Recurrent Neural Network, RNN는 시계열을 다루는 뉴럴 네트워크로 주로 동영상 분류, 자연어 처리, 음성 인식 등에 이용된다.

이 뉴럴 네트워크의 특징은 히든 레이어에 자기 피드백을 줄 수 있다는 것이다. 예를 들어, 이전 시각의 레이어 출력을 고려해 현재 시각의 레이어 출력을 계산할 수 있다.

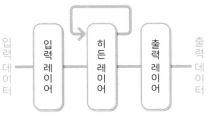

그림 1-2-15 **순환 뉴럴 네트워크의 기본 구조**

이 뉴럴 네트워크에는 오래 전의 데이터를 활용하려고 하는 경우 오차가 소멸하거나 연산량이 급격히 증가하는 등의 문제로 짧은 시간의 데이터만 처리할 수밖에 없는 단점이 있다.

최근 이 문제를 해소한 **LSTM**Long Short-Term Memory이라 불리는 순환 뉴럴 네트워크가 인기를 얻고 있다. 이를 활용하면 오랜 기간의 시계열 데이터를 학습할 수 있어서 큰 성과를 올릴 수 있다.

1-2-6 이 책에서 소개하는 내용

이 절에서는 딥 러닝의 개요를 소개했지만, 이 책에서는 딥 러닝의 대표적인 태스크인 분류와 회귀를 설명한다. 그리고 간단한 컨볼루셔널 뉴럴 네트워크에 관해 설명한 다음, 고성능의 ResNet을 소개한다. 알파제로는 ResNet을 사용한다.

이 책에서 설명하는 딥 러닝 모델

- 분류
- 회귀
- 컨볼루셔널 뉴럴 네트워크
- ResNet

강화 학습 개요

주로 데이터 분석에 사용되는 지도 학습, 비지도 학습과 달리, '강화 학습'은 입력을 받는 환경 안에서 전략적인 행동을 하기 위한 분석을 수행한다. 알파제로는 이를 기반으로 게임의 다음 국면을 선택한다. 이 절에서는 강화 학습에 관해 간단히 설명한다.

1-3-1 강화 학습이란?

강화 학습reinforcement learning은 에이전트가 환경의 상태에 맞춰 어떻게 행동해야 가장 많은 보상을 받을 수 있는지 찾아내는 방법이다. 지도 학습이나 비지도 학습과 달리, 학습 데이터 없이 스스로의 시행착오만으로 학습을 하는 것이 특징이다.

1-3-2 강화 학습 용어

먼저, '무인도에 표류한 사람'을 예로 들어 강화 학습의 용어에 관해 설명한다.

■ 에이전트와 환경

강화 학습에서는 행동하는 주체를 **에이전트**agent, 에이전트가 존재하는 세계를 **환경**environment 이라고 부른다.

무인도에 표류한 사람의 예에서는 표류한 사람이 에이전트, 무인도가 환경에 해당한다. 에이전트는 '걸어서 돌아다니기'나 '물 마시기' 등 환경에서의 움직임을 통해 탐색하면서 살아날 방법을 찾아낸다.

■ 행동과 상태

에이전트가 환경에서 일으키는 움직임을 **행동**action이라고 부른다. 에이전트는 다양한 행동을 할 수 있지만, 어떤 행동을 했는지에 따라 이후의 상태가 달라진다. 예를 들면, 어떤 방향으로 걷는지에 따라서 볼 수 있는 것과 할 수 있는 것이 크게 달라진다. 에이전트의 행동에 따라 변화하는 환경적인 요소를 **상태**state라고 부른다.

이번 예에서는 이동이나 휴식 등 사람의 움직임이 행동, 사람의 현재 위치 등이 상태에 해당한다.

보상

같은 행동이라 할지라도 어떤 상태에서 하는지에 따라 결과가 크게 달라진다. 예를 들어, 물을 마시는 것은 같은 행동이라도 산길에서 샘물을 마시면 체력이 회복되지만, 바닷가에서 바닷물을 마시면 탈수 상태가 될 수 있다. 강화 학습에서는 행동의 좋고 나쁨을 표시하는 지표로 **보상**reward을 사용한다.

이번 예에서는 샘물을 마시는 경우는 플러스 보상, 바닷물을 마시는 경우는 마이너스 보상을 받게 된다.

정책

강화 학습에서는 현재 상태에 따라 다음 행동을 결정한다. 여기에서 다음 행동을 결정하기 위한 전략, 구체적으로는 어떤 상황에서 어떤 행동을 수행하는 확률을 **정책**policy이라고 부른다. 강화 학습의 목적은 많은 보상을 얻을 수 있는 정책을 찾아내는 것이다.

즉시 보상과 지연 보상

에이전트는 기본적으로 많은 보상을 받을 수 있는 행동을 선택하는 것이 좋겠지만, 행동 직후에 발생하는 보상에만 집중하면 나중에 발생할지도 모르는 큰 보상을 놓치게 된다.

예를 들면, 주변을 탐색하면 체력이 소모되기 때문에 쉬는 편이 보상이 높지만, 탐색 결과 식료품을 발견할 큰 보상이 발생할 가능성도 있다.

행동 직후에 발생하는 보상을 **즉시 보상**immediate reward, 미래에 발생하는 보상을 **지연 보상**discounted reward이라고 부른다.

수익과 가치

강화 학습에서는 즉시 보상뿐만 아니라, 미래에 발생하는 모든 지연 보상을 포함한 보상의 합을 최대화하는 것을 목표로 한다. 이를 **수익**interest이라고 부른다.

보상은 환경으로부터 주어지는 것에 비해 수익은 최대화하고자 하는 목표로서 에이전트 스스로가 설정한다. 때문에 에이전트의 사고방식에 따라 수익을 계산하는 방식도 달라진다. 예를 들어, 보다 먼 미래의 보상 비율을 조정한 보상의 합인 '할인 보상의 합'을 수익 계산에 많이 사용한다.

하지만 수익은 아직 발생하지 않은 미래의 일이므로 확실하지 않기 때문에, 에이전트의 상태와 정책을 고정한 상태로 조건부 수익을 계산한다. 이를 **가치**value라고 부른다. 이 가치를 크게 만들 수 있는 조건을 찾아낸다면 학습한 것이라고 볼 수 있다.

가치를 최대화하면 수익이 최대화되고, 최종적으로 많은 보상을 받을 수 있는 정책이라는 강화 학습의 목표로 연결된다.

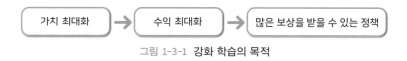

그림 1-3-1 강화 학습의 목적

강화 학습 용어를 한번 더 정리하면 다음 표 1-3-1과 같다.

표 1-3-1 강화 학습 용어

용어	설명	무인도에 표류한 사람의 예
에이전트	환경에 대해 행동을 일으키는 주체	표류한 사람
환경	에이전트가 속한 세계	무인도
행동	에이전트가 특정한 상태에 있을 때 선택할 수 있는 움직임	이동, 휴식 등 사람의 행동
상태	에이전트의 행동에 따라 바뀌는 환경을 유지하는 상태	사람의 현재 위치 등
보상	에이전트의 행동에 대한 환경의 평가	생존 확률 상승에 관한 평가
정책	에이전트가 행동을 결정하는 원리	사람이 취하는 전략
즉시 보상	행동 직후에 발생하는 보상	휴식을 취하면 체력이 회복됨
지연 보상	미래에 발생하는 보상	탐색을 통해 식료품을 발견함
수익	즉시 보상뿐만 아니라 미래에 얻을 수 있는 모든 지연 보상을 포함한 보상의 합	-
가치	에이전트의 상태와 정책을 고정한 경우의 조건부 수익	-

1-3-3 강화 학습의 학습 사이클

강화 학습의 학습 사이클 흐름은 다음과 같다.

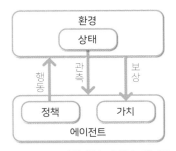

그림 1-3-2 **강화 학습의 학습 사이클**

① 에이전트는 처음에는 무엇을 해야 할지 판단할 수 없으므로 선택 가능한 행동 중에서 랜덤으로 행동을 결정한다.

② 에이전트는 보상을 받을 때, 어떤 상태에서 어떤 행동을 했을 때 얼마만큼의 보상을 받았는지의 경험을 기억한다.

③ 경험을 기반으로 정책을 계산한다.

④ 무작위로 행동하는 것을 유지하면서 정책을 단서로 행동을 결정한다.

⑤ ②~④를 반복하면서 장기적으로(게임이 종료될 때까지) 많은 보상을 받을 수 있는 정책을 계산한다.

이 학습 사이클을 **마르코프 결정 과정**Markov Decision Process, MDP이라고 부른다. 마르코프 결정 과정이란 현재 상태에서 선택한 행동에 따라 다음 상황이 확정되는 시스템을 말한다.

또한, 강화 학습에서는 게임이 종료될 때까지의 1회 학습 분량을 1 **에피소드**episode, 1회 행동 분량을 1 **스텝**step이라고 부른다.

1-3-4 정책 계산 방법

강화 학습에서는 크게 **정책 반복법**Policy Iteration과 **가치 반복법**Value Iteration의 두 가지로 정책을 계산한다.

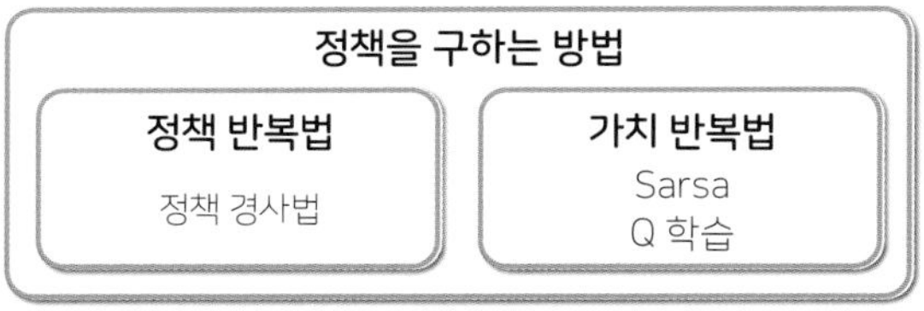

그림 1-3-3 **정책을 구하는 방법**

■ 정책 반복법

정책을 따라 이동하며, 성공 시 선택한 행동이 중요하다고 판단해 그 행동을 많이 선택하는 방식으로 정책을 갱신하는 방법을 '정책 반복법'이라고 부른다. 그리고 그 정책 반복법을 이용한 알고리즘의 하나가 **정책 경사법**Policy Gradient이다.

■ 가치 반복법

다음 상태 가치와 현재 상태 가치의 차이를 계산하고, 그 차이만큼만 현재 상태의 가치를 늘리는 방법이다. 이 가치 반복법을 이용한 알고리즘이 'Sarsa' 또는 'Q 학습'이다.

1-3-5 이 책에서 소개한 내용

이 책에서는 상태가 없는 단순한 강화 학습인 '다중 슬롯머신 문제'를 설명한 뒤, 정책 경사법, Sarsa, Q 학습, DQN의 네 가지 강화 학습 알고리즘을 소개한다.

알파제로에서는 강화 학습의 셀프 플레이로 경험을 수집하는 방법을 채택하고 있다.

이 책에서 설명하는 강화 학습 모델

- 다중 슬롯머신 문제
- 정책 경사법
- Sarsa
- Q 학습
- DQN

1-4 탐색 개요

바둑, 체스, 장기는 완전 정보 게임으로서 국면이라는 형태로 게임에 대한 정보가 모두 공개되어 있으며, 양측이 교대로 수를 두면서 국면을 움직여 가며 게임을 진행한다. 최적의 수를 두기 위해서는 이후의 국면을 탐색해 평가해야 한다. 이 절에서는 탐색의 기본이 되는 '게임 트리'에 관해 설명한다.

1-4-1 탐색이란?

탐색Exploration은 현재의 국면을 시작점으로 몇 수 앞까지의 전개 상황을 미리 읽어 내고, 읽어 낸 국면의 상태 평가를 기반으로 하여 현재 국면에서 가장 좋은 '다음 한 수'를 선택하는 방법이다.

탐색에서는 국면의 전개를 표시하기 위해 **게임 트리**game tree를 사용해 모델화한다.

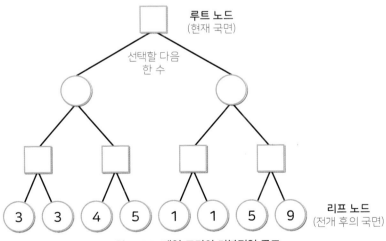

그림 1-4-1 **게임 트리의 기본적인 구조**

'게임 트리'는 '국면'을 '노드(위 그림에서의 원형과 사각형)'로 표시하고, '수'를 '아크(위 그림에서 노드를 연결한 선)'로 표시한 트리 구조다. 사각형은 자신이 수를 둘 차례의 국면(내 국면), 원형은 상대방이 수를 둘 차례의 국면(상대 국면)을 표시한다.

가장 상위 노드를 **루트 노드**root node라고 부르며, 이는 현재 국면을 표시한다. 가장 하위의 노드를 **리프 노드**leaf node라고 부르며, 전개 이후의 국면을 표시한다. 그림 1-4-1에서 리프 노드에 쓰여진 숫자는 해당 국면에서 무언가의 수단을 통해 산출한(자세한 내용은 5장에서 설명) 자신에 대한 상태의 평갓값이다.

또한, 게임 트리는 노드 관계를 '가족 관계'라고 부른다. 한 단계 상위의 노드는 **부모 노드** parent node, 한 단계 하위의 노드는 **자식 노드**child node, 부모 노드에서 볼 때 자신 이외의 자식 노드를 **형제 노드**brother node라고 부른다.

앞 페이지 그림의 게임 트리를 탐색하면 다음과 같은 결과를 얻을 수 있다.

- 9점을 얻기 위해 오른쪽 수를 선택하면 상대가 다음 국면에서 왼쪽 수를 두게 되어 1점밖에 얻을 수 없다.
- 왼쪽 수를 선택하면 최소한 3점은 얻을 수 있다.

1-4-2 완전 게임 트리와 부분 게임 트리

게임을 시작할 때부터 선택할 수 있는 모든 수를 포함하고 있는 게임 트리를 **완전 게임 트리** complete game tree라고 부른다. 완전 게임 트리가 주어진다면 절대 지지 않는 전략을 수립할 수 있다. 하지만 완전 게임 트리의 노드 수가 매우 많기 때문에 실제로는 계산할 수 없는 경우가 대부분이다.

체스의 경우, 임의의 국면에서 둘 수 있는 수는 평균 35이며, 평균 80수 정도로 승부가 갈린다. 때문에 게임의 흐름(게임 시작부터 종료까지 선택 가능한 루트)의 수는 3,580, 무려 10,120 가지에 이른다. 한 가지 게임 흐름의 연산에 $1e^{-10}$초(0.0000000001초)가 걸린다고 가정해도 체스의 완전 게임 트리를 계산하기 위해 필요한 시간은 $3.17e^{+102}$년(3170000000000...와 같은 식으로 0이 100개)에 이른다.

완전 게임 트리는 연산이 불가능하기 때문에 '부분 게임 트리'를 사용해 전략을 수립한다. **부분 게임 트리**partial game tree는 현재 국면에서 주어진 시간 내에 탐색 가능한 부분만을 포함하고 있는 게임 트리다. 유용하다고 판단한 노드는 가능한 한 깊이 탐색하고, 그렇지 않다고 판단한 노드는 도중에서 탐색을 중단한다.

품질이 뛰어난 부분 게임 트리를 얼마나 효율적으로 만들어 내는가가 게임 AI의 강함(성능)을 결정한다.

1-4-3 이 책에서 소개하는 내용

이 책에서는 **미니맥스법**Minimax algorithm, **알파베타법**Alpha-beta, **원시 몬테카를로 탐색**Monte Carlo Method, **몬테카를로 트리 탐색**Monte Carlo Tree Search의 네 가지 탐색 알고리즘을 소개한다.

알파제로에서는 몬테카를로 트리 탐색을 기본으로 하고 있다.

이 책에서 설명하는 탐색 알고리즘

- 미니맥스법
- 알파베타법
- 원시 몬테카를로 탐색
- 몬테카를로 트리 탐색
- DQN

1997년 IBM이 개발한 체스 전용 슈퍼 컴퓨터 '딥블루(DeepBlue)'가 체스 세계 챔피언인 가리 카스파로프에게 2승 1패 3무로 승리했다. '알파 베타법'과 '직접 구현한 평가 함수', 그리고 '슈퍼 컴퓨터의 계산 능력'이 조합되어 만들어진 승리다.

하지만 바둑에서는 국면에 대한 평가가 매우 복잡하기 때문에 '평가 함수'를 작성하는 것이 어려워서 그 수준은 바둑 초단 정도에 지나지 않았다.

2006년 몬테카를로 트리 탐색을 사용한 게임 AI인 '크레이지스톤(CrazyStone)'이 등장했다. 몬테카를로 트리 탐색이란 대량의 무작위 시뮬레이션을 수행하고, 그 중에서 좋은 수를 선택하는 방법으로, '평가 함수'를 사용하지 않고 국면을 평가할 수 있다는 것이 특징이다. 발전을 거듭해 2012년에는 바둑 5단 정도의 수준까지 강해졌다.

2015년에 몬테카를로 트리 탐색의 '앞을 읽는 능력', 딥 러닝의 가장 좋은 수를 예측하는 '직감', 강화 학습의 셀프 플레이를 통한 '경험'을 조합한 게임 AI인 '알파고'가 등장했다. 알파고는 세계 최초로 프로 바둑 기사에게 승리를 거둔 게임 AI다.

표 게임 AI의 역사

년도	AI	전적	알고리즘
1997	딥블루	체스 세계 챔피언 가리 카스파로프에게 2승 1패 3무로 승리	• 알파 베타법 • 직접 구현한 평가 함수
2012	크레이지스톤	바둑 5단 수준으로 평가됨	• 몬테카를로 트리 탐색
2016	알파고	세계 최초로 프로 바둑 기사에게 승리한 게임 AI	• 몬테카를로 트리 탐색 • 딥 러닝 • 강화 학습

2

파이썬
개발 환경 준비

이 장에서는 실제 머신러닝의 알고리즘을 학습하기 위한 개발 환경을 셋업한다. 이 책에서는 프로그래밍 언어로 파이썬을 사용했다. 파이썬에서는 머신러닝에서 사용할 수 있는 다양한 라이브러리가 제공되며, 사용자도 많기 때문에 책이나 웹을 통해 다양한 정보를 얻을 수 있다.

또한, 파이썬 개발 환경으로는 구글이 2017년 말부터 교육과 연구 등의 목적으로 공개하는 Google Colab을 사용한다. Google Colab은 클라우드 상에 있는 온라인 서비스가 특징이며, 파이썬이나 다양한 머신러닝 라이브러리의 설치와 설정을 손쉽게 할 수 있어 이미 '주피터 노트북'을 사용해 본 분이라면 쉽게 조작할 수 있다.

그리고 이 장의 마지막에 파이썬 문법을 간단하게 정리했다. 이미 알고 있는 분은 이 부분을 뛰어넘어도 좋다. 파이썬에 익숙하지 않은 분은 주의를 기울여 읽기 바란다.

이 장의 목적

- 이 책에서 사용하는 파이썬과 개발 환경인 Google Colab의 개요를 이해한다.

- 실제 샘플을 조작해 보며, Google Colab의 구체적인 사용 방법을 마스터한다.

- 이 책의 프로그래밍에 사용하는 파이썬 문법을 확인한다.

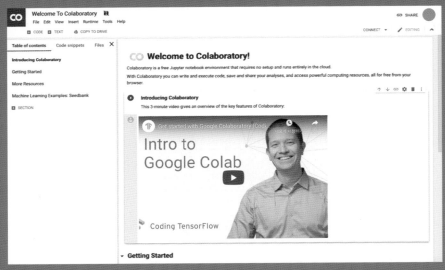

Google Colab의 공식 웹사이트에는 기능 소개 동영상이나 머신러닝을 배울 수 있는 온라인 강의도 준비되어 있다.

2-1 파이썬과 Google Colab 개요

머신러닝을 학습하기 위해서는 프로그래밍 언어와 개발 환경을 준비해야 한다. 이 책에서 사용하는 파이썬과 구글이 제공하는 개발 환경인 Google Colab에 관해 소개한다.

2-1-1 파이썬과 머신러닝 라이브러리

파이썬은 코드가 간단하고 다루기 쉬워서 짧은 코드로 프로그래밍할 수 있다. 또한, 다양한 머신러닝용 라이브러리를 제공하고 있어서 머신러닝 프로그래밍에서의 **실질적인 표준** defacto standard이다. **텐서플로**TensorFlow, **케라스**Keras, **체이너**Chainer, **파이토치**PyTorch와 같은 대부분의 딥 러닝 라이브러리 또한 파이썬에서 사용할 수 있다.

이 책에서는 그중 텐서플로를 사용한다. 케라스와 마찬가지로 API가 제공되기 때문에 초심자도 손쉽게 'TPU'를 활용한 고속 학습을 수행할 수 있다.

표 2-1-1 머신러닝 라이브러리별 특징

라이브러리	특징
케라스 (Keras)	딥 러닝을 보다 간단하게 이용하도록 하기 위해 초심자가 가장 쉽게 사용할 수 있는 라이브러리다. 시노(Theano) 혹은 텐서플로와 같은 텐서(tensor, 다차원 배열)를 고속으로 계산하는 라이브러리 래퍼(wrapper)로 개발되었다. 최근에는 텐서플로 패키지의 일부로도 제공된다.
텐서플로 (TensorFlow)	구글이 실제 제품을 만들 때 사용하며, 세계에서 가장 많은 사용자를 보유하고 있는 라이브러리다. 텐서 계산 수행을 위한 라이브러리로 개발되었다. 세부적인 조정을 가장 많이 할 수 있는 딥 러닝 라이브러리로 불린다.
체이너 (Chainer)	프리퍼드 네트웍스(Preferred Networks)[3]가 개발한 일본의 딥 러닝 라이브러리다. 디파인-바이-런(Define by Run)이라는 방식을 채용해 네트워크를 기술하는 동시에 학습을 수행한다. 입력에 따라 계산 그래프의 변경 소요가 많은 자연어 처리 분야에서 특히 편리하게 사용된다.
파이토치 (PyTorch)	페이스북(Facebook)이 개발한 딥 러닝 라이브러리다. 체이너를 포크(fork)한 디파인-바이-런을 채용하고 있기 때문에 체이너와 유사하다. 해외를 중심으로 커뮤니티가 활발하며, 인기가 급상승하고 있다.

---

3 옮긴이 https://www.preferred-networks.jp/en

2-1-2 파이썬 개발 환경 Google Colab

파이썬의 개발 환경은 매우 다양하나, 이 책에서는 Google Colab(구글 코랩 또는 구글 콜랩)을 사용한다. 정식 명칭은 Google Colaboratory이지만, 이 책에서는 짧게 줄여 Google Colab이라고 통일한다.

Google Colab은 구글이 제공하는 온라인 서비스로, 구글 계정 소유자라면 누구나 손쉽게 활용할 수 있다. 인공지능 프로그래밍을 위해서는 고성능 컴퓨터나 서버가 필요하다는 생각이 들지만, Google Colab을 사용하면 그럴 필요가 없다.

Google Colab을 사용하면 웹 브라우저가 구동되는 컴퓨터(윈도우/맥/리눅스)와 네트워크 환경만 있다면, 누구라도 간단하게 인공지능 프로그래밍을 시작할 수 있다.

📖 Google Colab의 장점

Google Colab을 사용하면 다음의 3가지 장점을 얻을 수 있다.

(1) 환경을 구축할 필요가 없음

파이썬과 머신러닝 패키지를 스스로 설치하는 작업은 초심자에게는 다소 난이도가 높다. Google Colab에서는 머신러닝에 자주 사용되는 패키지가 이미 설치되어 있기 때문에 곧바로 사용할 수 있다. 물론 다른 패키지가 필요하다면, 사용자가 직접 설치할 수도 있다.

(2) 주피터 노트북처럼 조작할 수 있음

주피터 노트북은 프로그램 실행 결과를 기록하면서 데이터 분석을 수행할 수 있는 도구다. 프로그램과 관련된 기록을 **노트북**Notebook(확장자는 *.ipynb)이라는 파일 단위로 관리한다. 주피터 노트북은 수많은 사용자를 보유한 인기 있는 개발 환경이다.

Google Colab은 이 주피터 노트북을 베이스로 만들었기 때문에 주피터 노트북과 호환되며, 조작성 또한 거의 같다.

(3) GPU와 TPU를 사용할 수 있음

머신러닝 학습 수행 과정에서 GPU와 TPU를 사용하면 학습 시간을 크게 단축할 수 있다.

GPUGraphics Processing Unit는 리얼타임 이미지 처리에 특화된 대량의 수학 연산용 연산 장치이며, **TPU**Tensor Processing Unit는 구글이 개발한 머신러닝에 특화된 집적 회로다. 처리 내용에 따라 다르지만, GPU는 CPU의 3배 정도, TPU는 무려 10배 정도 속도가 빠르다.

GPU, TPU를 사용하기 위해서는 일반적으로 고속의 GPU 머신을 구입하거나, 유료 클라우드 서비스를 이용해야 하지만, Google Colab에서는 구글 계정만 있다면 누구나 무료로 이용할 수 있다.

■ 노트북 인스턴스

Google Colab의 노트북은 **구글 드라이브**_{Google Drive}에 작성된다. 구글 드라이브는 구글이 제공하는 온라인 저장소다.

작성한 노트북을 열면 Google Colab의 인스턴스가 기동된다. **인스턴스**_{instance}는 클라우드 상의 가상 서버다. 파이썬 프로그램을 실행하면 인스턴스 위에서 실행되고, 노트북에 그 결과가 출력된다.

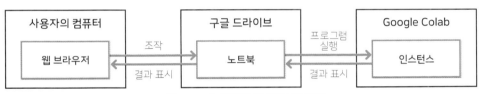

그림 2-1-1 **노트북과 인스턴스의 관계**

COLUMN   구글 Chrome 브라우저

이 책에서는 구글의 웹 브라우저인 크롬(Google Chrome)에서 동작을 확인한다. Google Colab을 사용하는 데 있어 웹 브라우저의 특별한 제약은 없지만, 구글에서 제공하는 순정 브라우저가 가장 안정적이라 생각한다.

> 구글 Chrome
> https://www.google.co.kr/intl/ko/chrome/

2-1-3 Google Colab의 제한 사항

Google Colab에는 다음과 같은 제한 사항이 있다.

- 스토리지: 40GB(GPU 미사용 혹은 TPU 사용 시) 혹은 360GB(GPU 사용 시)
- 메인 메모리: 13GB RAM
- GPU 메모리: 12GB
- 1 노트북 사이즈: 최대 20MB
- 아무런 조작도 없이 90분이 경과하면 리셋(90분 룰)
- 인스턴스가 기동한 후 12시간이 경과하면 리셋(12시간 룰)

특히, 중요한 것은 '90분 룰'과 '12시간 룰'이다.

이 조건이 만족되는 경우, 실행 중인 프로그램이 있더라도 인스턴스가 리셋된다. 리셋이 진행되면 실행 중인 프로그램이 중단되고, 추가로 설치한 패키지나 인스턴스 내부에 보존된 데이터도 모두 사라진다. 단, 구글 드라이브에 저장된 노트북은 사라지지 않는다.

■ 90분 룰 회피하기

90분 룰의 대책으로는 90분이 경과하기 전에 브라우저를 새로고침하여 노트북을 갱신하는 방법을 권장한다. Google Colab에서는 브라우저를 새로고침하더라도 프로그램이 중단되지 않는다.

■ 12시간 룰 회피하기

12시간 룰의 대책으로는 12시간이 경과하기 전에 인스턴스 내에 저장된 데이터를 로컬 컴퓨터나 구글 드라이브에 저장하는 방법을 권장한다.

인스턴스 리셋 후에 별도로 저장한 데이터를 로딩해서 다시 학습을 시작할 수 있다.

호스트 타입 런타임과 로컬 런타임

Google Colab은 호스트 타입 런타임(host-type runtime)과 로컬 런타임(local runtime)의 두 가지의 접속 방법을 제공한다. 호스트 타입 런타임은 본문에서 설명한 Google Colab의 인스턴스에 접속하는 일반적인 방법이다.

이에 비해 로컬 런타임은 구글 드라이브에 저장된 Google Colab 노트북에서 사용자의 서버 또는 유료 클라우드 서비스(구글 클라우드 플랫폼(Google Cloud Platform) 등)에 있는 주피터 노트북을 기동해 그곳에 접속해서 이용하는 방법이다. 로컬 런타임을 활용하면 90분 룰이나 12시간 룰의 제한을 벗어날 수 있다.

그림 **로컬 런타임의 경우 노트북과 주피터 노트북과의 관계**

Google Colab의 노트북에서 제공하는 툴 바에서 접속 상태의 '▼' 메뉴를 클릭하면 접속 대상을 변경할 수 있다.

그림 **호스트 타입 런타임과 로컬 런타임 접속 대상 전환 메뉴**

자세한 내용은 다음 사이트를 참고하기 바란다.

Colaboratory - 구글 로컬 런타임
https://research.google.com/colaboratory/local-runtimes.html?hl=ko

2-2 Google Colab 사용 방법

이 절에서는 Google Colab의 구체적인 조작 방법을 설명한다.

2-2-1 Google Colab 시작하기

① '구글 드라이브' 사이트를 열고, 'Google 드라이브로 이동' 버튼을 클릭한다.

> 구글 드라이브
> https://www.google.com/intl/ko_ALL/drive/

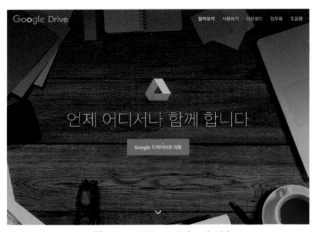

그림 2-2-1 구글 드라이브에 접속

② 구글 계정을 입력하고 로그인한다.

'구글 계정'이 없다면, 새롭게 생성한다.

③ 좌측 상단의 '새로 만들기' 버튼을 클릭한다. '폴더'를 선택하고, 폴더명을 입력해서 신규 폴더를 생성한다.

이 예에서는 '내 드라이브 ➡ alphazero'로 가서 'sample'이라는 이름으로 폴더를 생성했다.

그림 2-2-2 구글 드라이브에 폴더 생성

④ 신규로 생성한 폴더명에서 마우스 오른쪽 버튼을 클릭한 뒤, '연결 앱 ➡ 연결할 앱 더보기'를 선택한다.

그림 2-2-3 생성한 폴더에 애플리케이션 추가

⑤ '애플리케이션 검색'에 'colaboratory'를 입력하고, Google Colab 애플리케이션을 검색한 뒤 '연결하기' 버튼을 클릭한다.

이 과정을 수행하면 구글 드라이브 폴더와 Google Colab 연동이 완료된다.

그림 2-2-4 폴더에 연동할 애플리케이션으로 Google Colab을 지정

⑥ 새로 생성한 폴더 안에서 마우스 오른쪽 버튼을 클릭한 뒤, '기타 ➡ Collaboratory'에서 Google Colab의 신규 파일을 생성한다.

이 과정을 수행하면 'Untitled0.ipynb'라는 이름의 노트북이 생성된다. 노트북 파일을 더블 클릭하면 Google Colab이 실행되고, 노트북이 열린다.

그림 2-2-5 생성한 폴더 안에 신규 노트북 생성

2-2-2 Google Colab 메뉴 및 툴바

Google Colab 메뉴 및 툴바의 기능은 다음과 같다.

그림 2-2-6 Google Colab의 메인 메뉴

표 2-2-1 Google Colab 메뉴의 기능

메뉴	설명
파일	구글 드라이브에서 노트북 신규 작성 및 보존, 사용자 컴퓨터로의 다운로드 등 수행
수정	셀 복사, 붙여넣기 및 삭제, 문자열 검색 등 수행 '노트 설정'에서 파이썬 버전, GPU/TPU 이용 설정, '모든 출력 지우기'로 노트북 출력 내용 삭제 등 수행
보기	노트북 정보 표시 등 수행
삽입	코드나 텍스트 셀 삽입 등 수행
런타임	코드 실행, 인스턴스 리셋 수행 '세션 관리'에서 현재 인스턴스에 접속 중인 노트북 확인 가능
도구	들여쓰기 폭이나 행 번호 등의 설정 수행
도움말	FAQ 표시 등 수행

표 2-2-2 Google Colab 툴바의 기능

툴바	설명
+ 코드	코드 입력 셀 추가
+ 텍스트	텍스트 입력 셀 추가
↑	셀을 위로 이동
↓	셀을 아래로 이동

메뉴 위에는 '파일명'이 표시되고, 메뉴 바의 오른쪽에는 '댓글', '공유' 버튼이 있다.

표 2-2-3 파일명과 댓글, 공유 버튼의 기능

버튼	설명
파일명	'파일명'을 클릭해서 파일명 변경 가능
댓글	노트북에 댓글을 추가
공유	노트북을 다른 사용자에게 공유

툴 바의 우측에는 'RAM'과 '디스크' 또는 '인스턴스와 접속 상태'가 표시된다.

'RAM'은 메모리 사용량, '디스크'는 스토리지 사용량을 표시한다. 접속 상태에는 '초기화 중', '할당 중', '접속 중', '재기동 중' 등이 있다.

그림 2-2-7 **RAM과 디스크 사용량 표시 인디케이터**

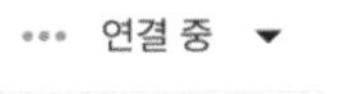

··· 연결 중 ▼

그림 2-2-8 **접속 상태 표시**

2-2-3 코드 실행

Google Colab은 셀 단위로 코딩을 수행한다. 셀에는 코드와 텍스트 2가지 종류가 있다. 노트북 초기 상태에서는 코드 셀이 하나 추가된 상태다.

① 빈 셀에 코드 입력

빈 셀에 다음의 코드를 입력한다. 'Hello World'라는 문자열을 표시하는 코드다.

```
print('Hello World')
Hello World
```

② 셀을 선택한 상태에서 'Ctrl + Enter(또는 메뉴에서 '런타임 ➡ 현재 셀 실행')'로 코드 실행

셀이 실행되고, 출력 결과가 표시된다.

```
print('Hello World')
```

그림 2-2-9 **입력한 코드 실행**

셀의 좌측 끝에 있는 아이콘으로 코드 실행 상태를 확인할 수 있다.

표 2-2-4 셀 좌측 끝 아이콘에 표시되는 셀 실행 상태

코드 실행 상태	설명
▶	미 실행
◉	실행 대기
■	실행 중

2-2-4 코드 정지

셀 좌측 끝의 아이콘이 ■인 경우는 코드가 실행되는 중이다. 실행 중인 코드는 브라우저를 닫아도 종료되지 않는다. 실행을 정지하려면 메뉴의 '런타임 ➡ 실행 중단'을 선택한다.

또한, 메뉴 '런타임 ➡ 세션 관리'에서 현재 인스턴스에 접속 중인 노트북을 확인할 수 있다. 이 화면에서 '종료'를 클릭하면 실행 중인 코드를 중지시킬 수 있다.

그림 2-2-10 '세션 관리' 화면의 예

2-2-5 텍스트 표시

노트북에는 설명문 등의 '텍스트'를 추가할 수 있다. 텍스트 셀에는 **마크다운**Markdown 문법을 사용해 문장을 기술할 수 있다. 마크다운 문법은 문서를 기술하기 위한 가벼운 마크업 언어의 하나다.

마크다운 문법에서 사용하는 주요한 서식은 다음과 같다.

표 2-2-5 **Markdown 문법의 주요한 서식**

Markdown 문법	설명
제목	#, ##, ###
이탤릭	*ABCDEFG*
볼드	**ABCDEFG**
목록 기호	'*', '+', '-', '숫자'(기호를 입력한 후 스페이스 바 또는 탭을 입력)
HTML 태그	직접 태그를 입력(일부 태그 제한 있음)

① **툴 바에서 '+ 텍스트' 버튼을 클릭해 '텍스트' 셀을 추가한다.**

② **추가한 셀에 마크다운 문법에 따라 문장을 기술한다.**

셀 좌측에 마크다운 문법의 문장을 입력한다. 우측에 결과가 표시된다.

```
# 제목
<br>
<img src="https://www.borndigital.co.jp/wp-content/uploads/2018/07/Unity_ML_
cover.jpg" width=100>
```

그림 2-2-11 **마크다운 문법의 텍스트를 입력하면 그에 해당하는 텍스트가 표시된다**

③ **다른 셀을 선택해 '텍스트' 셀 선택을 해제하면 마크다운 문법 결과만 표시된다.**

2-2-6 노트북 저장

노트북을 구글 드라이브에 저장하려면 메뉴 '파일 ➡ 저장'을 선택한다.

2-2-7 모든 런타임 초기화

인스턴스를 재설정하려면 메뉴 '런타임 ➡ 모든 런타임 재설정…'을 선택한다. 초기 상태부터 다시 실행하기 원하는 경우나, 장시간의 학습을 수행하기 전에 이용한다.

사용자가 재설정하는 경우에도 인스턴스 데이터는 저장되지 않으므로 필요한 데이터는 별도로 저장한 뒤 재설정해야 한다.

2-2-8 GPU 및 TPU 이용

GPU 및 TPU를 이용하려면 메뉴 '수정 ➡ 노트 설정(또는 '런타임 ➡ 런타임 유형 변경')을 선택해 설정 화면에 진입한 뒤, '하드웨어 가속기'에서 'GPU' 또는 'TPU'를 선택하고, '저장'을 클릭한다.

GPU 및 TPU 설정을 변경하면 인스턴스가 재설정된다.

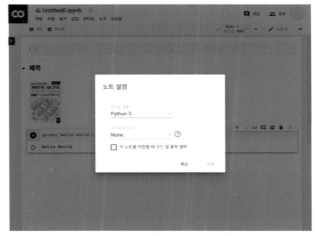

그림 2-2-12 **노트북의 GPU, TPU 이용의 설정**

GPU는 딥 러닝에서 그 효과를 발휘한다. 3장 '딥 러닝', 4-4 'DQN을 활용한 카트-폴', 6장 '알파제로의 구조', 8장 '샘플 게임 구현'의 샘플을 실행할 때는 GPU를 활성화한다.

TPU는 계산량이 많은 딥 러닝에서 효과를 발휘한다. 구체적으로는 3-3 '컨볼루셔널 뉴럴 네트워크를 활용한 이미지 분류'와 3-4 'ResNet을 활용한 이미지 분류'에서 찾아볼 수 있다. 단, 하드웨어 가속기 옵션에서 선택만 하면 사용 가능한 GPU와 달리, TPU는 전용 모델로 변환해야만 향상된 속도를 얻을 수 있다.

자세한 내용은 3-3 '컨볼루셔널 뉴럴 네트워크를 활용한 이미지 분류'에서 설명한다.

표 2-2-6 GPU 및 TPU를 사용하는 예제 코드

하드웨어 엑셀러레이터	사용한 장과 절
GPU	3장 '딥 러닝' 4-4 'DQN을 활용한 카트-폴' 6장 '알파제로의 구조' 8장 '샘플 게임 구현'
TPU	3-3 '컨볼루셔널 뉴럴 네트워크를 활용한 이미지 분류' 3-4 'ResNet을 활용한 이미지 분류' 단, TPU용 모델로 변환해야 한다.

2-2-9 파일 업로드

사용자의 컴퓨터에서 Google Colab 인스턴스로 파일을 업로드하려면 셀에 다음 코드를 입력하고 실행한다.

```
from google.colab import files
uploaded = files.upload()
```

다음 그림 2-2-13과 같이 '파일 선택' 버튼이 표시되면 클릭한 뒤, 업로드할 파일을 선택한다.

이번 예에서는 'test.txt'라는 이름의 텍스트 파일을 업로드한다. 같은 이름의 파일을 여러 차례 업로드하면 오래된 파일을 덮어쓰는 대신 다른 이름으로 저장(예: test(2).txt)하므로 주의해야 한다.

그림 2-2-13 **파일 업로드**

Google Colab 인스턴스에 존재하는 파일을 확인하려면 다음 명령어를 입력한다. 그러면 test.txt가 업로드되어 있는 것을 확인할 수 있다. 'sample_data'는 기본으로 들어 있는 샘플 데이터다.

```
!dir4
```

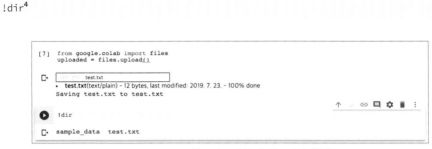

그림 2-2-14 **인스턴스에 존재하는 파일 확인**

Google Colab에서는 행의 첫 머리에 '!'를 붙여서 리눅스 명령어를 실행할 수 있다. 자주 사용되는 리눅스 명령어는 다음과 같다.

표 2-2-7 **자주 사용되는 리눅스 명령어(첫 머리에 '!'를 붙여서 셀에서 실행 가능)**

명령어	설명
dir	현재 경로에 있는 폴더와 파일 확인
pwd	현재 경로 확인
cd <path>	경로로 이동
cd ..	한 계층 위의 경로로 이동
cp <복사할 원본 파일명> <복사할 대상 파일명>	파일 복사
rm <파일명>	파일 삭제
rm -rf *	파일 및 폴더 전체 삭제
zip -r xxxx.zip <파일명>	zip 압축
unzip xxxx.zip	zip 압축 해제

---

4 **옮긴이** dir 대신 ls(또는 ls -al) 명령을 사용해 디렉터리 내의 파일을 표시할 수 있다.

2-2-10 파일 다운로드

Google Colab 인스턴스에 저장된 파일을 사용자의 컴퓨터로 다운로드하려면 다음 코드를 실행한다.

다음 코드는 'test.txt'라는 이름의 텍스트 파일을 다운로드한다.

```
from google.colab import files
files.download('test.txt')
```

2-2-11 구글 드라이브 마운트

Google Colab 인스턴스에서 구글 드라이브를 마운트하려면 다음 코드를 실행한다.

마운트mount란 저장 장소를 디스크 드라이브로 인식해 이용 가능한 상태로 만드는 것이다. 마운트를 통해 '/content/drive/My Drive'라는 경로에 인스턴스 상의 리눅스 명령어나 파이썬 프로그램에서 구글 드라이브의 내 드라이브에 접근할 수 있다.

```
from google.colab import drive
drive.mount('/content/drive')
```

마운트할 때에는 다음과 같이 인증을 요구하므로 파란색 링크를 클릭해 구글 계정으로 로그인한 뒤, 표시된 경로를 복사해서 텍스트 박스에 입력한다.

그림 2-2-15 구글 드라이브 마운트 시 인증 필요

Google Colab 인스턴스로부터 구글 드라이브에 test.txt를 복사하려면 다음 명령어를 실행하도록 한다. 경로에 공백이 있는 경우에는 'My\ Drive'와 같이 이스케이프 문자 '\'를 입력한다.

```
!cp test.txt /content/drive/My\ Drive/test.txt
```

2-2-12 패키지 목록

Google Colab에 설치된 패키지를 확인하려면 다음 명령어를 실행한다.

```
!pip list
Package                 Version
---------------------- --------------------
absl-py                 0.7.1
alabaster               0.7.12
albumentations          0.1.12
    :
zipp                    0.5.2
zmq                     0.0.0
```

이 책의 동작 확인에서 사용한 주요 패키지 버전은 다음과 같으며, 버전의 설치 확인을 위해 다음 명령어를 실행한다.

```
!pip list | grep -E 'tensorflow|numpy|matplotlib|pandas|Pillow|h5py|gym'
gym                     0.10.11
h5py                    2.8.0
matplotlib              3.0.3
numpy                   1.16.5
pandas                  0.24.2
Pillow                  4.3.0
tensorflow              1.15.0rc3
```

Google Colab의 패키지 버전이 업데이트되어 이 책의 샘플이 잘 동작하지 않는 경우에는 패키지 버전을 맞추는 것을 권한다.

표 2-2-8 **이 책의 샘플에서 사용한 주요 패키지 버전**

패키지	설명	버전
tensorflow	딥 러닝 패키지	1.13.1
numpy	고속 배열 계산 패키지	1.16.4
matplotlib	그래프 표시 패키지	3.0.3
pandas	데이터 분석 수행 패키지	0.24.2
Pillow(PIL)	이미지 처리 패키지	4.3.0
h5py	HDF5 조작을 위한 패키지	2.8.0
gym	강화 학습에서 이용하는 OpenAPI Gym 패키지	0.10.11

오래된 패키지를 설치하는 명령어는 다음과 같다.

서식

```
!pip install <패키지명>==<버전>
```

tensorflow 1.13.1을 설치하는 명령어는 다음과 같다. 설치된 구 버전을 제거한 뒤 다시 설치한다.

```
!pip uninstall tensorflow
!pip install tensorflow==1.13.1
```

2-3 파이썬 문법

이 절에서는 파이썬(버전 3)의 기본 문법에 관해 정리한다.

파이썬 프로그래밍에 익숙한 분은 이 절을 건너뛰어도 무방하다. 또한, 파이썬 초심자분은 필요에 따라 다른 파이썬 입문서나 웹사이트 등을 참고하기 바란다.

예제 코드를 담고 있으므로 새로운 노트북을 만들고 코드를 실행하며 시험해 보기 바란다.

2-3-1 문자열 표시

먼저, 'Hello World'라는 문자열을 표시한다. 문자열 표시는 print()를 사용하며, 문자열은 홑따옴표(') 또는 쌍따옴표(")로 감싼다. '#'는 해당 행 '#' 문자의 우측 내용을 주석으로 처리한다.

```
# Hello World 표시
print('Hello World')
```
```
Hello World
```

2-3-2 변수와 연산자

■ 변수

변수에는 임의의 값을 대입할 수 있다. 정수를 대입해 덧셈을 수행하는 경우, 다음과 같이 코드를 작성한다. ',' 구분자로 print() 인수를 여럿 지정하면 행을 바꾸지 않고도 연속해서 변수 값을 표시할 수 있다.

```
a = 1
b = 2
c = a + b
print(a, b, c)
```
```
1 2 3
```

■ 숫자 타입

파이썬에서 숫자는 'int(정수)', 'float(부동소수점 수)', 'bool(논리값)', 'complex(복소수)'의 네 가지 타입이 있다. 파이썬에서는 정수값의 최대/최소 제한이 없으며, 부동소수점 수의 유효숫자는 정수의 2배 가량이 된다. 논리값은 **참**True 또는 **거짓**False 중 하나를 가진다. 복소수는 실수와 허수를 조합한 것이다.

표 2-3-1 **파이썬에서의 숫자 타입**

숫자 타입	설명	예
int	정수	num = 12 # 10진수 num = 0o14 # 8진수 num = 0xc # 16진수 num = 0b1100 # 2진수

float	부동소수점 수	num = 1.2
		num = 1.2e3 # 지수 표기(1.2x10^3)
		num = 1.2e-3 # 지수 표기(1.2x10^{-3})

bool	논리값	flag = True flag = False

complex	복소수	num = 2 + 3j # 실수 + 허수j
		num= complex(2, 3) # Complex(정수, 허수)

■ 연산자

파이썬에서의 사칙 연산자, 대입 연산자, 비교 연산자, 논리 연산자는 다음과 같이 표현한다. 파이썬에서의 나눗셈 연산자는 '/'과 '//'가 있다. 3 / 2는 소수점 이하를 버리지 않는 나눗셈으로 결과는 1.5이며, 3 // 2는 소수점 이하를 버리는 나눗셈으로 결과는 1이다.

표 2-3-2 **파이썬의 사칙 연산자**

사칙 연산자	설명
a + b	덧셈
a – b	뺄셈
a * b	곱셈
a / b	나눗셈(소수점 이하를 버리지 않음)
a // b	나눗셈(소수점 이하를 버림)
a % b	나눗셈의 나머지
a ** b	제곱셈

표 2-3-3 **파이썬의 대입 연산자**

대입 연산자	설명
a = b	a에 b를 대입
a += b	a = a + b와 동일
a -= b	a = a – b와 동일
a *= b	a = a * b와 동일
a /= b	a = a / b와 동일
a //= b	a = a // b와 동일
a %= b	a = a % b와 동일
a **= b	a = a ** b와 동일

표 2-3-4 파이썬의 비교 연산자	
비교 연산자	설명
a == b	a와 b가 같음
a != b	a와 b가 다름
a < b	a가 b보다 작음
a > b	a가 b보다 큼
a <= b	a가 b보다 작거나 같음
a >= b	a가 b보다 크거나 같음
a <> b	a와 b가 다름
a is b	a와 b가 같음
a is not b	a와 b가 다름
a in b	a가 b에 포함됨
a not in b	a가 b에 포함되지 않음

표 2-3-5 파이썬의 논리 연산자	
논리 연산자	설명
a and b	a와 b가 모두 True이면 True
a or b	a와 b 중 하나 이상이 True이면 True
not a	a가 False이면 True, a가 True이면 False

파이썬에서 '삼항 연산자'는 다음과 같이 기술한다.

서식

```
값 = <조건이 True인 경우의 값> if <조건> else <조건이 False인 경우의 값>
```

```
a = 11
s = 'a는 10 이상' if a > 10 else 'a는 10 미만'
print(s)
```
```
a는 10 이상
```

2-3-3 문자열

■ 여러 행의 문자열

여러 행의 문자열을 연결하는 경우에는 '''' 또는 '"'를 연속해서 3개 기입하는 3중 인용부호를 사용한다.

```
text = '''텍스트 1번째 행,
텍스트 2번째 행'''
print(text)
```

```
텍스트  1번째 행,
텍스트  2번째 행
```

📘 문자열 연결

문자열과 문자열을 연결하는 경우에는 '+'를 사용한다.

```
print('문자열' + ' 연결')
```
```
문자열 연결
```

문자열과 숫자를 연결하는 경우에는 str()을 사용해 숫자를 문자열로 캐스팅한 뒤 연결한다.

```
print('해답 = ' + str(100))
```
```
해답 = 100
```

📘 문자열을 부분적으로 추출하기

문자열을 부분적으로 추출하는 경우에는 **첨자**index를 사용한다. 첨자는 [a:b]의 형태로 기술하며, 맨 첫 글자를 0번째 인덱스로 하고, 'a'부터 'b의 한 글자 전'까지의 문자열을 추출한다. a를 생략하면 문자열의 첫 번째 글자, b를 생략하면 문자열의 마지막 글자를 의미한다.

```
text = 'Hello World'
print(text[1:3])
print(text[:5])
print(text[6:])
```
```
el
Hello
World
```

📘 문자열에 변수 대입하기

문자열에 변수를 대입하는 경우에는 대입할 위치에 {}를 입력하고, format()에 대입할 변수를 지정한다.

부동소수점의 자릿수를 지정하고자 하는 경우에는 대입할 위치에 '{:〈자릿수〉f}'라고 지정한다. 부동소수점의 소수점 2자리까지 표현하는 경우에는 '{:2f}'가 된다.

```
a = 'Test'
b = 100
c = 3.14159

print('문자열 = {}'.format(a))
print('정수 = {}'.format(b))
print('부동소수점 수 = {}'.format(c))
print('부동소수점 수(소수점 둘째 자리까지) = {:.2f}'.format(c))
print('여러 변수 = {}, {}, {:.2f}'.format(a, b, c))
```

```
문자열 = Test
정수 = 100
부동소수점 수 = 3.14159
부동소수점 수(소수점 둘째 자리까지) = 3.14
여러 변수 = Test, 100, 3.14
```

2-3-4 리스트

■ 리스트 생성과 엘리먼트 얻기

리스트list는 여러 엘리먼트를 순서대로 저장한다. [ ] 안에 여러 숫자 값을 ','로 구분해 나열해서 생성할 수 있다. 문자열과 마찬가지로, 인덱스를 사용해 부분적으로 엘리먼트를 얻을 수 있다.

```
my_list = [1, 2, 3, 4]
print(my_list)
print(my_list[0])
print(my_list[1:3])
```

```
[1, 2, 3, 4]
1
[2, 3]
```

■ 리스트 엘리먼트 변경

인덱스로 지정한 리스트의 엘리먼트를 변경할 수 있다. my_list[1:4]는 인덱스 1부터 3(4의 하나 전)까지를 의미한다.

```
my_list = [1, 2, 3, 4]
my_list[0] = 10
print(my_list)
my_list[1:4] = [20, 30]
print(my_list)
```

```
[10, 2, 3, 4]
[10, 20, 30]
```

📖 리스트 엘리먼트 추가, 삽입 및 삭제

리스트 끝에 엘리먼트를 추가하는 경우에는 append(), 중간에 삽입하는 경우에는 insert(), 인덱스로 삭제하는 경우에는 del, 엘리먼트로 삭제하는 경우에는 remove()를 사용한다.

```
my_list = ['Apple', 'Cherry']
print(my_list)
my_list.append('Strawberry')
print(my_list)
my_list.insert(0, 'Banana')
print(my_list)
del my_list[0]
print(my_list)
my_list.remove('Apple')
print(my_list)
```

```
['Apple', 'Cherry']
['Apple', 'Cherry', 'Strawberry']
['Banana', 'Apple', 'Cherry', 'Strawberry']
['Apple', 'Cherry', 'Strawberry']
['Cherry', 'Strawberry']
```

📖 range()를 활용한 리스트 생성

range()를 사용해 연속된 숫자를 생성할 수 있다. range(a, b, c)는 a 이상 b 미만의 숫자를 c로 지정한 스텝만큼 건너뛰면서 생성한다. a를 생략하면 0부터 시작한다. c를 생략하면 스텝은 1이 된다. range()를 list()로 감싸서 리스트로 변환할 수 있다.

```
print(list(range(10)))
print(list(range(1, 7)))
print(list(range(1, 10, 2)))
```

```
[0, 1, 2, 3, 4, 5, 6, 7, 8, 9]
[1, 2, 3, 4, 5, 6]
[1, 3, 5, 7, 9]
```

2-3-5 딕셔너리

■ 딕셔너리 생성과 엘리먼트 취득

딕셔너리Dictionary는 키-값 짝을 저장한다. 특정한 엘리먼트를 얻고 싶을 때는 키로 지정한다.

```
my_dic= {'Apple': 300, 'Cherry': 200, 'Strawberry': 3000}
print(my_dic['Apple'])
```

```
300
```

■ 딕셔너리 엘리먼트 변경

키로 지정한 엘리먼트를 변경할 수 있다.

```
my_dic['Apple'] = 400
print(my_dic)
```

```
{'Apple': 400, 'Cherry': 200, 'Strawberry': 3000}
```

■ 딕셔너리 엘리먼트 추가 및 삭제

딕셔너리 엘리먼트를 추가하는 경우에는 대입 연산. 삭제하는 경우에는 del을 사용한다.

```
my_dic = {'Apple' : 300}
print(my_dic)
my_dic['Cherry'] = 200
print(my_dic)
del my_dic['Apple']
print(my_dic)
```

```
{'Apple': 300}
{'Apple': 300, 'Cherry': 200}
{'Cherry': 200}
```

2-3-6 튜플

튜플tuple은 리스트와 같이 여러 엘리먼트를 저장하고 엘리먼트를 순서대로 늘어 놓은 것이다. () 안에 여러 값을 ',' 구분자로 나누어 생성할 수 있다. 또한, 인덱스를 사용해 엘리먼트를 부분적으로 추출할 수 있다.

리스트와 튜플의 차이는 엘리먼트를 변경할 수 있는가인데, 튜플에서는 엘리먼트 추가, 삽입, 삭제를 할 수 없다.

```
my_taple = (1, 2, 3, 4)
print(my_taple)
print(my_taple[0])
print(my_taple[1:3])
```
```
(1, 2, 3, 4)
1
(2, 3)
```

2-3-7 제어 구문

■ if(조건 분기)

조건 분기를 수행하는 경우에는 'if 〈조건〉:'을 사용한다. 조건이 True인 경우 실행되는 블록은 인덴트(들여쓰기)를 사용해 기술한다.

```
num = 5
if num >= 10:
    print('num이 10 이상') # 조건이 성립하는 경우
else:
    print('num이 10 미만') # 조건이 성립하지 않는 경우
```
```
num이 10 미만
```

여러 조건을 지정하는 경우에는 다음과 같이 기술한다.

```
num = 10
if num >= 5:
    print('num이 5 이상') # 첫 번째 조건이 성립하는 경우
elif num >= 3:
    print('num이 3 이상') # 두 번째 조건이 성립하는 경우
else:
    print('num이 3 미만') # 모든 조건이 성립하지 않는 경우
```
```
num이 5 이상
```

■ for(반복)

리스트 엘리먼트를 차례로 변수에 대입하면서 반복 처리를 수행하는 경우에는 'for 〈변수〉 in 〈리스트〉:'를 사용한다. 간단히 임의의 횟수를 반복하고자 하는 경우에는 〈리스트〉에 range()를 지정한다. 반복하는 대상 블록은 들여쓰기를 사용해 기술한다.

```
for n in [1, 2, 3]:
    print(n) # 반복 대상
    print(n * 10) # 반복 대상
```

```
1
10
2
20
3
30
```

```
for n in range(5):
    print(n) # 반복 대상
```

```
0
1
2
3
4
```

■ while(반복)

조건이 성립하는 한 블록 내 처리를 반복하는 경우에는 'while 〈조건〉:'을 사용한다. 반복 대상 블록은 인덴트를 사용해 기술한다. 블록 안에서는 블록의 맨 앞으로 돌아가는 'continue', 반복을 중단하는 'break' 명령을 사용할 수 있다.

1~20의 자연수에서 2의 배수를 제외하고, 3의 배수를 표시하는 코드는 다음과 같이 기술할 수 있다.

```
i = 0
while i < 20:
    i += 1
    if i % 2 == 0:
        continue
    if i % 3 == 0:
        print(i)
```
```
3
9
15
```

■ enumerate(열거)

enumerate()에 리스트를 전달하면 각 엘리먼트에 0부터 순서를 매길 수 있다.

```
for num, fruit in enumerate(['Apple', 'Cherry', 'Strawberry']):
    print('{}:{}'.format(num, fruit))
```
```
0: Apple
1: Cherry
2: Strawberry
```

■ 리스트 컴프리헨션

파이썬에서는 **리스트 컴프리헨션**List Comprehension이라는 방법을 사용해 반복 처리를 간결하게 기술할 수 있다. 다음과 같은 반복 처리를 한다고 가정한다.

```
my_list1 = []
for x in range(10):
    my_list1.append(x * 2)
print(my_list1)
```
```
[0, 2, 4, 6, 8, 10, 12, 14, 16, 18]
```

리스트 컴프리헨션을 사용해 위 코드를 다음과 같이 한 줄로 작성할 수 있다.

```
my_list2 = [x * 2 for x in range(10)]

print(my_list2)
```
```
[0, 2, 4, 6, 8, 10, 12, 14, 16, 18]
```

2-3-8 함수와 람다 식

■ 함수

'함수'는 일련의 프로그램 명령을 모아서 외부에서 호출할 수 있도록 한 것이다. 다음 서식과 같이 정의한다.

```
def 함수명(<인수1>, <인수2>, ...):
    <실행할 프로그램 명령어>
    return <반환값>
```

각도를 **라디안**radian으로 변환하는 함수는 다음과 같이 기술한다.

```
def radian(x):
    return x / 180 * 3.1415

for x in range(0, 360, 90):
    print('각도: {}, 라디안: {:.2f}'.format(x, radian(x)))
```
```
각도: 0, 라디안: 0.00
각도: 90, 라디안: 1.57
각도: 180, 라디안: 3.14
각도: 270, 라디안: 4.71
```

■ 람다 식

람다lambda 식은 함수를 함수에 식으로 대입할 수 있도록 하는 방법이다. 람다 식을 활용하면 코드를 간결하게 기술할 수 있다. 람다 식을 기술하는 서식은 다음과 같다.

```
lambda 인수: 반환값이 있는 함수
```

앞에서 설명한 각도를 라디안 값으로 변환하는 함수를 람다 식으로 변환하면 다음과 같이 한 행으로 프로그램을 작성할 수 있다.

```
lambda_radian = (lambda x: x / 180 * 3.1415)

for x in range(0, 360, 90):
    print('각도: {}, 라디언: {:.2f}'.format(x, lambda_radian(x)))
```

```
각도: 0, 라디언: 0.00
각도: 90, 라디언: 1.57
각도: 180, 라디언: 3.14
각도: 270, 라디언: 4.71
```

2-3-9 클래스

'클래스'란 데이터와 그 데이터에 대한 조작을 하나로 모아둔 것이다. 클래스가 가진 데이터를 '멤버 변수', 데이터에 대한 조작을 '메소드'라고 부른다.

클래스는 다음의 서식으로 정의한다.

```
class 클래스명:
    def __init__(self, <인수1>, <인수2>, ...):
        <생성자에서 실행할 처리>
    def 메소드명(self, <인수1>, <인수2>, ...):
        <메소드에서 실행할 처리>
```

메소드의 첫 번째 인수는 클래스 자신을 의미하는 self다. 'self.멤버변수명', 'self.메소드명()'과 같이 클래스 자신의 멤버 변수나 메소드에 접근할 수 있다.

__init__()는 클래스 생성 시 호출되는 메소드인 **생성자**constructor다. 생성자가 필요하지 않으면 기술하지 않아도 된다.

멤버 변수 msg와 msg를 표시하는 메소드인 output()을 가진 클래스 HelloClass는 다음 코드와 같이 정의한다. 클래스를 정의한 후, 클래스의 이용 예시로 HelloClass를 생성하고, output()을 호출해 msg를 호출한다.

```
class HelloClass:
    def __init__(self, msg):
        self.msg = msg

    def output(self):
        print(self.msg)

hello = HelloClass('Hello World')
hello.output()
```
```
Hello World
```

2-3-10 패키지 임포트와 컴포넌트 직접 호출

■ 패키지 임포트

클래스, 함수, 정수 등과 같은 '컴포넌트'가 정의된 파이썬 프로그램을 **모듈**module이라고 부른다. 그리고 여러 모듈로 구성되어 있는 것을 **패키지**package라고 부른다.

'import 〈패키지명〉 as 〈별명〉'으로 기존의 패키지를 임포트함으로서 해당 패키지에 포함된 컴포넌트를 사용할 수 있다.

빠른 배열 계산을 위한 패키지인 'numpy'를 임포트해서 numpy에 포함된 함수 array()를 호출하기 위해서는 다음과 같이 코드를 기술하도록 한다. 다음의 np.array()와 같이 '패키지별명.함수명()'으로 호출할 수 있다.

```
import numpy as np

a = np.array[[1, 2, 3], [4, 5, 6], [7, 8, 9]]
print(a)
```
```
[[1 2 3]
 [4 5 6]
 [7 8 9]]
```

■ 컴포넌트 직접 호출

'from 〈패키지명〉 import 〈컴포넌트명〉'으로 컴포넌트명을 지정해서 임포트하면 컴포넌트를 직접 이용할 수 있다. 다음 코드의 array()와 같이 '함수명()'만으로 호출할 수 있다.

```
from numpy import array

a = array[[1, 2, 3], [4, 5, 6], [7, 8, 9]]
print(a)
```
```
[[1 2 3]
 [4 5 6]
 [7 8 9]]
```

파이썬 관련 API 레퍼런스는 다음 웹사이트에서 확인할 수 있다.

케라스 API는 텐서플로 API 레퍼런스에도 포함되어 있으나, 케라스에서 자체적으로 제공하는 API 레퍼런스에서 보다 자세하게 설명한다.

파이썬 3.7.4 documentation
https://docs.python.org/ko/3/

케라스 Documentation
https://keras.io/

모듈: tf | TensorFlow
https://www.tensorflow.org/api_docs/python/tf

Matplotlib 3.1.0 Documentation
https://matplotlib.org/api/index.html

pandas(판다스) 0.24.2 Documentation
http://pandas.pydata.org/pandas-docs/stable

COLUMN 이 책에서 사용하는 패키지 버전

이 책에서 사용하는 패키지 버전은 다음과 같다.

표 **이 책에서 사용하는 패키지 버전**

패키지	버전
파이썬	3.6.8
텐서플로	1.13.1
Matplotlib	3.0.3
pandas	0.24.2

각 API 레퍼런스에 해당하는 버전을 선택한다. 파이썬의 API 레퍼런스는 페이지 좌측 메뉴에서 선택할 수 있다.

그림 **파이썬 API 레퍼런스 버전 선택**

CHAPTER

3

딥 러닝

이번 장부터는 알파제로를 구성하는 각종 머신러닝 알고리즘에 대해 학습한다. 3장에서는 딥 러닝의 '분류'와 '회귀' 방법에 관해 설명한다.

딥 러닝에서는 학습과 추론을 수행하는 모델을 통해 최적의 '뉴럴 네트워크'를 구축하는 것을 중시한다. 네트워크 구조를 결정하는 다양한 방법과 사고 방식이 있기 때문에 이론적으로 단번에 결정하기는 어렵다. 이번 장에서는 이제까지 잘 알려진 구현 예시에 기반해서 구축해 본다.

복잡한 분류나 회귀를 수행하기 위해서는 뉴럴 네트워크를 구성하는 '히든 레이어'의 수를 늘려야 하나, 레이어가 늘어남에 따라 학습 시간도 크게 증가한다. 이 장에서는 이미지를 정밀하게 분류하기 위한 방법으로 '컨볼루셔널 뉴럴 네트워크'와 'ResNet'을 사용한 분류 모델을 설명한다.

위의 방법들은 2장에서 설명한 Google Colab의 TPU를 사용하면 더 고속으로 처리할 수 있다.

이 장의 목적

- 간단한 뉴럴 네트워크 모델을 구축하고, 이미지의 분류 및 데이터의 회귀를 수행한다.

- 네트워크 모델을 생성하기 위한 '활성화 함수', '손실 함수', '최적화 함수'를 이해한다.

- 이미지 분류에서 보다 정밀도가 높은 '컨볼루셔널 뉴럴 네트워크'와 'ResNet'으로 모델을 구축하고, 추론을 수행한다.

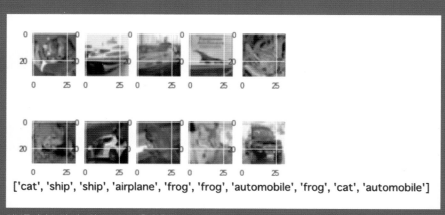

['cat', 'ship', 'ship', 'airplane', 'frog', 'frog', 'automobile', 'frog', 'cat', 'automobile']

컨볼루셔널 뉴럴 네트워크, ResNet을 활용한 이미지 추론 결과(정답률과 학습 시간이 다름)

3-1 뉴럴 네트워크를 활용한 분류

이미지 분류를 위한 간단한 뉴럴 네트워크를 생성하고, 손글씨 숫자 이미지로부터 실제 숫자를 추론하는 모델을 만들어 본다. 샘플 데이터 세트는 텐서플로에서 간단히 얻을 수 있다.

3-1-1 분류란?

'분류'란 여러 특징 데이터를 기반으로 '클래스(데이터의 종류)'를 예측하는 태스크다. 예측하는 클래스의 수가 2개인 경우 '이진 클래스 분류'라 부르며, 그보다 클래스가 많은 분류의 경우 '다중 클래스 분류'라 부른다.

이번 샘플에서는 데이터 세트 MNIST를 사용해 손으로 쓴 숫자 이미지를 0~9의 숫자로 분류한다.

3-1-2 숫자 데이터 세트 'MNIST'

'MNIST'는 0~9의 숫자를 손으로 쓴 이미지와 정답 라벨을 묶은 데이터 세트다. 훈련 데이터 60,000건, 테스트 데이터 10,000건이 포함되어 있다. 이미지는 그레이 스케일로 28×28 픽셀 사이즈다.

텐서플로는 이 데이터 세트를 로드하는 기능을 제공한다.

3-1-3 패키지 임포트

패키지를 이용하기 위해서는 pip 커맨드를 머신에 설치한 후, import로 노트북에서 이용하는 컴포넌트(클래스, 함수, 정수 등)를 지정해야 한다. 이 장에서 이용하는 TensorFlow, NumPy, Matplotlib은 Google Colab에 이미 기본적으로 설치되어 있으므로 import만 수행하면 된다.

다음 import의 가장 마지막에 있는 '%matplotlib inline'은 Google Colab 상에 그래프를 표시하는 명령이다.

표 3-1-1 임포트할 패키지

패키지	설명
TensorFlow(tensorflow)	딥 러닝 패키지
NumPy(numpy)	고속 배열 계산 패키지
Matplotlib(matplotlib)	그래프 표시 패키지

```
# 패키지 임포트
from tensorflow.keras.datasets import mnist
from tensorflow.keras.layers import Activation, Dense, Dropout
from tensorflow.keras.models import Sequential
from tensorflow.keras.optimizers import SGD
from tensorflow.keras.utils import to_categorical
import numpy as np
import matplotlib.pyplot as plt
%matplotlib inline
```

COLUMN 텐서플로에 포함된 케라스와 독립적인 케라스의 패키지명

텐서플로에 포함된 케라스와 독립적인 케라스는 다른 패키지명을 사용한다. 텐서플로에 포함된 케라스의 패키지명은 'tensorflow.keras.XXX'이며, 독립적인 케라스의 패키지명은 'keras.XXX'다.

이 책에서는 텐서플로에 포함된 케라스를 사용한다.

3-1-4 데이터 세트 준비 및 확인

■ 데이터 세트 준비

mnist.load_data()를 사용해 데이터 세트 MNIST를 네 가지 배열로 읽어 들인다. 이 배열은 파이썬의 배열 타입이 아닌 NumPy의 배열 타입인 ndarray다. NumPy의 배열 타입을 사용하기 때문에 고속으로 배열 연산을 할 수 있다.

표 3-1-2 데이터 세트 배열

배열	설명
train_images	훈련 이미지 배열
train_labels	훈련 라벨 배열
test_images	테스트 이미지 배열
test_labels	테스트 라벨 배열

```
# 데이터 세트 준비
(train_images, train_labels), (test_images, test_labels) = mnist.load_data()
```

■ 데이터 세트 형태 확인

다음 스크립트로 데이터 세트의 **형태**shape를 확인한다.

ndarray의 shape로 배열의 차원 수를 얻을 수 있다. (60000, 28, 28)은 '60000 × 28 × 28'의 3차원 배열이며, (60000,)은 '60000'이라는 1차원 배열을 의미한다.

훈련 데이터와 훈련 라벨은 60,000건, 테스트 이미지와 테스트 라벨은 10,000건임을 알 수 있다. 이미지 사이즈는 '28 × 28(픽셀)'이다.

```
# 데이트 세트 형태 확인
print(train_images.shape)
print(train_labels.shape)
print(test_images.shape)
print(test_labels.shape)
```
```
(60000, 28, 28)
(60000,)
(10000, 28, 28)
(10000,)
```

■ 데이터 세트 이미지 확인

가장 처음 10건의 훈련 이미지를 확인한다.

이미지를 표시하는 경우에는 그래프 표시용 패키지인 matplotlib을 사용한다. 이번에는 이 미지를 표시하는 데 사용한다.

plt.subplot()은 서브 플롯을 생성하고, 다양한 그래프를 표시한다. 이번에는 각 그래프에 plt.imshow()로 이미지를 표시한다.

표 3-1-3 plt 컴포넌트 메소드

메소드	설명
subplot(nrows, ncols, index)	서브 플롯 추가. 인수는 행/열 수와 플롯 위치
imshow(X, cmap=None)	이미지 표시. 인수는 이미지와 컬러 맵

```
# 데이터 세트 이미지 확인
for i in range(10):
    plt.subplot(1, 10, i + 1)
    plt.imshow(train_images[i], 'gray')
plt.show()
```

그림 3-1-1 **matplotlib 패키지의 plt 컴포넌트를 사용하여 데이터 세트의 이미지 확인**

■ 데이터 세트 라벨 확인

가장 앞 10건의 훈련 라벨을 확인한다. 그림 3-1-1과 정답 라벨을 배포해 본다.

```
# 데이터 세트 라벨 확인
print(train_labels[0:10])
```

```
[5 0 4 1 9 2 1 3 1 4]
```

3-1-5 데이터 세트 전처리 및 확인

학습을 시작하기 전에 데이터 세트를 뉴럴 네트워크에 적합한 형태로 전환해야 한다. 이를 '전처리'라고 부른다.

■ 데이터 세트 이미지 전처리

훈련 이미지와 테스트 이미지의 배열 엘리먼트인 이미지를 2차원 배열(28 × 28)에서 1차원 배열(784)로 변환한다. 이후의 뉴럴 네트워크는 1차원 배열 엘리먼트를 입력받기 때문이다.

ndarray의 차원 수를 변환하려면 reshape()를 사용한다.

> **ndarray**
> reshape(shape)
> **설명:** ndarray의 차원 수 변환
> **인수:** shape(tuple 타입)　변환 후의 차원 수

```
# 데이터 세트 이미지 전처리
train_images = train_images.reshape((train_images.shape[0], 784))
test_images = test_images.reshape((test_images.shape[0], 784))

# 데이터 세트 이미지 전처리 후 차원 확인
print(train_images.shape)
print(test_images.shape)
```

```
(60000, 784)
(10000, 784)
```

■ 데이터 세트 라벨 전처리

훈련 라벨과 테스트 라벨의 배열 엘리먼트 라벨은 **원-핫 인코딩**one-hot encoding으로 변환한다. 원-핫 인코딩이란 어떤 엘리먼트의 값만이 1이고, 그 외 엘리먼트의 값은 0인 표현 방법이다.

표 3-1-4 **숫자와 원-핫 인코딩**

숫자	원-핫 인코딩	숫자	원-핫 인코딩
0	1,0,0,0,0,0,0,0,0,0	5	0,0,0,0,0,1,0,0,0,0
1	0,1,0,0,0,0,0,0,0,0	6	0,0,0,0,0,0,1,0,0,0
2	0,0,1,0,0,0,0,0,0,0	7	0,0,0,0,0,0,0,1,0,0
3	0,0,0,1,0,0,0,0,0,0	8	0,0,0,0,0,0,0,0,1,0
4	0,0,0,0,1,0,0,0,0,0	9	0,0,0,0,0,0,0,0,0,1

원-핫 인코딩은 분류 결과를 출력하는 데 사용한다. 10분류의 경우에는 출력을 10개 준비하고, 이를 훈련시켜 정답의 출력을 1.0, 오답의 출력을 0.0에 수렴하도록 한다.

추론 시에는 출력(예상치)이 가장 높은 것을 예측 결과로 한다.

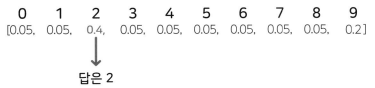

그림 3-1-2 **추론 시 분류 출력**

숫자를 원-핫 인코딩으로 변환하려면 to_categorical()을 사용한다.

```
# 데이터 세트 라벨 전처리
train_labels = to_categorical(train_labels)
test_labels = to_categorical(test_labels)

# 데이터 세트 라벨 전처리 후 형태 확인
print(train_labels.shape)
print(test_labels.shape)
```
```
(60000, 10)
(10000, 10)
```

3-1-6 모델 생성

뉴럴 네트워크 모델을 생성한다.

■ 모델의 네트워크 구조

이번에는 **전결합 레이어**fully-connected later, FC Layer 3개를 쌓은 간단한
모델을 만든다. '전결합 레이어'는 각 유닛이 다음 레이어의 모든
유닛과 결합된 레이어이며, 유닛은 1-2 '딥 러닝 개요'에서 설명한
뉴런에 해당한다.

■ 입력 레이어와 출력 레이어

3겹으로 쌓은 전결합 레이어 중 최초의 전결합 레이어가 '입력 레
이어', 가장 마지막의 전결합 레이어가 '출력 레이어'다.

그림 3-1-3
분류 모델의 네트워크 구조

입력 레이어의 형태는 입력 데이터의 형태(여기서는 784 = 28 × 28), 출력 레이어 유닛 수는 출력 크기(여기서는 10)를 지정한다.

■ 히든 레이어

'히든 레이어'의 레이어와 유닛 수는 자유롭게 결정해서 생성할 수 있다.

일반적으로 레이어와 유닛의 수를 늘릴수록 복잡한 특징을 잡아낼 수 있지만, 레이어 수가 많을수록 학습에 시간이 걸린다. 또한, 유닛의 수가 많아질수록 중요성이 낮은 특징을 추출해 **과적합**overfitting이 되기 쉽다. 과적합이란 훈련 데이터에만 최적화되어 훈련 과정에서 접하지 않았던 데이터에 대한 정확도(정밀도)가 낮아지는 현상을 말한다.

뉴럴 네트워크의 동작 이론과 완전히 동떨어진 모델을 구현하기는 어려우므로, 모델 네트워크 구조는 유사한 다른 모델을 참고해 생성하는 경우가 많다.

■ 드롭아웃

드롭아웃Dropout이란 과적합을 방지해 모델의 정밀도를 높이기 위한 방법의 하나다.

임의의 레이어의 유닛을 랜덤으로 무효화해서 특정 뉴런의 존재에 대한 의존을 막고 **범용성**generalizability을 높인다. 유닛을 무효화하는 비율은 일반적으로 50% 정도이면 좋은 것으로 알려져 있다. 주로 전결합 레이어 다음에 추가한다.

■ 활성화 함수

활성화 함수activation function는 주로 전결합 레이어 다음에 적용하는 함수다. 레이어의 출력을 특정한 함수에 통과시킨 뒤, 최종 출력값을 결정한다.

활성화 함수를 사용하면 선형적으로 분류할 수 없는 데이터도 분류할 수 있기 때문에 보다 복잡한 특징을 잡아낼 수 있다. 선형적으로 분류할 수 없는 데이터란 일직선으로 분리할 수 없는 데이터를 의미한다.

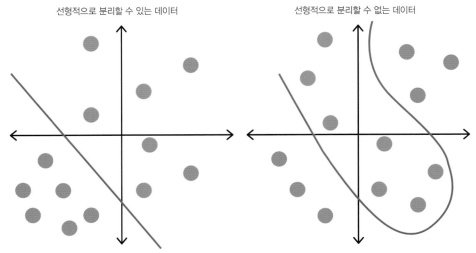

그림 3-1-4 **선형적으로 분리할 수 있는 데이터와 선형적으로 분리할 수 없는 데이터**

입력 레이어와 히든 레이어의 활성화 함수는 주로 시그모이드 함수이며, 출력 레이어의 활성화 함수는 소프트맥스 함수를 사용한다. 주요 활성화 함수는 다음과 같다.

표 3-1-5 **활성화 함수 종류**

함수	이름	설명
sigmoid	시그모이드 함수	출력은 반드시 0~1에 수렴하므로 극단적인 출력값이 적다.
tanh	tanh 함수	출력은 반드시 -1~1에 수렴하므로 극단적인 출력값이 적다.
relu	ReLU 함수	출력은 0~∞이므로 극단적인 출력값이 발생한다.
linear	항등 함수	입력된 값을 그대로 출력한다.
softmax	소프트맥스 함수	분류의 출력 레이어로 이용한다.

여기서는 주요 활성화 함수의 특징을 정리한다.

시그모이드 함수(sigmoid)

시그모이드 함수의 식과 그래프는 다음과 같다. 그래프의 가로축은 활성화 함수의 입력(레이어에서의 출력), 세로축은 활성화 함수의 출력이 된다. 입력이 작을수록 출력이 0에 가까워지며, 클수록 출력이 1에 가까워진다.

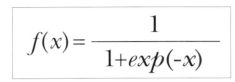

$$f(x) = \frac{1}{1 + exp(-x)}$$

exp(): e'를 반환하는 함수(e는 자연상수)

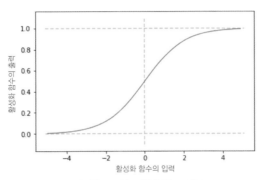

그림 시그모이드 함수의 그래프

시그모이드 함수는 0 또는 1과 같이 2개의 값을 구하는 '2 클래스 분류'에 주로 사용된다. 예를 들어, 고양이와 강아지를 분류하는 태스크는 고양이인지 아닌지를 판정하는 태스크로 바꾸어 말할 수 있다. 이 경우 활성화 함수의 출력값은 고양이일 확률을 의미하며, 출력값이 0.8이라면 고양이일 확률이 80%라는 의미다.

그러나 시그모이드 함수는 다음과 같은 문제점을 지적받고 있다.

- 입력 0에 대해 출력이 항상 양의 값이기 때문에 학습 효율이 좋지 않다(입력 0에 대해서는 출력 0이 좋다).
- 입력이 너무 크거나 너무 작으면 기울기가 사라진다.

최근에는 이러한 문제를 개선한 활성화 함수를 사용하며, 시그모이드 함수는 거의 사용하지 않는다.

tanh 함수의 식과 그래프는 다음과 같다.

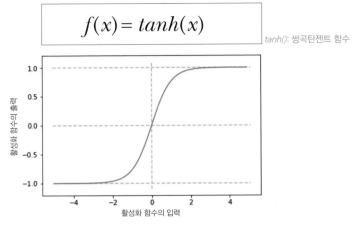

$$f(x) = tanh(x)$$

tanh(): 쌍곡탄젠트 함수

그림 **tanh 함수의 그래프**

tanh 함수는 시그모이드 함수와 같은 연속 함수다. -1~1의 값을 출력하며, 중심점이 0이어서 시그모이드 함수가 가진 학습률 문제(입력값 0에 대해 양의 값(0.5)을 반환하는 문제)를 해결했다. 또한, 중심점에서의 기울기(갱신량)는 0.5로 시그모이드 함수 중심점에서의 기울기인 0.25보다 크므로 기울기가 소멸하는 문제 또한 완화했다.

항등 함수(linear)

항등 함수의 식과 그래프는 다음과 같다.

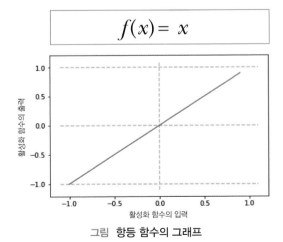

$$f(x) = x$$

그림 **항등 함수의 그래프**

항등 함수는 입력된 값을 변환하지 않고 그대로 출력한다. 회귀 등에서 값을 변환하지 않고 그대로 출력하고자 하는 경우에 사용한다.

ReLU 함수(relu)

ReLU 함수의 식과 그래프는 다음과 같다.

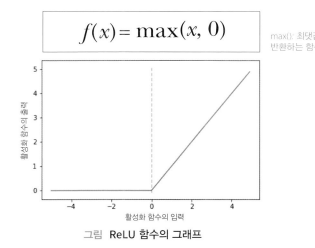

$$f(x) = \max(x, 0)$$

max(): 최댓값을 반환하는 함수

그림 **ReLU 함수의 그래프**

입력이 0 이하인 경우는 출력이 0이며, 입력이 0 이상인 경우에는 입력값을 그대로 출력한다.

양의 입력인 경우는 미분값이 항상 1이며, '백프로파게이션(1-2 '딥 러닝 개요'에서 설명)'의 계산도 간단해진다. 또한, 시그모이드 함수의 미분치보다 크기 때문에 기울기가 사라지는 문제를 해결할 수 있다. ReLU 함수는 컨볼루셔널 뉴럴 네트워크에서 많이 사용한다.

소프트맥스 함수(softmax)

소프트맥스 함수는 다중 클래스 분류에서 많이 사용하는 활성화 함수다. 입력이 주어지는 경우 총 합계값이 1이 되도록 결과를 출력한다.

예를 들어, 고양이, 강아지, 코끼리, 사자를 분류하는 경우 확률로는 고양이 40%, 강아지 20%, 코끼리 10%, 사자 30%로 합계가 100%가 되도록 결과를 출력한다.

🔲 모델 생성

모델 생성 시에는 'Sequential'을 생성하고, add()로 레이어와 Dropout을 추가한다. 이번에 이용하는 레이어와 Dropout 클래스는 다음과 같다.

표 3-1-6 **레이어과 Dropout 클래스**

클래스	설명
Dense	전결합 레이어. 인수는 유닛 수와 활성화 함수 및 입력 데이터 형태
Dropout	드롭아웃. 인수는 유닛을 무효로 만드는 확률

```
# 모델 생성
model = Sequential()
model.add(Dense(256, activation='sigmoid', input_shape=(784,))) # 입력 레이어
model.add(Dense(128, activation='sigmoid')) # 히든 레이어
model.add(Dropout(rate=0.5)) # 드롭아웃
model.add(Dense(10, activation='softmax')) # 출력 레이어
```

COLUMN 네트워크 구조를 기술하는 다양한 방법

활성화 함수는 Dense의 activation 인자가 아닌 Activation으로 분리해서 지정할 수도 있다. 활성화 이전 BatchNormalization(이후 3-4 'ResNet을 활용한 이미지 분류'에서 설명) 등의 다른 처리를 수행할 경우에는 해당 부분을 분리해 원하는 처리를 넣는다.

```
# 모델 생성
model = Sequential()
model.add(Dense(256, input_shape=(784,)))
model.add(Activation('sigmoid')) # 활성화 함수 분리
    (생략)
```

3-1-7 컴파일

뉴럴 네트워크 모델을 컴파일한다. 컴파일 시 '손실 함수', '최적화 함수', '평가 함수'의 3가지를 설정한다.

■ 손실 함수

손실 함수$_{Loss Fuction}$는 모델의 예측값과 정답 데이터 사이의 오차를 계산하는 함수(계산식)다. 이 오차에 기반해 이후에 설명할 최적화 함수에서 손실 함수의 결과가 0에 가까워지도록 가중치 파라미터와 바이어스를 최적화한다.

주요 오차 함수는 다음과 같다.

표 3-1-7 주요 오차 함수

함수	이름	설명
binary_crossentropy	이진 클래스 교차 엔트로피 오차	이진 클래스 분류에 특화되어 있어 주로 이진 클래스 분류에 사용됨
categorical_crossentropy	다중 클래스 교차 엔트로피 오차	다중 클래스 분류의 평가에 우수한 특성을 가지고 있어 주로 다중 클래스 분류에 사용됨
mse	평균 제곱 오차	연속값의 평가에 우수한 특성을 가지고 있어 주로 회귀에 사용됨

■ 최적화 함수

최적화 함수 Optimizer는 손실 함수의 결과가 0에 가까워지도록 가중치 파라미터와 바이어스를 최적화하는 함수(계산식)다. 미분으로 구한 값을 학습률, **이폭**epoch 수, 과거의 가중치 갱신량 등을 고려해서 얼마의 가중치를 반영해 갱신할지 결정한다.

1 이폭은 1회 시행을 의미하며, 훈련 데이터를 한 차례 전부 사용하면 1 이폭으로 계산한다. 주요 최적화 함수는 다음과 같다.

표 3-1-8 **주요 최적화 함수**

클래스	이름	설명
SGD	SGD	가장 전통적인 최적화 함수
Adam	Adam	전반적으로 우수한 특성을 가지고 있어 널리 사용되는 최적화 함수

■ 평가 지표

'평가 지표'는 모델의 성능을 측정하기 위해 사용되는 지표다. 측정 결과는 학습을 수행하는 fit()의 반환값으로 저장되고 클래스 등에서 표시한다.

주요 평가 지표는 다음과 같다.

표 3-1-9 **주요 평가 지표**

클래스	이름	설명
acc	Accuracy	정답률. 1에 가까울수록 좋다. 분류에서 이용한다.
mae	Mean Absolute Error	평균 절대 오차. 0에 가까울수록 좋다. 회귀에서 이용한다.

■ 컴파일

여기서는 손실 함수는 분류인 'categorical_crossentropy', 최적화 함수는 'SGD', 평가 지표는 'acc'를 지정한다.

SGD의 인수 'lr'은 **학습률**learning rate을 의미한다. 학습률이란 각 레이어의 가중치를 일정하게 얼마만큼 변경할지 결정하는 값이다. 학습률이 너무 낮으면 학습이 잘 진행되지 않으며, 너무 크면 최적화를 뛰어넘어 값이 발산해 버리기도 한다.

```
# 컴파일
model.compile(loss='categorical_crossentropy', optimizer=SGD(lr=0.1),
metrics=['acc'])
```

3-1-8 학습

훈련 이미지와 훈련 라벨의 배열을 모델에 전달해 학습을 수행한다. modie.fit()을 사용해 학습을 시작한다.

> model
> fit(x=None, y=None, batch_size=None, epochs=1, validation_split=0.0)
> **설명:** 학습 실행
> **인수:** x(ndarray 타입)   훈련 데이터
>   y(ndarray 타입)   훈련 라벨
>   batch_size(int 타입)   배치 사이즈. 훈련 데이터의 엘리먼트를 몇개 단위로 훈련시킬지 결정한다.
>   클수록 학습 속도가 빠르나, 메모리 소비량도 증가한다.
>   epochs(int 타입)   훈련할 이폭 수. 훈련 데이터를 1회 전부 사용하면 1 이폭으로 간주한다.
>   validation_split(float 타입) 훈련 데이터 중 검증 데이터로 사용할 데이터의 비율. 훈련 데이터의 일부분을
>   분리해 훈련에 이용하지 않고 검증 데이터로 이용한다.
> **반환값:** History   이력

```
# 학습
history = model.fit(train_images, train_labels, batch_size=500,
    epochs=5, validation_split=0.2)
```

학습 중에는 다음 정보가 출력된다.

```
Train on 48000 samples, validate on 12000 samples
Epoch 1/5
48000/48000 [==============================] - 2s 35us/sample - loss: 1.7140 -
acc: 0.4427 - val_loss: 1.0015 - val_acc: 0.8363
    (생략)
Epoch 5/5
48000/48000 [==============================] - 1s 29us/sample - loss: 0.4767 -
acc: 0.8694 - val_loss: 0.3327 - val_acc: 0.9166
```

표 3-1-10 학습 중 출력되는 정보

정보	설명
loss	훈련 데이터의 오차. 0에 가까울수록 좋음
acc	훈련 데이터의 정답률. 1에 가까울수록 좋음
val_loss	검증 데이터의 오차. 0에 가까울수록 좋음
val_acc	검증 데이터의 정답률. 1에 가까울수록 좋음

COLUMN   훈련 데이터, 검증 데이터 및 테스트 데이터

데이터 세트의 모든 데이터를 학습에 이용하지는 않는다. 학습이 올바르게 되었는지(과적합이 되지 않았는지) 확인하기 위해 데이터 세트를 '학습 데이터'와 '테스트 데이터'로 나누어 사용하며, 분할 비율은 8:2 정도다.

학습 데이터(학습 이미지와 학습 라벨)는 학습에 이용하며, 테스트 데이터(테스트 이미지와 테스트 라벨)는 학습 후 모델의 평가에 이용한다.

학습 시에는 학습 데이터를 훈련 데이터와 검증 데이터로 자동으로 분할해 학습한다. '검증 데이터'는 학습 중에 모델을 평가하는 데 이용한다. 이 역시 8:2 정도 비율로 분할하는 경우가 많다.

표 훈련 데이터, 검증 데이터 및 테스트 데이터

데이터 종류	설명
훈련 데이터	학습에 이용하는 데이터
검증 데이터	학습 중 평가에 이용하는 데이터
테스트 데이터	학습 후 평가에 이용하는 데이터

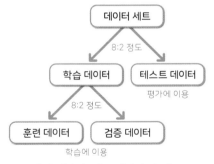

그림 훈련 데이터, 검증 데이터 및 테스트 데이터의 분할(일반적인 예)

3-1-9 그래프 표시

fit()에서 반환하는 값 중 'history'에는 다음과 같은 정보가 포함되어 있다. 'loss'와 'val_loss'는 컴파일 시의 '손실 함수', 그 외의 값은 '평가 지표'로 지정한 것이다.

```
{'val_loss': [0.3374986480921507, 0.30664731313784915,…],
 'val_acc': [0.9132499992847443, 0.9203333308299383,…],
 'loss': [0.5038787834346294, 0.45845840654025477, …],
 'acc': [0.8641458308945099, 0.875854168087244,…]}
```

이 정보를 matplotlib을 사용해서 그래프에 표시한다.

plt.plot()으로 그래프에 플롯할 데이터와 라벨을 지정한다. plt.ylable()과 plt.xlabel()로 x축과 y축 라벨을 지정하고, plt.legend()로 플롯한 데이터 라벨의 범례를 표시한다.

마지막으로 plt.show()로 그래프에 표시한다.

표 3-1-11 **plt 컴포넌트의 메소드**

메소드	설명
plot(x, label=None)	그래프에 선을 표시함. 인수는 데이터 및 라벨
ylabel(label)	y축 라벨 지정
xlabel(label)	x축 라벨 지정
legend(loc)	플롯한 데이터의 라벨 설명 표시. loc='best'를 사용해 가장 적합한 위치에 표시
show()	그래프에 데이터를 표시

```
# 그래프 표시
plt.plot(history.history['acc'], label='acc')
plt.plot(history.history['val_acc'], label='val_acc')
plt.ylabel('accuracy')
plt.xlabel('epoch')
plt.legend(loc='best')
plt.show()
```

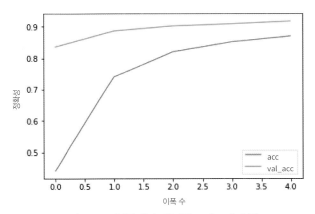

그림 3-1-5 **분류 학습 결과를 그래프에 출력**

3-1-10 평가

테스트 이미지와 테스트 라벨의 배열을 모델에 전달해 평가를 실행하고, 정답률을 확인한다. 평가를 수행하려면 model.evaluate()를 사용한다.

> **model**
> evaluate(x=None, y=None, batch_size=None)
> **설명:** 평가 실행
> **인수:** x(ndarray 타입)   테스트 데이터
>   y(ndarray 타입)   테스트 라벨
>   batch_size(int 타입) 배치 사이즈
> **반환값:** list   평가 결과

평가를 실행하면 정답률이 90%인 것을 확인할 수 있다.

```
# 평가
test_loss, test_acc = model.evaluate(test_images, test_labels)
print('loss: {:.3f}\nacc: {:.3f}'.format(test_loss, test_acc ))
```

```
10000/10000 [==============================] - 0s 39us/sample - loss: 0.3399 -
acc: 0.9117
loss: 0.340
acc: 0.912
```

3-1-11 추론

마지막으로 첫 데이터 10건의 테스트 이미지 추론을 수행해 예측 결과를 얻는다. 추론을 수행하려면 model.predict()를 사용한다.

> **model**
> predict(x=None)
> **설명:** 추론 실행
> **인수:** x(ndarray 타입)　　　입력 데이터
> **반환값:** ndarray　　　　　　예측 결과

반환값은 이미지별로 '원-핫 인코딩 형식'으로 반환한다. 이를 np.argmax()를 사용해 최댓값의 인덱스로 변환한다.

> **np**
> argmax(v, axis=None)
> **설명:** 최댓값의 인덱스로 변환
> **인수:** v(ndarray 타입)　　　배열
> 　　　 axis(int 타입)　　　최댓값을 읽을 축의 방향
> **반환값:** ndarray 또는 int　　변환 후의 배열 또는 수치

정답률을 90%로 추론하는 것을 확인할 수 있다.

```python
# 추론할 이미지 표시
for i in range(10):
    plt.subplot(1, 10, i+1)
    plt.imshow(test_images[i].reshape((28, 28)), 'gray')
plt.show()

# 추론한 라벨 표시
test_predictions = model.predict(test_images[0:10])
test_predictions = np.argmax(test_predictions, axis=1)
print(test_predictions)
```

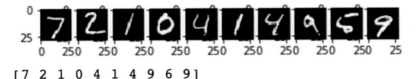

[7　2　1　0　4　1　4　9　6　9]

그림 3-1-6 분류 모델 추론 결과 출력

3-2 뉴럴 네트워크를 활용한 회귀

이 절에서는 앞 절의 이미지 분류에 이어 뉴럴 네트워크를 활용해 수치 데이터를 예측하는 추론 모델을 생성한다. 여기에서 이용하는 샘플 데이터 세트 역시 텐서플로를 사용해 간단하게 로드할 수 있다.

3-2-1 회귀란?

'회귀'란 다수의 특징 데이터를 기반으로 연속값 등의 수치를 예측하는 태스크다. 이번에는 'Boston house-prices' 데이터 세트를 사용해서 주택 정보로부터 주택 가격을 예측한다.

3-2-2 주택 정보 데이터 세트 Boston house-prices

Boston house-prices는 미국 보스턴시 주택의 특징과 정답 라벨인 가격을 함께 저장해 둔 데이터 세트다. 훈련 데이터 404건, 테스트 데이터 102건이 포함되어 있다. 보스턴시의 주택 데이터는 다음 13개의 특징 항목으로 관리한다.

텐서플로에서는 이 데이터 세트를 로드하는 기능을 제공한다.

표 3-2-1 **보스턴 시 주택의 특징**

특징	설명
CRIM	인구당 평균 범죄 발생 수
ZN	25,000 제곱피트 이상 거주 구획의 점유율
INDUS	소매업 이외 상업의 면적 점유율
CHAS	찰스 강에 의한 더미 변수(1: 강 주변, 0: 그 외)
NOX	NOx(산화질소) 농도
RM	주거 평균 방 수
AGE	1940년 이전에 세워진 건물 비율
DIS	보스턴 시내 5개 고용 시설로부터의 거리(가중치 적용 완료)
RAD	방사형 고속도로의 접근 용이성
TAX	10,000달러 부근의 부동산 세율 총합

표 3-2-1 보스턴 시 주택의 특징(계속)

특징	설명
PTRATIO	거리별 유아 대 교사 비율
B	거리별 흑인(Bk) 비율을 다음 식으로 표시한 것 $1,000(Bk - 0.63)^2$
LSTAT	급여가 낮은 직업에 종사하는 인구 비율(%)

3-2-3 패키지 임포트

회귀 태스크에 필요한 패키지를 임포트한다. pandas는 데이터 분석을 수행하기 위한 패키지다.

```python
# 패키지 임포트
from tensorflow.keras.datasets import boston_housing
from tensorflow.keras.layers import Activation, Dense, Dropout
from tensorflow.keras.models import Sequential
from tensorflow.keras.callbacks import EarlyStopping
from tensorflow.keras.optimizers import Adam
import pandas as pd
import numpy as np
import matplotlib.pyplot as plt
%matplotlib inline
```

3-2-4 데이터 세트 준비 및 확인

■ 데이터 세트 준비

boston_housing.load_data()를 사용해 데이터 세트 Boston house-prices를 4종류의 배열에 로드한다.

표 3-2-2 데이터 세트 배열

배열	설명
train_data	훈련 데이터 배열
train_labels	훈련 라벨 배열
test_data	테스트 데이터 배열
test_labels	테스트 라벨 배열

```
# 데이터 세트 준비
(train_data, train_labels), (test_data, test_labels) = boston_housing.load_data()
```

📊 데이터 세트 형태 확인

다음 스크립트로 데이터 세트의 형태를 확인한다.

훈련 데이터와 훈련 라벨은 404개, 테스트 이미지와 테스트 라벨은 102개인 것을 알 수 있다. 13은 데이터 세트 Boston house-prices의 특징 개수다.

```
# 데이터 세트의 형태 확인
print(train_data.shape)
print(train_labels.shape)
print(test_data.shape)
print(test_labels.shape)
```
```
(404, 13)
(404,)
(102, 13)
(102,)
```

📊 데이터 세트의 데이터 확인

훈련 데이터 중 첫 10개를 확인한다.

데이터 분석을 수행하는 라이브러리인 pandas를 사용해서 데이터 세트의 내용을 테이블 형식으로 출력한다. pandas는 리스트 구조인 'Series'와 테이블 구조인 'DataFrame'이라는 두 가지 데이터 구조를 제공한다.

여기서는 DataFrame을 사용한다. 데이터 세트의 내용과 컬럼명으로 'DataFrame'을 생성한다.

> pd
> DataFrame(data=None, index=None, columns=None)
> **설명**: DataFrame 생성
> **인수**: data(ndarray 타입 혹은 Iterable 타입 혹은 dict 타입 혹은 DataFrame 타입) 데이터
> columns(index 타입 혹은 array-like 타입) 컬럼명 리스트

DataFrame의 head()를 호출하면 테이블 형식으로 출력할 수 있다.

```
# 데이터 세트의 데이터 확인
column_names = ['CRIM', 'ZN', 'INDUS', 'CHAS', 'NOX', 'RM', 'AGE', 'DIS',
'RAD','TAX', 'PTRATIO', 'B', 'LSTAT']
df = pd.DataFrame(train_data, columns=column_names)
df.head()
```

	CRIM	ZN	INDUS	CHAS	NOX	RM	AGE	DIS	RAD	TAX	PTRATIO	B	LSTAT
0	1.23247	0.0	8.14	0.0	0.538	6.142	91.7	3.9769	4.0	307.0	21.0	396.90	18.72
1	0.02177	82.5	2.03	0.0	0.415	7.610	15.7	6.2700	2.0	348.0	14.7	395.38	3.11
2	4.89822	0.0	18.10	0.0	0.631	4.970	100.0	1.3325	24.0	666.0	20.2	375.52	3.26
3	0.03961	0.0	5.19	0.0	0.515	6.037	34.5	5.9853	5.0	224.0	20.2	396.90	8.01
4	3.69311	0.0	18.10	0.0	0.713	6.376	88.4	2.5671	24.0	666.0	20.2	391.43	14.65

그림 3-2-1 데이터 세트의 데이터 확인

■ 데이터 세트의 라벨 확인

훈련 라벨 중 첫 10개를 확인합니다.

```
# 데이터 세트의 라벨 확인
print(train_labels[0:10])
```
```
[15.2 42.3 50.  21.1 17.7 18.5 11.3 15.6 15.6 14.4]
```

3-2-5 데이터 세트 전처리 및 확인

■ 훈련 데이터와 훈련 라벨 셔플

훈련 데이터와 훈련 라벨의 '셔플'을 수행한다. 학습 시 비슷한 데이터를 연속해서 학습하면 바이어스가 생기기 때문에 비슷한 데이터가 가까이 모여 있는 경우 데이터를 뒤섞어 주는 것이 좋다.

'np.random.random()'으로 데이터 수만큼 연속적으로 균일하게 분포된 난수를 생성하고, np.argsort()를 사용해 정렬하고 싶은 인덱스 순서를 생성한 뒤, 훈련 데이터와 훈련 라벨 모두에 적용한다.

```
# 데이터 세트 전처리(셔플)
order = np.argsort(np.random.random(train_labels.shape))
train_data = train_data[order]
train_labels = train_labels[order]
```

■ 훈련 데이터와 테스트 데이터 표준화

훈련 데이터와 테스트 데이터를 표준화한다. '표준화'란 데이터를 일정한 방법으로 변형시켜 차원(단위)이 다른 데이터(이번 예제에서는 인구, 면적 등)를 비교하기 쉽게 동일한 범위로 변환하는 작업이다.

여기서는 모든 특징 데이터를 평균 0, 분산 1로 표준화한다. 구체적으로는 데이터 X를 다음의 수식으로 변환한다.

$$Y = \frac{X - \mu}{\delta}$$

Y: 표준화한 데이터
X: 원 데이터
μ: X의 평균
δ: X의 표준편차

표준편차는 ndarray의 std(), 평균은 ndarray의 mean() 메소드로 구할 수 있다.

```
# 데이터 세트 전처리(표준화)
mean = train_data.mean(axis=0)
std = train_data.std(axis=0)
train_data = (train_data - mean) / std
mean = test_data.mean(axis=0)
std = test_data.std(axis=0)
test_data = (test_data - mean) / std
```

■ 데이터 세트 전처리 후의 데이터 확인

데이터 세트의 데이터가 평균 0, 분산 1로 표준화되었는지 확인한다.

```
# 데이터 세트 전처리 후 데이터 확인
column_names = ['CRIM', 'ZN', 'INDUS', 'CHAS', 'NOX', 'RM', 'AGE', 'DIS',
'RAD','TAX', 'PTRATIO', 'B', 'LSTAT']
df = pd.DataFrame(train_data, columns=column_names)
df.head()
```

	CRIM	ZN	INDUS	CHAS	NOX	RM	AGE	DIS	RAD	TAX	PTRATIO	B	LSTAT
0	-0.280996	-0.483615	-0.435762	-0.256833	-0.165227	-0.798526	0.931316	0.023144	-0.626249	-0.595170	1.148500	0.042416	0.774154
1	0.051714	-0.483615	1.028326	3.893584	1.815177	-0.654642	0.716309	-0.905247	1.675886	1.565287	0.784476	-0.018545	0.262117
2	-0.395922	-0.483615	-1.270703	-0.256833	-0.592038	1.252514	0.830979	-0.512734	-0.741356	-1.281221	-0.307596	0.418501	-1.093196
3	-0.404804	3.307730	-1.195735	-0.256833	-1.343226	1.158003	-1.727605	1.759150	-0.971569	-0.727566	-1.445171	0.424884	-0.675009
4	-0.405101	0.274654	-1.292753	-0.256833	-0.165227	0.434355	-0.136553	0.172476	-0.971569	-0.661368	-1.445171	0.448077	-1.071113

그림 3-2-2 데이터 세트 전처리(표준화) 후의 데이터 확인

3-2-6 모델 생성

뉴럴 네트워크 모델을 생성한다. 여기에서도 앞 절과 같이 전결합 레이어 3개를 겹친 간단한 모델을 생성한다.

```
# 모델 생성
model = Sequential()
model.add(Dense(64, activation='relu', input_shape=(13,)))
model.add(Dense(64, activation='relu'))
model.add(Dense(1))
```

그림 3-2-3 회귀 모델의 네트워크 구조

3-2-7 컴파일

뉴럴 네트워크 모델을 컴파일한다. 여기서 손실 함수는 회귀이므로 'MSE', 최적화 함수는 'Adam', 평가 지표는 'MAE'를 지정했다.

MSE_{Mean Squared Error}는 '평균 제곱 오차'라고도 불리며, 실제값과 예측값의 오차 제곱을 평균한 것이다.

$$MSE = \frac{1}{n} \sum_{i=1}^{n} (f_i - y_i)^2$$

n: 데이터 수
f_i: i번째 예측값
y_i: i번째 정답 데이터

MAE_{Mean Absolute Error}는 '평균 절대 오차'라고도 불리며, 실제값과 예측값의 오차 절대값을 평균한 것이다.

$$MAE = \frac{1}{n} \sum_{i=1}^{n} |f_i - y_i|$$

n: 데이터 수
f: *i*번째 예측값
y: *i*번째 정답 데이터

두 식의 결과가 모두 0에 가까울수록 모델의 예측 정밀도가 높음을 의미한다. 완전히 동일한 데이터 세트에 대해 계산한 경우에만 상대적으로 크고 작음을 비교할 수 있다.

손실 함수, 최적화 함수, 평가 지표에 관해서는 앞 절의 설명을 참고한다.

```
# 컴파일
model.compile(loss='mse', optimizer=Adam(lr=0.001), metrics=['mae'])
```

3-2-8 학습

훈련 이미지와 훈련 라벨의 배열을 모델에 전달해서 학습을 실행한다.

■ EarlyStopping 준비

'EarlyStopping'는 지정된만큼 이폭을 반복하는 동안 개선이 없으면 학습을 중지하는 콜백이다. **콜백**callback은 fit()에 인수를 지정해 1 이폭마다 임의의 처리를 실행하는 기능이다.

> callbacks
> EarlyStopping(monitor='val_loss', patience=0)
> **설명:** EarlyStopping 생성
> **인수:** monitor(str 타입) 감시하는 값
>   patience(int 타입) 개선이 없으면 학습을 중지할 이폭 수

여기서는 20번 시행하는 동안 오차의 개선이 보이지 않는 경우 학습을 종료하도록 설정한다.

```
# EarlyStopping 준비
early_stop = EarlyStopping(monitor='val_loss', patience=20)
```

■ 학습 실행

학습 실행 시 callbacks에 EarlyStopping을 추가한다.

```
# 학습
history = model.fit(train_data, train_labels, epochs=500,
        validation_split=0.2, callbacks=[early_stop])
```

학습 중에는 다음의 정보가 출력된다.

```
Train on 323 samples, validate on 81 samples
Epoch 1/500
323/323 [==============================] - 0s 452us/sample - loss: 563.3511 -
mean_absolute_error: 21.9515 - val_loss: 589.2614 - val_mean_absolute_error: 22.5838
Epoch 2/500
323/323 [==============================] - 0s 65us/sample - loss: 522.7308 -
mean_absolute_error: 21.0015 - val_loss: 544.4555 - val_mean_absolute_error: 21.5868
    (생략)
Epoch 230/500
323/323 [==============================] - 0s 79us/sample - loss: 3.6747 - mean_
absolute_error: 1.4395 - val_loss: 14.1260 - val_mean_absolute_error: 2.6413
```

표 3-2-3 학습 중 출력되는 정보

정보	설명
loss	훈련 데이터 오차. 0에 가까울수록 좋다.
mean_absolute_error	훈련 데이터 평균 절대 오차. 0에 가까울수록 좋다.
val_loss	검증 데이터 오차. 0에 가까울수록 좋다.
val_mean_absolute_error	검증 데이터 평균 절대 오차. 0에 가까울수록 좋다.

3-2-9 그래프 표시

fit()의 반환값 'history'에는 다음과 같은 정보가 포함되어 있다. 'loss'와 'val_loss'는 컴파일 시의 손실 함수, 그 이외는 평가 지표에서 지정한 것이다.

```
{'val_loss': [564.9666985405815, 515.1216151861497,…],
 'val_mean_absolute_error': [21.923353595498167, 20.72963971267512,…],
 'loss': [543.2610003114115, 500.46821655651365,…],
 'mean_absolute_error': [21.3678290482276, 20.2691056514303,…]}
```

또한, 컨볼루션을 수행하면 출력되는 특징 맵의 크기가 입력의 크기보다 작아진다. 컨볼루션을 반복 수행할 경우에는 **패딩**padding으로 이미지의 주변에 0을 추가해서 원래 이미지의 크기로 복원한다.

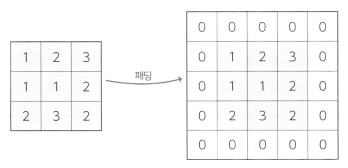

그림 3-3-2 **패딩을 사용해 원본 크기로 되돌린 뒤, 반복해서 컨볼루션 수행**

커널 수(필터 수), 커널 사이즈, 스트라이드, 패딩 적용 여부는 컨볼루셔널 레이어를 생성할 때의 파라미터다.

또한, 위 그림에서는 **2차원**Grayscale 이미지의 컨볼루션을 예로 들었지만, 실제로는 3차원(RGB)의 이미지를 컨볼루션하는 경우가 많다.

■ 풀링 레이어

풀링 레이어 Pooling Layer, PL는 컨볼루셔널 레이어의 출력인 '특징 맵'을 압축해서 데이터 양을 줄이는 레이어다. 부분 구간의 최댓값을 사용(Max 풀링)하거나, 평균값을 사용(Average 풀링)해 데이터를 압축한다.

그림 3-3-3은 5 × 5의 특징 맵에 3 × 3 사이즈의 풀링 적용 영역을 사용해 Max 풀링을 수행한 예다. 왼쪽 위부터 풀링 적용 영역을 가로세로 1칸씩 슬라이드해서 풀링 적용 영역과 이미지가 겹친 부분의 최댓값을 출력한다.

이를 'Max 풀링'이라고 부른다. 결과적으로 3 × 3의 데이터가 출력된다. 또한, 풀링 레이어에도 패딩을 적용할 수 있다.

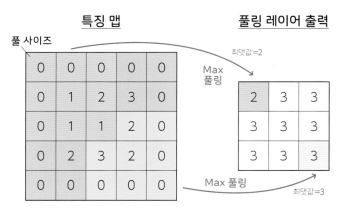

그림 3-3-3 **Max 풀링 구조**

풀링 적용 영역 사이즈, 스트라이드, 패딩 적용 여부는 풀링 레이어를 생성할 때의 파라미터다.

3-3-4 패키지 임포트

컨볼루셔널 뉴럴 네트워크에서 필요한 패키지를 임포트한다.

```
# 패키지 임포트
from tensorflow.keras.datasets import cifar10
from tensorflow.keras.layers import Activation, Dense, Dropout, Conv2D, Flatten, MaxPool2D
from tensorflow.keras.models import Sequential, load_model
from tensorflow.keras.optimizers import Adam
from tensorflow.keras.utils import to_categorical
import numpy as np
import matplotlib.pyplot as plt
%matplotlib inline
```

3-3-5 데이터 세트 준비 및 확인

■ 데이터 세트 준비

cifar10.load_data()를 사용해 데이터 세트 CIFAR-10을 4종류의 배열에 로드한다.

표 3-3-2 데이터 세트 배열

특징	설명
train_data	훈련 데이터 배열
train_labels	훈련 라벨 배열
test_data	테스트 데이터 배열
test_labels	테스트 라벨 배열

```
# 데이터 세트 준비
(train_images, train_labels), (test_images, test_labels) = cifar10.load_data()
```

■ 데이터 형태 확인

다음 스크립트로 데이터의 형태를 확인한다.

훈련 데이터와 훈련 라벨은 50,000개, 테스트 이미지와 테스트 라벨은 10,000개임을 확인할 수 있다. 이미지 사이즈는 $32 \times 32 \times 3$이다. RGB 이미지이므로 '$\times 3$'이 붙는다.

```
# 데이터 세트 형태 확인
print(train_images.shape)
print(train_labels.shape)
print(test_images.shape)
print(test_labels.shape)

(50000, 32, 32, 3)
(50000, 1)
(10000, 32, 32, 3)
(10000, 1)
```

■ 데이터 세트 이미지 확인

훈련 데이터 중 가장 첫 10개의 이미지를 확인한다.

```
# 데이터 세트 이미지 확인
for i in range(10):
    plt.subplot(2, 5, i + 1)
    plt.imshow(train_images[i])
plt.show()
```

그림 3-3-4 데이터 세트의 이미지 확인

📖 데이터 세트 라벨 확인

훈련 데이터 중 가장 첫 10개의 라벨을 확인한다.

```
# 데이터 세트 라벨 확인
print(train_labels[0:10])
```

```
[[6]
 [9]
 [9]
 [4]
 [1]
 [1]
 [2]
 [7]
 [8]
 [3]]
```

3-3-6 데이터 세트 전처리 및 확인

📖 데이터 세트 이미지 전처리

훈련 이미지와 테스트 이미지를 표준화한다. 이번에는 이미지의 RGB 값이 0~255이므로 255로 나누어 0.0~1.0으로 변환한다.

이미지 배열의 엘리먼트인 이미지는 1차원이 아니라 3차원을 그대로 사용하는 것에 주의한다. 전결합 레이어의 입력은 1차원이지만, 컨볼루셔널 레이어의 입력은 3차원이기 때문이다.

```
# 데이터 세트 이미지 전처리
train_images = train_images.astype('float32')/ 255.0
test_images = test_images.astype('float32')/ 255.0

# 데이터 세트 이미지 전처리 후  형태 확인
print(train_images.shape)
print(test_images.shape)
```

```
(50000, 32, 32, 3)
(10000, 32, 32, 3)
```

■ 데이터 세트 라벨 전처리

훈련 라벨과 테스트 라벨 배열의 엘리먼트인 라벨은 '원-핫 인코딩'으로 변환한다.

```
# 데이터 세트 라벨 전처리
train_labels = to_categorical(train_labels, 10)
test_labels = to_categorical(test_labels, 10)

# 데이터 세트 라벨 전처리 후  형태 확인
print(train_labels.shape)
print(test_labels.shape)
```

```
(50000, 10)
(10000, 10)
```

3-3-7 모델 생성

컨볼루셔널 뉴럴 네트워크 모델을 생성한다.

■ 모델 네트워크 구조

먼저, '컨볼루셔널 레이어 ➡ 컨볼루셔널 레이어 ➡ 풀링 레이어' 형태의 **컨볼루셔널 블록** convolution block을 2개 겹쳐서 사용한다. 이 부분에서 특징을 추출한다.

다음으로, 'Flatten'을 사용해 컨볼루셔널 레이어의 3차원 출력을 전결합 레이어의 입력에 맞춰 1차원으로 변환한다. 마지막으로 전결합 레이어를 2개 겹친다. 이 단계에서 분류를 수행한다.

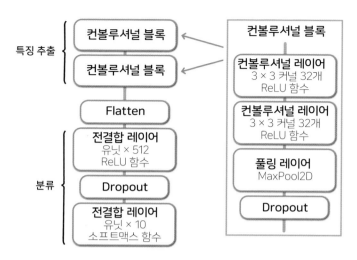

그림 3-3-5 **컨볼루셔널 뉴럴 네트워크의 구조**

📖 모델 생성

컨볼루셔널 뉴럴 네트워크 모델을 생성하려면 Sequential을 생성하고, add()로 레이어나 Dropout 등을 추가한다. 여기서 이용하는 레이어나 Dropout 등의 클래스는 다음과 같다.

표 3-3-3 **샘플에 사용한 레이어 및 Dropout 등의 클래스**

클래스	설명
Conv2D	컨볼루셔널 레이어. 인수는 커널 수, 커널 사이즈, 활성화 함수, 패딩
MaxPool2D	풀링 레이어(Max 풀링). 인수는 풀링 적용 영역
Dense	전결합 레이어. 인수는 유닛 수, 활성화 함수
Dropout	드롭아웃. 인수는 무효로 취급할 비율
Flatten	레이어의 입출력을 1차원으로 변환

```python
# 모델 생성
model = Sequential()

# Conv → Conv → Pool → Dropout
model.add(Conv2D(32, (3, 3), activation='relu', padding='same', input_shape=(32, 32, 3)))
model.add(Conv2D(32, (3, 3), activation='relu', padding='same'))
model.add(MaxPool2D(pool_size=(2, 2)))
model.add(Dropout(0.25))
```

```
# Conv → Conv → Pool → Dropout
model.add(Conv2D(64, (3, 3), activation='relu', padding='same'))
model.add(Conv2D(64, (3, 3), activation='relu', padding='same'))
model.add(MaxPool2D(pool_size=(2, 2)))
model.add(Dropout(0.25))

# Flatten → Dense → Dropout → Dense
model.add(Flatten())
model.add(Dense(512, activation='relu'))
model.add(Dropout(0.5))
model.add(Dense(10, activation='softmax'))
```

3-3-8 컴파일

컨볼루셔널 뉴럴 네트워크 모델을 컴파일한다. 여기에서의 손실 함수는 분류이므로 'categorical_crossentropy', 최적화 함수는 'Adam', 평가 지표는 'acc'를 지정한다.

이와 관련한 자세한 내용은 3-1의 설명을 참고한다.

```
# 컴파일
model.compile(loss='categorical_crossentropy', optimizer=Adam(lr=0.001), metrics=['acc'])
```

3-3-9 학습

훈련 이미지와 훈련 라벨의 배열을 모델에 입력해 학습을 시작한다.

노트북의 하드웨어 엑셀러레이터가 GPU 또는 TPU로 선택되어 있는지 확인한다. TPU 사용 방법에 관해서는 이 절의 가장 마지막 부분에서 설명한다.

```
# 학습
history = model.fit(train_images, train_labels, batch_size=128, epochs=20,
validation_split=0.1)
```

3-3-10 모델 저장과 로드

이번 학습에는 시간이 걸리므로 이후 다시 이용할 수 있도록 모델을 저장한다. 모델을 파일에 저장하려면 model의 save()를 사용한다.

```
# 모델 저장
model.save('convolution.h5')
```

파일에서 모델을 로드할 때는 load_model()을 사용한다.

```
# 모델 로드
model = load_model('convolution.h5')
```

3-3-11 그래프 표시

fit()의 반환값인 'history'를 matplotlib을 사용해 그래프에 표시한다.

```
# 그래프 표시
plt.plot(history.history['acc'], label='acc')
plt.plot(history.history['val_acc'], label='val_acc')
plt.ylabel('accuracy')
plt.xlabel('epoch')
plt.legend(loc='best')
plt.show()
```

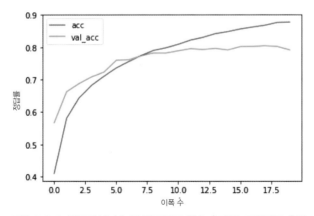

그림 3-3-6 **컨볼루셔널 뉴럴 네트워크 학습 효과를 그래프로 출력**

3-3-12 평가

테스트 이미지와 테스트 라벨 배열을 모델에 입력해 평가를 실행해서 정답률을 얻는다. 정답률은 78%다.

```python
# 평가
test_loss, test_acc = model.evaluate(test_images, test_labels)
print('loss: {:.3f}\nacc: {:.3f}'.format(test_loss, test_acc))
```

```
10000/10000 [==============================] - 1s 120us/sample - loss: 0.6967 - acc: 0.7788
loss: 0.697
acc: 0.779
```

3-3-13 추론

마지막으로 테스트 이미지 중 첫 10개로 추론을 수행해 예측 결과를 얻는다. 정답률 80%로 추론함을 알 수 있다.

```python
# 추론할 이미지 표시
for i in range(10):
    plt.subplot(2, 5, i+1)
    plt.imshow(test_images[i])
plt.show()

# 추론한 라벨 표시
test_predictions = model.predict(test_images[0:10])
test_predictions = np.argmax(test_predictions, axis=1)
labels = ['airplane', 'automobile', 'bird', 'cat', 'deer',
    'dog', 'frog', 'horse', 'ship', 'truck']
print([labels[n] for n in test_predictions])
```

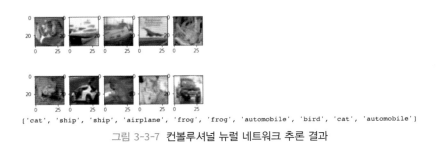

['cat', 'ship', 'ship', 'airplane', 'frog', 'frog', 'automobile', 'bird', 'cat', 'automobile']

그림 3-3-7 **컨볼루셔널 뉴럴 네트워크 추론 결과**

3-3-14 TPU 이용

Google Colab에서 TPU를 사용하는 순서는 다음과 같다.

① 노트북 설정에서 TPU 선택

TPU를 이용하려면 메뉴의 '수정 ➡ 노트 설정'에서 설정 화면을 열고, 하드웨어 가속기에서 TPU를 선택한 뒤, '저장'을 클릭한다. TPU 설정을 변경하면 인스턴스는 리셋된다.

② 패키지는 'keras'가 아니라 'tensorflow.keras'를 이용

TPU는 독립된 케라스 패키지인 'keras.xxx'에서는 사용할 수 없으므로 텐서플로에 포함되어 있는 케라스 패키지인 'tensorflow.keras.xxx'로 변경해야 한다. 이 책의 샘플은 '텐서플로에 포함되어 있는 케라스'를 사용하고 있으므로 그대로 사용하면 된다.

```
from keras.datasets import mnist
```

```
from tensorflow.keras.datasets import mnist
```

③ compile()이나 fit() 등은 TPU 모델로 변환한 뒤 실행

model의 compile()과 fit()는 TPU 모델로 변환한 뒤 실행해야 한다. TPU 모델을 이용하지 않으면 속도가 느리다.

TPU 모델로 변환하려면 keras_to_tpu_model()을 사용한다. 인수로 입력하는 모델과 OS를 통해 TPU 정보를 지정한다.

구체적으로는 컴파일하기 이전에 다음 코드를 추가한다. 그리고 model.compile()이나 model.fit() 등의 model 부분은 tpu_model로 변경한다.

또한, TPU는 최초의 이폭이 끝나기까지 시간이 소요된다. 두 번째 이폭 이후부터는 고속으로 작동하므로 여유를 가지고 기다린다.

```python
# TPU 모델로 변환
import tensorflow as tf
import os
tpu_model = tf.contrib.tpu.keras_to_tpu_model(
    model,
    strategy=tf.contrib.tpu.TPUDistributionStrategy(
        tf.contrib.cluster_resolver.TPUClusterResolver(
            tpu='grpc://' + os.environ['COLAB_TPU_ADDR']
        )
    )
)


# 컴파일
tpu_model.compile(loss='categorical_crossentropy', optimizer=Adam(lr=0.001),
metrics=['acc'])

# 학습
history = tpu_model.fit(train_images, train_labels, batch_size=128, epochs=20,
validation_split=0.1)

# 모델 저장
tpu_model.save('convolution-tpu.h5')

# 평가
test_loss, test_acc = tpu_model.evaluate(test_images, test_labels)
print('loss: {:.3f}\nacc: {:.3f}'.format(test_loss, test_acc ))
```

■ TPU를 이용하는 경우의 학습 데이터 수와 배치 사이즈

TPU의 학습, 평가, 추론에서 지정하는 학습 데이터 수는 TPU 코어 수로 나누어떨어지도록 설정해야 한다. Google Colab의 TPU 코어 수는 8이므로 8의 배수로 지정한다.

여기서는 10개의 추론을 수행하지만, 10은 8의 배수가 아니기 때문에 학습 데이터 수를 16개로 늘려서 추론한 뒤, 앞쪽 10개 결과만을 얻어 이용한다.

```python
# 추론할 이미지 표시
for i in range(10):
    plt.subplot(2, 5, i+1)
    plt.imshow(test_images[i])
plt.show()

# 추론한 라벨 표시
test_predictions = tpu_model.predict(test_images[0:16]) # 학습 데이터 수를 16으로 늘림
test_predictions = np.argmax(test_predictions, axis=1)[0:10] # 결과 수를 10으로 줄임
labels = ['airplane', 'automobile', 'bird', 'cat', 'deer',
        'dog', 'frog', 'horse', 'ship', 'truck']
print([labels[n] for n in test_predictions])
```

3-4 ResNet을 활용한 이미지 분류

앞 절의 컨볼루셔널 뉴럴 네트워크와 동일한 데이터 세트에 대해 ResNet 알고리즘을 활용해 다중 클래스 분류를 수행해 본다. ResNet는 '레지듀얼 블록'이라는 숏컷 구조를 가지고 있다.

3-4-1 ResNet을 활용한 이미지 분류의 개요

ResNet을 사용해 이미지 분류를 수행한다. 이 절의 샘플에서도 앞 절과 같은 데이터 세트 CIFAR-10을 사용하며, 이미지를 10개 클래스로 분류한다.

계산량이 많으므로 노트북 설정에서 GPU 혹은 TPU를 지정한다. TPU의 사용 방법은 앞 절 3-3-14 'TPU 이용'을 참고한다.

3-4-2 ResNet이란?

앞 절의 컨볼루셔널 뉴럴 네트워크는 레이어를 깊게 만들어서 보다 복잡한 특징을 추출했다. 하지만 레이어의 깊이를 무작정 늘리면 오히려 성능이 악화될 수 있다.

ResNet에서는 **레지듀얼 블록**residual block이라는 숏컷 구조를 사용해 이 문제에 대응한다.

■ 컨볼루셔널 뉴럴 네트워크와 레지듀얼 블록

일반적인 컨볼루셔널 뉴럴 네트워크는 다음과 같은 구조를 가지고 있다.

그림 3-4-1 일반적인 컨볼루셔널 블록 구조

이에 비해 레지듀얼 블록의 구조는 다음과 같다.

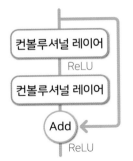

그림 3-4-2 레지듀얼 블록 구조

컨볼루셔널 레이어에는 **숏컷 컨넥션**shortcut connection이라 불리는 우회 경로가 추가되어 있다. 이를 통해 컨볼루셔널 레이어에서 학습이 필요하지 않는 경우에는 우회할 수 있으므로 보다 깊은 레이어를 사용한 학습이 가능하다.

■ 플레인 아키텍처와 보틀넥 아키텍처

레지듀얼 블록에는 **플레인 아키텍처**plain architecture와 **보틀넥 아키텍처**bottleneck architecture 2개의 아키텍처가 있다.

플레인 아키텍처는 3×3 사이즈인 동일 매수의 커널을 가진 컨볼루셔널 레이어를 나란히 2개 사용한 것이다. ResNet 논문에서 소개하고 있는 최소 케이스에서는 3×3의 커널 64매를 가진 컨볼루셔널 레이어를 나란히 2개 연결하여 사용한다.

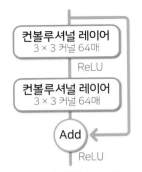

그림 3-4-3 플레인 아키텍처 구조

보틀넥 아키텍처는 플레인 아키텍처보다 레이어를 하나 더 가진다. 1×1 사이즈와 3×3 사이즈 커널의 매수가 동일한 컨볼루셔널 레이어 2개를 사용해 출력의 차원을 줄이고, 1×1 사이즈 커널 수의 4배의 커널을 가진 컨볼루셔널 레이어에서 차원을 복원하기 때문에 '보틀넥'이라는 이름이 붙여졌다.

ResNet 논문에서 소개한 최소 케이스에서는 1×1 사이즈 커널 64매를 가진 컨볼루셔널 레이어, 3×3 사이즈 커널 64매를 가진 컨볼루셔널 레이어, 3×3 사이즈 커널 256매를 가진 컨볼루셔널 레이어를 사용한다.

ResNet에 관한 자세한 내용은 미국 코넬 대학 도서관의 자료를 참고하길 바란다.

그림 3-4-4
보틀넥 아키텍처 구조

ResNet 논문
〈Deep Residual Learning for Image Recognition〉
https://arxiv.org/abs/1512.03385
〈Identity Mappings in Deep Residual Networks〉
https://arxiv.org/abs/1603.05027

layer name	output size	18-layer	34-layer	50-layer	101-layer	152-layer
conv1	112×112	7×7, 64, stride 2				
		3×3 max pool, stride 2				
conv2_x	56×56	$\begin{bmatrix} 3\times3, 64 \\ 3\times3, 64 \end{bmatrix} \times 2$	$\begin{bmatrix} 3\times3, 64 \\ 3\times3, 64 \end{bmatrix} \times 3$	$\begin{bmatrix} 1\times1, 64 \\ 3\times3, 64 \\ 1\times1, 256 \end{bmatrix} \times 3$	$\begin{bmatrix} 1\times1, 64 \\ 3\times3, 64 \\ 1\times1, 256 \end{bmatrix} \times 3$	$\begin{bmatrix} 1\times1, 64 \\ 3\times3, 64 \\ 1\times1, 256 \end{bmatrix} \times 3$
conv3_x	28×28	$\begin{bmatrix} 3\times3, 128 \\ 3\times3, 128 \end{bmatrix} \times 2$	$\begin{bmatrix} 3\times3, 128 \\ 3\times3, 128 \end{bmatrix} \times 4$	$\begin{bmatrix} 1\times1, 128 \\ 3\times3, 128 \\ 1\times1, 512 \end{bmatrix} \times 4$	$\begin{bmatrix} 1\times1, 128 \\ 3\times3, 128 \\ 1\times1, 512 \end{bmatrix} \times 4$	$\begin{bmatrix} 1\times1, 128 \\ 3\times3, 128 \\ 1\times1, 512 \end{bmatrix} \times 8$
conv4_x	14×14	$\begin{bmatrix} 3\times3, 256 \\ 3\times3, 256 \end{bmatrix} \times 2$	$\begin{bmatrix} 3\times3, 256 \\ 3\times3, 256 \end{bmatrix} \times 6$	$\begin{bmatrix} 1\times1, 256 \\ 3\times3, 256 \\ 1\times1, 1024 \end{bmatrix} \times 6$	$\begin{bmatrix} 1\times1, 256 \\ 3\times3, 256 \\ 1\times1, 1024 \end{bmatrix} \times 23$	$\begin{bmatrix} 1\times1, 256 \\ 3\times3, 256 \\ 1\times1, 1024 \end{bmatrix} \times 36$
conv5_x	7×7	$\begin{bmatrix} 3\times3, 512 \\ 3\times3, 512 \end{bmatrix} \times 2$	$\begin{bmatrix} 3\times3, 512 \\ 3\times3, 512 \end{bmatrix} \times 3$	$\begin{bmatrix} 1\times1, 512 \\ 3\times3, 512 \\ 1\times1, 2048 \end{bmatrix} \times 3$	$\begin{bmatrix} 1\times1, 512 \\ 3\times3, 512 \\ 1\times1, 2048 \end{bmatrix} \times 3$	$\begin{bmatrix} 1\times1, 512 \\ 3\times3, 512 \\ 1\times1, 2048 \end{bmatrix} \times 3$
	1×1	average pool, 1000-d fc, softmax				
FLOPs		1.8×10^9	3.6×10^9	3.8×10^9	7.6×10^9	11.3×10^9

그림 3-4-5 논문에 소개된 ResNet 네트워크 구조

3-4-3 패키지 임포트

ResNet에서 필요한 패키지를 임포트한다.

```
# 패키지 임포트
from tensorflow.keras.datasets import cifar10
from tensorflow.keras.callbacks import LearningRateScheduler
from tensorflow.keras.layers import Activation, Add, BatchNormalization, Conv2D,
Dense, Dropout, GlobalAveragePooling2D, Input
from tensorflow.keras.models import Model
from tensorflow.keras.optimizers import SGD
from tensorflow.keras.preprocessing.image import ImageDataGenerator
from tensorflow.keras.regularizers import l2
from tensorflow.keras.utils import to_categorical
import numpy as np
import matplotlib.pyplot as plt
%matplotlib inline
```

3-4-4 데이터 세트 준비 및 확인

앞 절 3-3 '컨볼루셔널 뉴럴 네트워크를 활용한 이미지 분류'와 동일하다. 해당 절을 참고해
데이터 세트 준비와 확인을 수행한다.

3-4-5 데이터 세트 전처리 및 확인

데이터 세트 전처리와 확인을 수행한다. 이번에는 훈련 이미지와 테스트 이미지의 표준화를
위해 다음에 설명할 'ImageDataGenerator'를 사용한다. 따라서 훈련 라벨과 테스트 라벨만
'원-핫 인코딩'으로 변환한다.

```
# 데이터 세트 전처리
train_images = train_images
train_labels = to_categorical(train_labels, 10)
test_images = test_images
test_labels = to_categorical(test_labels, 10)

# 데이터 세트 전처리 후 형태 확인
print(train_images.shape)
print(train_labels.shape)
print(test_images.shape)
print(test_labels.shape)
```

```
(50000, 32, 32, 3)
(50000, 10)
(10000, 32, 32, 3)
(10000, 10)
```

3-4-6 Functional API 이용

지금까지의 모델은 'Sequential'을 사용해 생성했다. 그러나 Sequential로는 분포나 다수의 출력을 가진 네트워크 구조를 만들 수 없다. 따라서 이번에는 'Functional API'라는 복잡한 모델을 정의하기 위한 인터페이스를 사용한다.

3-1 '뉴럴 네트워크를 활용한 분류'에서는 네트워크 구조를 다음과 같이 기술했다.

```
# 모델 생성
model = Sequential()
model.add(Dense(256, activation='sigmoid', input_shape=(784,)))
model.add(Dense(128, activation='sigmoid'))
model.add(Dropout(rate=0.5))
model.add(Dense(10, activation='softmax'))
```

Functional API로 동일한 네트워크 구조를 기술하면 다음과 같다.

```
# 모델 생성
input = Input(shape=(784,))
x = Dense(256, activation='sigmoid')(input)
x = Dense(128, activation='sigmoid')(x)
x = Dropout(rate=0.5)(x)
x = Dense(10, activation='softmax')(x)
model = Model(inputs=input, outputs=x)
```

■ Input

입력 데이터 형태는 별도의 'Input' 클래스에서 지정한다.

■ 레이어 입출력

Dense의 우측에 붙어 있는 '(input)'이나 '(x)'는 레이어로의 입력이다. Dense 좌측에 붙어 있는 'x ='는 레이어로부터의 출력이다. 이전 레이어의 출력을 다음 레이어의 입력으로 지정 해서 네트워크를 연결한다. Dropout 등도 동일한 방법으로 연결한다.

■ 모델

마지막에 'Model'을 생성한다. 인수에는 네트워크 전체 입력과 출력을 지정한다. 이 'Model'은 evaluate()나 predict() 등을 Sequential과 동일하게 조작할 수 있다.

3-4-7 모델 생성

■ 컨볼루셔널 레이어 생성

컨볼루셔널 레이어 생성 시에는 공통적인 설정이 필요하므로 함수로서 생성한다.

Conv2D의 생성자 인수는 다음과 같다. kernel_initializer에는 커널 가중치 행렬의 초기값, kernel_regularizer에는 커널 가중치에 적용할 표준화를 지정한다.

표 3-4-1 Conv2D 생성자 인수

인수	타입	설명
filters	int	커널 수
kernel_size	int or tuple	커널 사이즈
strides	int or tuple	스트라이드
padding	str	패딩으로 입력과 같은 사이즈로 되돌릴 경우에는 'same', 그렇지 않은 경우에는 'valid'
use_bias	bool	바이어스 추가 여부
kernel_initizalier	str	커널 가중치 행렬 초기값. 'he_normal'은 정규 분포에 따른 초기 값
kernel_regularizer	Regularizer	kernel의 가중치에 적용할 정규화. l2는 L2 정규화 이용

```
# 컨볼루셔널 레이어 생성
def conv(filters, kernel_size, strides=1):
    return Conv2D(filters, kernel_size, strides=strides, padding='same',
        use_bias=False, kernel_initializer='he_normal',
        kernel_regularizer=l2(0.0001))
```

■ 정규화

정규화Regularization란 모델을 복잡하게 하는 가중치에, 가중치 양만큼 페널티를 부여해서 모델이 복잡해지지 않도록 하는 방법이다. 다음 두 가지 정규화 방법 중 하나 혹은 두 가지를 조합해서 이용한다.

- L1 정규화: 극단적인 가중치를 0으로 함
- L2 정규화: 극단적인 가중치를 0에 가깝게 함

정규화 방법을 선택하고, 그 계수(페널티 비율) 값을 지정한다. 표준화를 너무 심하게 적용해도 학습을 진행하지 못하므로 한 번에 모든 레이어의 노드에 강력한 정규화를 적용하는 것 또한 바람직하지 않다.

또한, 정규화와 **표준화**Normalization는 명칭은 비슷하나 그 의미가 전혀 다르므로 주의하도록 한다.

■ 레지듀얼 블록 생성

레지듀얼 블록은 숏컷 커넥션의 위치가 다른 2종류의 보틀넥 아키텍처(레지듀얼 블록 A, 레지듀얼 블록 B라고 부른다)를 총 54개 연결했다. 두 아키텍처 숏컷 커넥션의 시작 위치가 각각 다르다.

다음 '16, 1, 1'이라는 수치는 컨볼루셔널 레이어의 커널 수, 커널 사이즈, 스트라이드를 의미한다.

커널 및 스트라이드에 관한 설명은 3-3-3 '컨볼루셔널 뉴럴 네트워크란?'을 참고하기 바란다.

- 레지듀얼 블록 A(16, 1, 1 → 16, 3, 1 → 64, 1, 1)
- 레지듀얼 블록 B(16, 1, 1 → 16, 3, 1 → 64, 1, 1) × 17
- 레지듀얼 블록 A(32, 1, 2 → 32, 3, 1 → 128, 1, 1)
- 레지듀얼 블록 B(32, 1, 1 → 32, 3, 1 → 128, 1, 1) × 17
- 레지듀얼 블록 A(64, 1, 2 → 64, 3, 1 → 256, 1, 1)
- 레지듀얼 블록 B(64, 1, 1 → 64, 3, 1 → 256, 1, 1) × 17

레지듀얼 블록 A를 생성하는 함수는 다음과 같다.

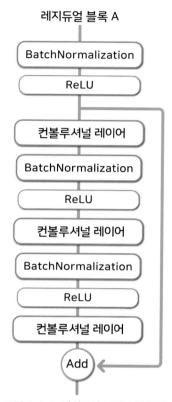

그림 3-4-6 레지듀얼 블록 A의 구조

```python
# 레지듀얼 블록 A 생성
def first_residual_unit(filters, strides):
    def f(x):
        # → BN → ReLU
        x = BatchNormalization()(x)
        b = Activation('relu')(x)

        # 컨볼루셔널 레이어 → BN → ReLU
        x = conv(filters // 4, 1, strides)(b)
        x = BatchNormalization()(x)
        x = Activation('relu')(x)

        # 컨볼루셔널 레이어 → BN → ReLU
        x = conv(filters // 4, 3)(x)
```

```
        x = BatchNormalization()(x)
        x = Activation('relu')(x)

        # 컨볼루셔널 레이어 →
        x = conv(filters, 1)(x)

        # 숏컷 형태 사이즈 조정
        sc = conv(filters, 1, strides)(b)

        # Add
        return Add()([x, sc])
    return f
```

'BatchNormalization'은 학습을 안정시켜 학습 속도를 높이는 방법의 한 가지로 컨볼루셔널 레이어와 활성화 함수 사이에 추가한다.

앞 절 3-3 '컨볼루셔널 뉴럴 네트워크를 활용한 이미지 분류'의 전처리에서 수행한 표준화와 마찬가지로 컨볼루셔널 레이어의 출력을 표준화한다. 기본적으로 드롭아웃보다 성능이 좋기 때문에 드롭아웃과 혼용하지 않는 것이 좋다고 알려져 있다.

첫 번째 ReLU로부터의 출력과 가장 마지막 컨볼루셔널 레이어로부터의 출력을 'Add'로 접속해서 숏컷 커넥션을 생성한다. 이 때 접속하는 2개 출력의 형태 사이즈가 다르므로 숏컷 형태 사이즈를 컨볼루션으로 조정해서 접속한다.

레지듀얼 블록 B를 생성하는 함수는 다음과 같다.

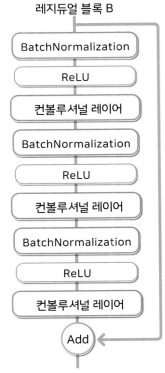

레지듀얼 블록 B

그림 3-4-7
레지듀얼 블록 B의 구조

```python
# 레지듀얼 블록 B 생성
def residual_unit(filters):
    def f(x):
        sc = x
        # → BN → ReLU
        x = BatchNormalization()(x)
        x = Activation('relu')(x)

        # 컨볼루셔널 레이어 → BN → ReLU
        x = conv(filters // 4, 1)(x)
        x = BatchNormalization()(x)
        x = Activation('relu')(x)

        # 컨볼루셔널 레이어 → BN → ReLU
        x = conv(filters // 4, 3)(x)
        x = BatchNormalization()(x)
        x = Activation('relu')(x)

        # 컨볼루셔널 레이어 →
        x = conv(filters, 1)(x)

        # Add
        return Add()([x, sc])
    return f
```

레지듀얼 블록 A와 레지듀얼 블록 B × 17을 생성하는 함수는 다음과 같다.

```python
# 레지듀얼 블록 A, 레지듀얼 블록 B x 17 생성
def residual_block(filters, strides, unit_size):
    def f(x):
        x = first_residual_unit(filters, strides)(x)
        for i in range(unit_size - 1):
            x = residual_unit(filters)(x)
        return x
    return f
```

■ 모델 네트워크 구조

먼저, 컨볼루셔널 레이어 뒤에 레지듀얼 블록 54개와 풀링 레이어를 추가한다. 이 부분에서는 특징을 추출한다.

가장 마지막에 전결합 레이어를 하나 추가한다. GlobalAveragePooling2D의 출력이 1차원이므로 Flatten을 사용할 필요는 없다. 이 부분에서 분류를 수행한다.

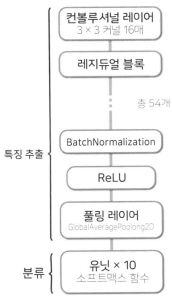

그림 3-4-8 **ResNet 네트워크 구조**

```
# 입력 데이터 형태
input = Input(shape=(32, 32, 3))

# 컨볼루셔널 레이어
x = conv(16, 3)(input)

# 레지듀얼 블록 x 54
x = residual_block(64, 1, 18)(x)
x = residual_block(128, 2, 18)(x)
x = residual_block(256, 2, 18)(x)

# → BN → ReLU
x = BatchNormalization()(x)
x = Activation('relu')(x)

# 풀링 레이어
x = GlobalAveragePooling2D()(x)

# 전결합 레이어
output = Dense(10, activation='softmax', kernel_regularizer=l2(0.0001))(x)

# 모델 생성
model = Model(inputs=input, outputs=output)
```

3-4-8 컴파일

여기서는 손실 함수는 분류이므로 'categorical_crossentropy', 최적화 함수는 'SGD', 평가 지표는 'acc'로 지정한다.

이에 관한 자세한 내용은 3-1에서 설명한 내용을 참고한다.

```
# 컴파일
model.compile(loss='categorical_crossentropy', optimizer=SGD(momentum=0.9),
metrics=['acc'])
```

3-4-9 ImageDataGenerator 준비

'ImageDataGenerator'는 데이터 세트 이미지의 정규화와 부풀리기를 수행하는 클래스다. **부풀리기**augmentation는 훈련 데이터만 적용해도 충분하므로 훈련 데이터와 테스트 데이터를 위한 2가지 ImageDataGenerator를 준비한다.

구체적으로 적용 가능한 정규화와 부풀리기는 다음과 같다.

표 3-4-2 **ImageDataGenerator 생성자의 인수**

정규화와 부풀리기	인수	타입	설명
정규화	featurewise_center	bool	데이터 세트 전체를 대상으로 입력 평균을 0으로 만듦
	samplewise_center	bool	각 샘플의 평균을 0으로 만듦
	featurewise_std_normalization	bool	입력을 데이터 세트 표준편차로 표준화
	samplewise_std_normalization	bool	각 입력을 그 표준편자로 표준화
	zca_epsilon	float	ZCA 백색화 상수 e(기본값은 $1e^{-6}$)
	zca_whitening	bool	ZCA 백색화 적용 여부
부풀리기	rotation_range	float	랜덤으로 회전시킬 회전 범위(도 단위)
	width_shift_range	float	랜덤으로 수평 이동시킬 범위(비율)
	height_shift_range	float	랜덤으로 수직 이동시킬 범위(비율)
	shear_range	float	밀림 강도(도 단위)
	zoom_range	float	랜덤으로 확대/축소할 범위(1 - 지정값~1 + 지정값의 비율)
	channel_shift_range	int	랜덤으로 RGB를 가감할 범위(0~255)
	horizontal_flip	bool	수평 방향 입력을 랜덤으로 반전
	vertical_flip	bool	수직 방향 입력을 랜덤으로 반전

이번에는 'featurewise_center(데이터 세트 전체의 입력 평균을 0으로 만든다)'와 'featurewise_std_normalization(입력을 데이터 세트 표준편차로 표준화한다)'으로 표준화한다.

이와 함께 훈련 데이터를 'width_shift_range(랜덤 수평 이동)'와 'height_shift_range(랜덤 수직 이동)', 그리고 'horizontal_flip(수평 방향으로 입력을 무작위로 반전)'을 사용해 부풀린다.

또한, 표준화를 수행할 때는 ImageDataGenerator의 fit()을 사용해 미리 총합량을 계산해 두어야 한다. 훈련 및 테스트용 ImageDataGenerator의 fit()에 훈련 이미지 배열을 전달한다.

```
# ImageDataGenerator 준비
train_gen = ImageDataGenerator(
    featurewise_center=True,
    featurewise_std_normalization=True,
    width_shift_range=0.125,
    height_shift_range=0.125,
    horizontal_flip=True)
test_gen = ImageDataGenerator(
    featurewise_center=True,
    featurewise_std_normalization=True)

# 데이터 세트 전체 총합량을 미리 계산
for data in (train_gen, test_gen):
    data.fit(train_images)
```

3-4-10 LearningRateScheduler 준비

'LearningRateScheduler'는 학습 중 '학습률'을 변화시키는 콜백이다. 이폭을 인수로 입력받아 학습률을 반환하는 함수를 생성하고, 해당 함수를 LearningRateScheduler에 인수로 전달한다. 이를 fit() 또는 fit_generator()의 인수로 지정하면 지정한 학습률을 적용할 수 있다.

처음에는 '0.1', 80 이폭 이후에는 '0.01', 120 이폭 이후 '0.001'로 지정했다. 학습률은 각 레이어의 가중치를 한 번에 어느 정도 변경할지 결정하는 값이다. 정답에서 먼 경우에는 많이, 정답에서 가까운 경우 작게 변경함으로써 빠르고 정확하게 정답에 다다를 수 있도록 한다.

```
# LearningRateScheduler 준비
def step_decay(epoch):
    x = 0.1
```

```
    if epoch >= 80: x = 0.01
    if epoch >= 120: x = 0.001
    return x
lr_decay = LearningRateScheduler(step_decay)
```

3-4-11 학습

훈련 이미지와 훈련 라벨 배열을 모델에 전달해서 학습을 시작한다. 노트북의 하드웨어 엑셀러레이터가 GPU 또는 TPU로 선택되었는지 확인한다. TPU의 사용에 관해서는 앞 절(104페이지) 마지막 부분의 설명을 참고한다.

ImageDataGenerator를 학습하려면 fit_generator()를 사용한다. fit_generator()의 인수는 다음과 같다.

표 3-4-3 **fit_generator()의 인수**

인수	타입	설명
generator	generator	제네레이터
steps_per_epoch	int	1 이폭 당 스텝 수. 1 스텝에서 배치 사이즈만큼의 샘플을 훈련한다. '훈련 데이터 수/배치 사이즈'를 지정하는 경우 부풀리기 전과 같은 샘플 수를 훈련한다.
epoch	int	훈련 횟수
y	ndarray	훈련 라벨
batch_size	int	배치 사이즈
verbose	int	진척 표시(0: 없음, 1: 프로그레시브 바 표시, 2: 행 표시)
callbacks	list	훈련 시 호출될 콜백 리스트
validation_split	float	훈련 데이터 중 검증 데이터로 사용할 비율
validation_data	generator	검증 데이터
shuffle	bool	훈련 데이터를 시행할 때마다 셔플할지 여부
class_weight	dict	클래스의 인덱스와 가중치의 매핑 정보
sample_weight	ndarray	훈련 샘플 가중치
initial_epoch	int	훈련을 시작할 이폭
validation_steps	int	검증 1회당 이폭 수. steps_per_epoch를 지정한 경우에만 유효하다. '훈련 데이터 수/배치 사이즈'를 지정하면 부풀리기 전과 같은 샘플 수를 검증한다.
반환값	History	이력

```
# 학습
batch_size = 128
history = model.fit_generator(
    train_gen.flow(
        train_images,
        train_labels,
        batch_size=batch_size),
    epochs=200,
    steps_per_epoch=train_images.shape[0] // batch_size,
    validation_data=test_gen.flow(
        test_images,
        test_labels,
        batch_size=batch_size),
    validation_steps=test_images.shape[0] // batch_size,
    callbacks=[lr_decay]
)
```

3-4-12 모델 저장

모델을 파일로 저장한다.

```
# 모델 저장
model.save('resnet.h5')
```

3-4-13 그래프 표시

fit()의 반환값인 'history'를 matplotlib을 사용해 그래프로 표시한다.

```
# 그래프 표시
plt.plot(history.history['acc'], label='acc')
plt.plot(history.history['val_acc'], label='val_acc')
plt.ylabel('accuracy')
plt.xlabel('epoch')
plt.legend(loc='best')
plt.show()
```

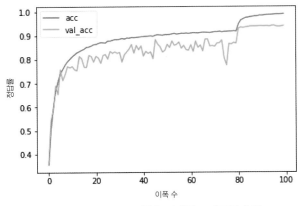

그림 3-4-9 **ResNet 학습 결과를 그래프로 출력**

3-4-14 평가

테스트 이미지와 테스트 라벨 배열을 모델에 전달해 평가를 수행하고 정답률을 얻는다. ImageDataGenerator를 예측하려면 evaluate_generator()를 사용한다.

정답률은 94%임을 알 수 있다. 동일한 테스트 이미지를 사용했던 3-3 '컨볼루셔널 뉴럴 네트워크를 활용한 이미지 분류'에서의 정답률과 비교해 보면 ResNet 쪽이 학습 시간은 오래 걸리지만, 정답률이 높은 것을 확인할 수 있다.

ResNet의 TPU는 첫 번째 epoch을 수행하는 데 30분 정도 걸리지만, GPU의 그것과 비교하면 전체 시간은 훨씬 짧다.

표 3-4-4 **컨볼루셔널 뉴럴 네트워크와 ResNet의 정답률 및 학습 시간 비교**

뉴럴 네트워크	정답률	학습 시간
컨볼루셔널 뉴럴 네트워크	0.80	GPU: 340s × 20 epoch = 6,800s(114분) TPU: 94s(첫 번째 epoch) + 9s × 19 epoch = 255s(4분)
ResNet	0.94	GPU: 314s × 99 epoch = 31,086s(518분) TPU: 1762s(첫 번째 epoch) + 55s × 99 epoch = 7,207s(120분)

```
# 평가
batch_size = 128
test_loss, test_acc = model.evaluate_generator(
    test_gen.flow(test_images, test_labels, batch_size=batch_size),
```

```
        steps=10)
print('loss: {:.3f}\nacc: {:.3f}'.format(test_loss, test_acc))
```

```
loss: 0.450
acc: 0.942
```

3-4-15 추론

마지막으로 첫 번째 10개의 테스트 이미지에 대한 추론을 수행하고, 예측 결과를 얻는다. ImageDataGenerator의 예측에는 predict_generator()를 사용한다. 정답률 94%로 추론하는 것을 알 수 있다.

```
# 추론할 이미지 표시
for i in range(10):
    plt.subplot(2, 5, i + 1)
    plt.imshow(test_images[i])
plt.show()

# 추론한 라벨 표시
test_predictions = model.predict_generator(
    test_gen.flow(test_images[0:10], shuffle = False, batch_size=1),
    steps=10)
test_predictions = np.argmax(test_predictions, axis=1)
labels = ['airplane', 'automobile', 'bird', 'cat', 'deer', 'dog',
    'frog', 'horse', 'ship', 'truck']
print([labels[n] for n in test_predictions])
```

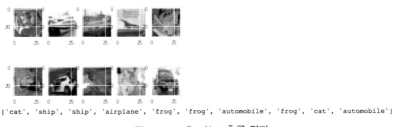

['cat', 'ship', 'ship', 'airplane', 'frog', 'frog', 'automobile', 'frog', 'cat', 'automobile']

그림 3-4-10 ResNet 추론 결과

4

강화 학습

이 장에서는 알파제로에 관련된 '강화 학습' 알고리즘에 관해 설명한다. 강화 학습에서는 에이전트가 처한 환경 속에서 행동을 선택함으로써 최종적으로 가장 큰 보상을 얻을 수 있는 정책을 얻기 위한 학습을 수행한다. 이는 바둑이나 장기와 같이 여러 선택지에서 최적의 수를 선택하고, 최종적으로 승리를 노리는 것과 유사하다.

가장 먼저 '다중 슬롯머신 문제'를 참고로 하여 간단한 예제를 기반으로 강화 학습 기본을 학습한다. 이를 바탕으로 성공 시의 행동을 중시하는 '정책 경사법('정책 반복법'의 하나)'을 설명한다. 또한, '가치 반복법'으로 'Sarsa'와 'Q 학습'의 두 가지 알고리즘을 소개한다. 이 알고리즘들은 '미로 게임'을 소재로 설명하므로 학습 환경 구축 방법을 서로 비교해 보기 바란다.

마지막으로 더욱 복잡한 환경에서의 효율적인 강화 학습을 위해 고안된 DQN을 설명한다. 이는 3장에서의 딥 러닝을 조합시킨 '심층 강화 학습'의 하나다. 여기서는 'OpenAI'가 제공하는 '카트-폴'을 소재로 사용한다.

이 장의 목적

- 다중 슬롯머신 문제를 예로 강화 학습의 두 가지 학습 방법인 'ε-greedy', 'UCB1'을 학습한다.
- 미로 게임을 예로 '정책 경사법'을 활용한 학습 환경을 구축하고, 에이전트가 정책을 선택하기 위한 학습 방법을 학습한다.
- 미로 게임을 예시로 들어 Sarsa와 Q 학습을 활용한 학습 환경을 구축하고, 에이전트가 가치를 최대화하기 위한 방법을 학습한다.
- 카트-폴을 예시로 들어 보다 복잡한 환경에 대응할 수 있는 심층 강화 학습의 하나인 'DQN'을 학습한다.

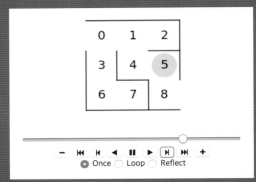

미로 게임을 사용해 정책 경사법, Sarsa, Q 학습의 3가지 알고리즘을 테스트해 본다.

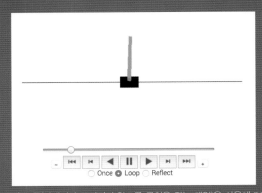

카트-폴(막대기가 쓰러지지 않도록 균형을 잡는 게임)을 사용해 DQN 알고리즘을 테스트해 본다.

4-1 다중 슬롯머신 문제

첫 번째 강화 학습 소재로 '다중 슬롯머신 문제'를 소개한다. 이 문제는 에이전트의 행동이 한 가지(여러 슬롯 중 하나를 선택)이므로 상태를 필요로 하지 않는 간단한 환경에서의 문제다.

강화 학습에는 다양한 용어가 등장한다. 1-3 '강화 학습 개요'에 정리된 내용을 참고한다.

4-1-1 다중 슬롯머신 문제란?

여러 개의 팔을 가진 **슬롯머신**slot machine[5]이 있다. 슬롯머신의 팔마다 코인이 나오는 확률은 정해져 있지만, 그 확률값은 미리 알 수 없다. 제한된 횟수 안에서 가장 많은 코인을 얻으려면 어떤 순서로 팔을 선택해야 할까?

이 문제를 '다중 슬롯머신 문제'라고 부른다. 즉 어떤 슬롯머신의 팔을 당겨야 가장 많은 돈을 벌 것인지를 푸는 문제다.

다중 슬롯머신 문제에서의 강화 학습 요소는 다음과 같다. 1회 행동으로 에피소드가 완료되므로 상태는 필요하지 않다.

표 4-1-1 다중 슬롯머신 문제의 강화 학습 요소

강화 학습 요소	다중 슬롯머신 문제
목적	코인을 많이 얻는다.
에피소드	행동 1회
상태	불필요
행동	어떤 팔을 선택하는가?
보상	코인이 나오면 +1
학습 방법	ε-greedy, UCB1
파라미터 변경 간격	행동 1회마다

---

5 옮긴이 다중 슬롯머신 문제는 멀티 암드 밴딧(Multi-Armed Bandits, MAB)이라고도 불린다.

다중 슬롯머신 문제에서의 강화 학습 사이클은 다음과 같다.

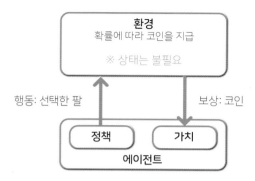

그림 4-1-1 다중 슬롯머신 문제의 강화 학습 사이클

4-1-2 탐색과 이용

코인이 나올 확률이 높은 팔을 선택해야 하지만, 그 확률은 사전에 알 수 없다. 때문에 처음에는 정보 수집을 위해 슬롯머신의 팔을 선택한다. 이 행동을 **탐색**exploration이라고 부른다.

정보를 수집하면 해당 정보를 기반으로 보상이 가장 높다고 판단한 팔을 선택한다. 이 행동을 **이용**exploitation이라고 한다.

탐색과 이용은 트레이드오프 관계에 있다. 정보 수집을 위해 탐색을 계속하면 어떤 팔을 당겼을 때 보상이 높은지 알 수 있지만, 이 과정만으로는 실제로 보상이 높은 팔을 계속 이용하는 경우보다 이익은 줄어든다.

반대로 계속 이용만 하면 현시점에서 기대한 보상보다 높은 보상을 얻을 수 있는 팔을 발견하지 못할 가능성이 있다. 이익을 최대화하기 위해서는 탐색과 이용의 균형을 맞추는 것이 중요하다.

4-1-3 탐색과 이용의 균형을 잡는 방법

탐색과 이용의 균형을 잡는 방법으로 ε-greedy, UCB1이 알려져 있다.

■ ε-greedy

'ε-greedy'는 확률 ε(0 이상 1 이하의 정수)으로 랜덤하게 행동을 선택(탐색)하고, 1-ε의 확률로 초기 보상이 최대가 되는 행동을 선택(이용)하는 방법이다. ε이 0.1일 때 최적인 경우가 많다.

■ UCB1(Upper Confidence Bound 1)

UCB1은 '성공률 + 바이어스'를 최대로 만드는 행동을 선택하는 방법이다. '성공률'은 '해당 행동의 성공 횟수 / 해당 행동의 시행 횟수'다. '바이어스'는 '우연에 의한 성공률의 분포 크기'로 해당 행동의 시행 횟수가 작을수록 커진다.

'성공률 + 바이어스' 값은 다음 식으로 구할 수 있다.

$$UCB1 = \underbrace{\frac{w}{n}}_{\text{성공률}} + \underbrace{\sqrt{(\frac{2 \times log(t)}{n})^{\frac{1}{2}}}}_{\text{바이어스}}$$

n: 해당 행동의 시행 횟수
w: 해당 행동의 성공 횟수
t: 모든 행동의 시행 횟수의 합

4-1-4 패키지 임포트

'다중 슬롯머신 문제'에 필요한 패키지를 임포트한다.

```
# 패키지 임포트
import numpy as np
import random
import math
import pandas as pd
import matplotlib.pyplot as plt
%matplotlib inline
```

4-1-5 슬롯 게임 생성

슬롯의 팔을 표시하는 클래스 'SlotArm'을 생성한다. 생성자 인수로 '코인이 나올 확률'을 지정하고, draw()로 팔을 선택한 경우의 보상을 얻는다.

SlotArm의 멤버 변수는 다음 한 가지다.

표 4-1-2 **SlotArm의 멤버 변수**

멤버 변수	타입	설명
p	float	코인이 나올 확률

SlotArm 메소드는 다음 두 가지다.

표 4-1-3 **SlotArm의 메소드**

메소드	설명
__init__(p)	슬롯 팔 초기화. 인수는 코인이 나올 확률
draw()	팔을 선택했을 때 보상 취득

```python
# 슬롯 팔 생성
class SlotArm():
    # 슬롯 팔 초기화
    def __init__(self, p):
        self.p = p # 코인이 나올 확률

    # 팔을 선택했을 때의 보상 취득
    def draw(self):
        if self.p > random.random():
            return 1.0
        else:
            return 0.0
```

4-1-6 ε-greedy 계산 처리

ε-greedy 계산 처리를 수행하는 클래스 'EpsilonGreedy'를 생성한다.

생성자의 인수에 '팔의 수'를 지정하고, select_arm()으로 정책에 따라 팔을 선택한다. 이후 update()로 시행 횟수와 가치를 업데이트한다.

EpsilonGreedy의 멤버 변수는 다음 3가지다.

표 4-1-4 **EpsilonGreedy의 멤버 변수**

멤버 변수	타입	설명
epsilon	float	탐색하는 확률
n	list	각 팔의 시행 횟수
v	list	각 팔의 가치(평균 보상)

EpsilonGreedy의 메소드는 다음 5가지다.

표 4-1-5 **EpsilonGreedy의 메소드**

메소드	설명
__init__(epsilon)	ε-greedy의 계산 처리 초기화. 인수는 ε(탐색하는 확률)
initialize(n_arms)	시행 횟수 및 가치 리셋. 인수는 팔의 수
select_arm()	팔 선택. 확률 ε으로 무작위로 팔을 선택하고, 확률 1-ε으로 가치가 높은 팔을 선택한다. 반환값은 팔의 번호
update(chosen_arm, reward, t)	시행 횟수와 가치 업데이트. 인수는 선택한 팔, 보상, 모든 암의 시행 횟수 합계
label()	문자열 정보 취득

```python
# ε-greedy 계산 처리
class EpsilonGreedy():
    # ε-greedy 계산 처리 초기화
    def __init__(self, epsilon):
        self.epsilon = epsilon # 탐색하는 확률

    # 시행 횟수와 가치 초기화
    def initialize(self, n_arms):
        self.n = np.zeros(n_arms) # 각 팔의 시행 횟수
        self.v = np.zeros(n_arms) # 각 팔의 가치

    # 팔 선택
    def select_arm(self):
        if self.epsilon > random.random():
            # 랜덤으로 팔 선택
            return np.random.randint(0, len(self.v))
        else:
            # 가치가 높은 팔 선택
            return np.argmax(self.v)
```

```
# 알고리즘 파라미터 갱신
def update(self, chosen_arm, reward, t):
    # 선택한 팔의 시행 횟수 +1
    self.n[chosen_arm] += 1

    # 선택한 팔의 가치 갱신
    n = self.n[chosen_arm]
    v = self.v[chosen_arm]
    self.v[chosen_arm] = ((n - 1) / float(n)) * v + (1 / float(n)) * reward

# 문자열 정보 취득
def label(self):
    return 'ε-greedy('+str(self.epsilon)+')'
```

■ 알고리즘 파라미터 갱신

ε-greedy 알고리즘의 파라미터는 다음 순서에 따라 갱신한다.

① 선택한 팔의 시행 횟수 + 1

② 선택한 팔의 가치 갱신

선택한 팔의 가치(평균 보상)는 다음 수식으로 갱신한다. '평균 보상'은 '누적 보상 / 시행 횟수'이지만, 다음 식을 사용하면 '이전 회에서의 평균 정보'와 '이번 시행의 보상'으로부터 가치를 구할 수 있다.

$$V_t = \frac{n-1}{n} \times V_{t-1} + \frac{1}{n} \times R_t$$

V_t: 이번 시행의 가치(평균 보상)
n: 시행 횟수
V_{t-1}: 이전 시행의 가치(평균 보상)
R_t: 이번 시행의 보상

```
n = self.n[chosen_arm]
v = self.v[chosen_arm]
self.v[chosen_arm] = ((n - 1) / float(n)) * v + (1 / float(n)) * reward
```

4-1-7 UCB1 계산 처리

UCB1의 계산 처리를 수행하는 클래스 'UCB1'을 생성한다.

initialize()의 인수에 팔 수를 지정하고, select_arm()으로 정책에 따라 팔을 선택한다. 이후, update()로 시행 횟수와 가치를 갱신한다.

UCB1의 멤버 변수는 다음 3가지다.

표 4-1-6 UCB1의 멤버 변수

멤버 변수	타입	설명
n	list	각 팔의 시행 횟수
w	list	각 팔의 성공 횟수
v	list	각 팔의 가치

UCB1의 메소드는 다음 5가지다.

표 4-1-7 UCB1의 메소드

메소드	설명
initialize(n_arms)	시행 횟수와 성공 횟수 및 가치 초기화. 인수는 팔의 수
select_arm()	팔 선택. UCB1이 높은 팔을 선택한다. 반환값은 팔의 번호
update(chosen_arm, reward, t)	시행 횟수와 가치 업데이트. 인수는 선택한 팔, 보상, 모든 팔의 시행 횟수 합계
label()	문자열 정보 취득

```python
# UCB1 알고리즘
class UCB1():
    # 시행 횟수, 성공 횟수 및 가치 초기화
    def initialize(self, n_arms):
        self.n = np.zeros(n_arms) # 각 팔의 시행 횟수
        self.w = np.zeros(n_arms) # 각 팔의 성공 횟수
        self.v = np.zeros(n_arms) # 각 팔의 가치

    # 팔 선택
    def select_arm(self):
        # n이 모두 1 이상이 되도록 팔을 선택
        for i in range(len(self.n)):
            if self.n[i] == 0:
                return i
```

```python
        # 가치가 높은 팔을 선택
        return np.argmax(self.v)

    # 알고리즘의 파라미터 갱신
    def update(self, chosen_arm, reward, t):
        # 선택한 팔의 시행 횟수 +1
        self.n[chosen_arm] += 1

        # 성공 시, 선택한 팔의 성공 횟수 +1
        if reward == 1.0:
            self.w[chosen_arm] += 1

        # 시행 횟수가 0인 팔이 존재하는 경우에는 가치를 갱신하지 않음
        for i in range(len(self.n)):
            if self.n[i] == 0:
                return

        # 각 팔의 가치 갱신
        for i in range(len(self.v)):
            self.v[i] = self.w[i] / self.n[i] + (2 * math.log(t) / self.n[i]) ** 0.5

    # 문자열 정보 취득
    def label(self):
        return 'ucb1'
```

■ 알고리즘 파라미터 갱신

UCB1 알고리즘 파라미터는 다음 순서에 따라 갱신한다.

① 선택한 팔의 시행 횟수 + 1
② 성공 시, 선택한 팔의 성공 횟수 + 1
③ 시행 횟수가 0인 팔이 존재하는 경우 가치를 갱신하지 않음

시행 횟수가 0인 팔이 존재하는 경우에는 UCB1을 계산할 수 없으므로(0으로 나누기) 가치를 갱신하지 못한다.

④ 각 팔의 가치 갱신

각 팔의 가치(UCB1)는 앞에서 기술한 '탐색과 이용의 균형을 잡는 방법'에서 설명한 UCB1 수식에 따라 갱신한다. 선택한 팔은 물론 모든 팔의 가치를 갱신한다는 점에 주의한다.

```python
self.v[i] = self.w[i] / self.n[i] + (2 * math.log(t) / self.n[i]) ** 0.5
```

4-1-8 시뮬레이션 실행

play()로 시뮬레이션을 실행하고, '게임 횟수 중 몇 번째인지'와 '보상'의 이력을 취득한다. play()의 인수는 다음과 같다.

표 4-1-8 play() 인수

인수	타입	설명
algo	tuple	알고리즘군(EpsilonGreedy or UCB1)
arms	tuple	팔군(SlotArm)
num_sims	int	시뮬레이션 횟수. 결정된 게임 횟수의 시뮬레이션 횟수
num_time	int	결정된 게임 횟수

다중 슬롯머신 문제는 결정된 게임 회수 내에서 가능한 많은 보상을 얻어내는 문제다.

결정된 게임 횟수를 몇 회 시뮬레이션할지를 인수 num_sims로, 결정된 게임 횟수가 인수 num_time이다. 시뮬레이션 횟수가 많을수록 정밀도가 올라간다.

```python
# 시뮬레이션 실행
def play(algo, arms, num_sims, num_time):
    # 이력 준비
    times = np.zeros(num_sims * num_time) # 게임 횟수의 차수
    rewards = np.zeros(num_sims * num_time) # 보상

    # 시뮬레이션 횟수별 루프
    for sim in range(num_sims):
        algo.initialize(len(arms)) # 알고리즘 설정 초기화

        # 게임 횟수별 루프
        for time in range(num_time):
            # 인덱스 계산
            index = sim * num_time + time

            # 이력 계산
            times[index] = time + 1
            chosen_arm = algo.select_arm()
            reward = arms[chosen_arm].draw()
            rewards[index] = reward

            # 알고리즘의 파라미터 갱신
            algo.update(chosen_arm, reward, time + 1)

    # 게임 횟수의 차수, 보상
    return [times, rewards]
```

4-1-9 시뮬레이션 실행과 클래스 표시

마지막으로 시뮬레이션 실행과 그래프 표시를 수행한다.

① 슬롯머신 팔 준비

확률이 0.3, 0.5, 0.9인 3개의 팔을 준비한다.

② 알고리즘 준비

EpsilonGreedy와 UCB1 2개의 알고리즘을 준비한다.

③ 시뮬레이션 실행

250회를 1세트로 1,000세트의 시뮬레이션을 실행한다. 그리고 play()를 호출한다.

④ 그래프 표시

pandas를 이용해 이력 데이터로부터 '게임 횟수 중 몇 번째인가?'를 종합한 평균 보상을 계산한다. 구체적으로는 DataFrame의 groupby()로 그룹화한 뒤 mean()으로 평균 보상을 계산한다.

표시된 그래프를 확인하면 UCB1 쪽이 게임 시작 시점부터 보상이 높은 것을 알 수 있다.

```python
# 팔 선택
arms = (SlotArm(0.3), SlotArm(0.5), SlotArm(0.9))

# 알고리즘 준비
algos = (EpsilonGreedy(0.1), UCB1())

for algo in algos:
    # 시뮬레이션 실행
    results = play(algo, arms, 1000, 250)

    # 그래프 표시
    df = pd.DataFrame({'times': results[0], 'rewards': results[1]})
    mean = df['rewards'].groupby(df['times']).mean()
    plt.plot(mean, label = algo.label())

# 그래프 표시
plt.xlabel('Step')
plt.ylabel('Average Reward')
plt.legend(loc = 'best')
plt.show()
```

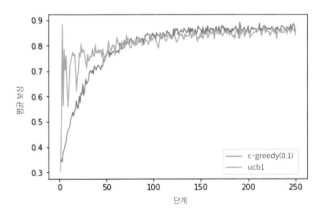

그림 4-1-2 **학습 방법(ε-greedy, UCB1)에 따른 보상 그래프**

4-2 정책 경사법을 활용한 미로 게임

앞 절에서는 '슬롯머신'이라는 단순한 소재였지만, 이 절부터는 좀 더 복잡한 '미로 게임'을 소재로 하여
에이전트가 행동을 결정하기 위한 최적의 정책을 구하는 경우 이용하는 '정책 경사법'을 설명한다.

4-2-1 정책 경사법을 활용한 미로 게임 풀기

정책에 따라 행동하면서 성공 시의 행동은 중요한 것으로 판단하고, 그 행동을 많이 할 수
있도록 정책을 갱신하는 방법을 '정책 경사법'이라고 부른다.

이번에는 정책 경사법을 활용해 미로 게임을 공략한다. 에이전트가 상하좌우로 이동해 골
인 지점(우측 하단)까지 도착하는 것이 목적이다.

정책 경사법을 활용한 미로 게임에서의 강화 학습 요소는 다음과 같다.

표 4-2-1 **정책 경사법을 활용한 미로 게임에서의 강화 학습 요소**

강화 학습 요소	미로 게임
목적	골인 지점에 도착
에피소드	골인 지점까지
상태	위치
행동	상하좌우
보상	골인 지점까지 다다른 행동을 중시
학습 방법	정책 경사법
파라미터 갱신 간격	1 에피소드마다

정책 경사법을 활용한 미로 게임의 강화 학습 사이클은 다음과 같다. 정책 반복법에서 정책
을 갱신한다.

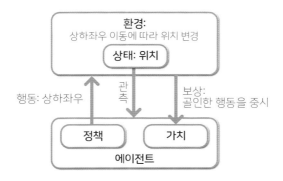

그림 4-2-1 정책 경사법을 활용한 미로 게임의 강화 학습 사이클

4-2-2 정책 경사법 학습 순서

정책 경사법의 학습 순서는 다음과 같다. 학습에 따라 정책(엄밀히는 '정책으로 변환하는 파라미터 θ')을 최적화한다.

① 파라미터 θ 준비
② 파라미터 θ 를 정책으로 변환
③ 정책에 따라 골인 지점에 이를 때까지 행동 반복
④ 성공한 행동을 많이 받아들이도록 파라미터 θ 를 변경
⑤ 정책 변화량이 임곗값 이하가 될 때까지 ②~④단계 반복

■ 정책

정책은 '특정한 상태에서 특정한 행동을 할 확률'을 의미한다. 정책은 주로 함수나 뉴럴 네트워크로 표현하나, 여기서는 가장 간단한 '테이블 형식'으로 표현한다. 상태별로 행동을 선택할 확률을 '상태 수 × 행동 수' 배열로 저장한다.

표 4-2-2 정책을 표시하는 배열

상태 \ 행동	a_0	a_1	a_2	a_3
S_0	np.nan	1	1	np.nan
S_1	np.nan	1	1	1
S_2	np.nan	np.nan	np.nan	1
S_3	1	np.nan	1	np.nan
S_4	1	1	np.nan	np.nan
S_5	np.nan	np.nan	1	1
S_6	1	1	np.nan	np.nan
S_7	np.nan	np.nan	np.nan	1

■ 파라미터 θ

파라미터 θ는 정책으로 변환되는 값이다. 딥 러닝에서 가중치 파라미터에 해당한다. 이 역시 '상태 수 × 행동 수' 배열에 저장한다.

표 4-2-3 **파라미터 θ를 의미하는 배열**

상태＼행동	a_0	a_1	a_2	a_3
s_0	0	0.5	0.5	0
s_1	0	0.3333	0.3333	0.3333
s_2	0	0	0	1
s_3	0.5	0	0.5	0
s_4	0.5	0.5	0	0
s_5	0	0	0.5	0.5
s_6	0.5	0.5	0	0
s_7	0	0	0	1

정책 경사법에서는 1 에피소드 훈련 후 정책(엄밀히는 '정책으로 변환하는 파라미터 θ')을 반복적으로 갱신하면서 정책을 최적화해 나간다.

4-2-3 패키지 임포트

정책 경사법에 필요한 패키지를 임포트한다.

'from matplotlib import animation' 구문으로 matplotlib에서 애니메이션을 수행하는 함수인 animation(), 'from IPyhon.display import HTML' 구문으로 Google Colab에 HTML을 삽입하는 함수인 HTML()을 임포트한다.

```
# 패키지 임포트
import numpy as np
import matplotlib.pyplot as plt
%matplotlib inline
from matplotlib import animation
from IPython.display import HTML
```

4-2-4 미로 생성

그래프 표시 라이브러리인 matplotlib을 사용해 미로를 생성한다.

plt.figure()로 그래프를 생성한다. 인수는 폭과 높이이며, 인치 단위(2.54cm)로 지정한다. 반환값 'Figure'는 이후 애니메이션을 할 때 사용한다.

미로의 벽은 plt.plot()을 사용해 선으로 그리고, 숫자는 plt.text()로 텍스트로 표시하며, 원은 plt.plot()의 mark를 사용해 마크를 표시한다. 원의 plt.plot()의 반환값은 Line2D 배열로 이 역시 이후 애니메이션을 할 때 사용한다.

그래프 주변에는 축과 테두리가 표시되는데, 축을 표시하지 않기 위해 plt.tick_params(), 테두리를 표시하지 않기 위해 plt.box()를 사용한다.

표 4-2-4 **plt 컴포넌트의 메소드**

메소드	설명
figure(figsize=(w, h))	새로운 그래프 생성. 인수는 폭과 높이를 인치 단위(2.54cm)로 지정한다. 반환값은 Figure(그래프)
plot(x, y, color, marker, markersize)	그래프에 라인을 플롯. 인수는 데이터, 색, 마커, 마커 사이즈. 반환값은 Line2D
text(x, y, size, ha, va)	그래프에 텍스트를 플롯. 인수는 XY 좌표, 텍스트, 텍스트 사이즈, 가로 방향 기준 위치, 세로 방향 기준 위치
tick_params(axis, which, bottom, top, labelbottom, right, left, labelleft)	눈금, 눈금 라벨 및 눈금선 설정
box(on)	테두리 설정

matplotlib의 색상은 '#ff0000(빨강)', '#000000(검정)'과 같이 HTML에서 이용하는 16진수로 지정할 수 있으며, 다음의 색상 상수도 사용할 수 있다.

표 4-2-5 **색상 상수**

색상 상수	설명	색상 상수	설명
b	파랑(blue)	m	마젠타(magenta)
g	초록(green)	y	노랑(yellow)
r	빨강(red)	k	검정(black)
c	사이언(cyan)	w	하양(white)

```
# 미로 생성
fig = plt.figure(figsize = (3, 3))

# 벽
plt.plot([0, 3], [3, 3], color='k')
plt.plot([0, 3], [0, 0], color='k')
plt.plot([0, 0], [0, 2], color='k')
plt.plot([3, 3], [1, 3], color='k')
plt.plot([1, 1], [1, 2], color='k')
plt.plot([2, 3], [2, 2], color='k')
plt.plot([2, 1], [1, 1], color='k')
plt.plot([2, 2], [0, 1], color='k')

# 숫자
for i in range(3):
    for j in range(3):
        plt.text(0.5 + i, 2.5 - j, str(i + j * 3), size=20, ha='center', va='center')

# 원
circle, = plt.plot([0.5], [2.5], marker='o', color='#d3d3d3', markersize=40)

# 눈금 및 배경 숨김
plt.tick_params(axis='both', which='both', bottom=False, top=False,
        labelbottom=False, right=False, left=False, labelleft=False)
plt.box(False)
```

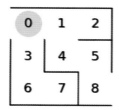

그림 4-2-2 **그래프 표시로 생성한 미로**

4-2-5 파라미터 θ의 초기값 준비

파라미터 θ의 초기값을 준비한다. 학습 전에는 올바른 파라미터 θ(가중치 파라미터)를 알지 못하므로 이동할 수 있는 방향은 1, 이동할 수 없는 방향은 'np.nan(NumPy에서의 결손값)'으로 초기화한다.

가장 위의 행은 0번 위치에서의 행동으로 왼쪽부터 '상, 우, 하, 좌' 방향을 의미한다. 매스 8
은 골인 지점이므로 초기값이 존재하지 않는다.

```python
# 파라미터 θ의 초기값 준비
theta_0 = np.array([
    [np.nan, 1, 1, np.nan],  # 0 상, 우, 하, 좌
    [np.nan, 1, 1, 1],  # 1
    [np.nan, np.nan, np.nan, 1],  # 2
    [1, np.nan, 1, np.nan],  # 3
    [1, 1, np.nan, np.nan],  # 4
    [np.nan, np.nan, 1, 1],  # 5
    [1, 1, np.nan, np.nan],  # 6
    [np.nan, np.nan, np.nan, 1]])  # 7
```

4-2-6 파라미터 θ의 정책으로 변환

파라미터 θ를 정책으로 변환하는 경우 정책 경사법에서는 '소프트맥스 함수(자세한 내용은
3장 참고)'를 이용한다. 소프트맥스 함수는 여러 값의 합계가 1이 되도록 해당 값들을 0~1
사이의 실수값으로 변경한다.

```
[np.nan, 1, 1, np.nan] → [0, 0.5, 0.5, 0]
```

이 함수는 딥 러닝의 분류 출력 레이어에서도 이용된다. 단순 나눗셈과 비교해 파라미터 θ
가 음의 값이라 하더라도 계산할 수 있다는 이점이 있다.

소프트맥스 함수의 수식은 다음과 같다.

$$\text{소프트맥스 함수} = \frac{exp(\theta_i)}{\sum_{j=1}^{n} exp(\theta_j)}$$

θ : 어떤 상태에서 어떤 행동을 취할 확률 리스트   n: 행동 수
θ : 어떤 상태에서 어떤 행동을 취할 확률   exp(): ex를 반환하는 함수(e는 네이피어 수)

예제 코드로 기술하면 다음과 같다.

```python
# 파라미터 θ를 정책으로 변환
def get_pi(theta):
    # 소프트맥스 함수로 변환
    [m, n] = theta.shape
    pi = np.zeros((m, n))
    exp_theta = np.exp(theta)

    for i in range(0, m):
        pi[i, :] = exp_theta[i, :] / np.nansum(exp_theta[i, :])

    pi = np.nan_to_num(pi)
    return pi
```

4-2-7 파라미터 θ의 초기값을 정책으로 변환

파라미터 θ의 초기값을 정책으로 변환하면 다음과 같다. 한 열의 합이 1인 것을 알 수 있다.

```python
# 파라미터 θ의 초기값을 정책으로 변환
pi_0 = get_pi(theta_0)
print(pi_0)
```
```
[[0.         0.5        0.5        0.        ]
 [0.         0.33333333 0.33333333 0.33333333]
 [0.         0.         0.         1.        ]
 [0.5        0.         0.5        0.        ]
 [0.5        0.5        0.         0.        ]
 [0.         0.         0.5        0.5       ]
 [0.5        0.5        0.         0.        ]
 [0.         0.         0.         1.        ]]
```

4-2-8 정책에 따라 행동 얻기

정책에 따라 행동(0: 상, 1: 우, 2: 하, 3: 좌)을 얻는 함수를 생성한다. np.random.choice()는 인수 p의 확률 분포에 따라 배열의 엘리먼트를 무작위로 반환하는 함수다. 값이 [0, 1, 2, 3]이고, p가 [0., 0.5, 0.5, 0.]인 경우에는 50% 확률로 1 또는 2를 반환한다.

이번에는 p에 임의 상태의 정책, 즉 임의의 매스에서의 확률 분포를 지정한다.

```python
# 정책에 따라 행동 얻기
def get_a(pi, s):
```

```
# 정책의 확률에 따라 행동 반환
return np.random.choice([0, 1, 2, 3], p=pi[s])
```

4-2-9 행동에 따라 다음 상태 얻기

행동에 따라 다음 상태를 얻는 함수를 생성한다. 3×3 사이즈의 미로이므로 좌우 이동은
±1, 상하 이동은 ±3으로 한다(그림 4-2-2 참고).

```
# 행동에 따라 다음 상태 얻기
def get_s_next(s, a):
    if a == 0: # 상
        return s - 3
    elif a == 1: # 우
        return s + 1
    elif a == 2: # 하
        return s + 3
    elif a == 3: # 좌
        return s - 1
```

4-2-10 1 에피소드 실행

1 에피소드를 실행하고 이력을 얻는다. 이력은 [상태, 행동]의 리스트다.

```
# 1 에피소드 실행 후 이력 취득
def play(pi):
    s = 0 # 상태
    s_a_history = [[0, np.nan]] # 상태와 행동 이력

    # 에피소드 종료 시까지 반복
    while True:
        # 정책에 따라 행동 얻기
        a = get_a(pi, s)

        # 행동에 따라 다음 상태 얻기
        s_next = get_s_next(s, a)

        # 이력 갱신
        s_a_history[-1][1] = a
        s_a_history.append([s_next, np.nan])
```

```
        # 종료 판정
        if s_next == 8:
            break
        else:
            s = s_next

    return s_a_history
```

4-2-11 1 에피소드 실행 및 이력 확인

1 에피소드 실행 결과를 확인한다. 골인 지점까지 어떤 경로로 얼마만큼의 스텝이 걸렸는지
알 수 있다. 실행하는 동안 경로는 계속 변한다.

```
# 1 에피소드 실행 및 이력 확인
s_a_history = play(pi_0)
print(s_a_history)
print('1 에피소드의 스텝 수: {}'.format(len(s_a_history)+1))
```

```
[[0, 2], [3, 0], [0, 1], [1, 2], [4, 0], [1, 2], [4, 1], [5, 3], [4, 1], [5, 2], [8, nan]]
1 에피소드의 스텝 수: 12
```

4-2-12 파라미터 θ 갱신

정책은 현재 상태에 맞춰 다음 행동을 결정하는 전략이다. 정책 경사법에서 정책을 갱신하
려면 정책 가중치 파라미터인 파라미터 θ를 직접 갱신한다.

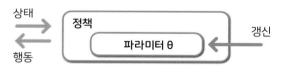

그림 4-2-3 **정책 경사법에서의 정책 갱신**

정책 경사법에서 파라미터 θ의 변경식은 다음과 같다. 파라미터 θ에 학습 관계와 파라미
터 θ의 변화량 값을 곱한 뒤 더한다. '학습률'이란 1회 학습으로 갱신된 크기다.

$$\theta(s, a) \leftarrow \theta(s, a) + \eta \times \underbrace{\frac{N(s, a) - P(s, a) \times N(s)}{T}}_{\text{파라미터 } \theta \text{의 변경량}}$$

θ (s, a): 상태 s에서 행동 a를 선택하는 파라미터 θ
p(s, a): 상태 s에서 행동 a를 선택하는 정책
η : 학습률(1회 학습에서의 갱신 크기)

N(s): 상태 s에서 무엇인가 행동을 선택한 횟수
N(s, a): 상태 s에서 행동 a를 선택한 횟수
T: 골인 지점까지 걸린 총 횟수

예제 코드로 작성하면 다음과 같다.

```python
# 파라미터 θ 갱신
def update_theta(theta, pi, s_a_history):
    eta = 0.1 # 학습 계수
    total = len(s_a_history) - 1 # 골인 지점까지 걸린 총 스텝 수
    [s_count, a_count] = theta.shape # 상태 수, 행동

    # 파라미터 θ의 변화량 계산
    delta_theta = theta.copy()
    for i in range(0, s_count):
        for j in range(0, a_count):
            if not(np.isnan(theta[i, j])):
                # 상태 s에서 행동 a를 선택한 횟수
                sa_ij = [sa for sa in s_a_history if sa == [i, j]]
                n_ij = len(sa_ij)

                # 상태 s에서 무엇인가 행동을 선택한 횟수
                sa_i = [sa for sa in s_a_history if sa[0] == i]
                n_i = len(sa_i)

                # 파라미터 θ의 변화량
                delta_theta[i, j] = (n_ij - pi[i, j] * n_i) / total

    # 파라미터 θ 갱신
    return theta + eta * delta_theta
```

4-2-13 에피소드를 반복해서 실행하며 학습하기

에피소드를 반복해서 실행하며 학습한다. 이번에는 정책의 변화량이 임곗값 이하가 되면
종료한다.

```python
stop_epsilon = 10 ** -4 # 역치
theta = theta_0 # 파라미터 θ
pi = pi_0 # 정책

# 에피소드를 반복해서 실행하며 학습
for episode in range(10000):
    # 1 에피소드 실행 후 이력 얻기
    s_a_history = play(pi)

    # 파라미터 θ 갱신
    theta = update_theta(theta, pi, s_a_history)

    # 정책 갱신
    pi_new = get_pi(theta)

    # 정책 변화량
    pi_delta = np.sum(np.abs(pi_new-pi))
    pi = pi_new

    # 출력
    print('에피소드: {}, 스텝: {}, 정책 변화량: {:.4f}'.format(
        episode, len(s_a_history) - 1, pi_delta))

    # 완료 판정
    if pi_delta < stop_epsilon: # 정책 변화량이 임곗값 이하
        break
```

4-2-14 학습 실행 결과

학습을 시작하면 다음과 같은 로그가 표시된다. 골인 지점까지 가장 짧은 스텝 수인 4에 조금씩 가까워진다.

```
에피소드: 0, 스텝: 8, 정책 변화량: 0.0250
에피소드: 1, 스텝: 30, 정책 변화량: 0.0090
에피소드: 2, 스텝: 64, 정책 변화량: 0.0091
에피소드: 3, 스텝: 12, 정책 변화량: 0.0136
    (생략)
에피소드: 231, 스텝: 4, 정책 변화량: 0.0011
에피소드: 232, 스텝: 4, 정책 변화량: 0.0011
에피소드: 233, 스텝: 4, 정책 변화량: 0.0010
에피소드: 234, 스텝: 4, 정책 변화량: 0.0010
```

주 사용된다. 할인 보상 합계의 계산식은 다음과 같다.

$$\text{할인 보상 합계} = R_{t+1} + \gamma \times R_{t+2} + \gamma^2 \times R_{t+3} + \ldots$$

R_{t+1}: 즉시 보상 R_{t+2}: 다음 스텝의 즉시 보상 R_{t+3}: 다다음 스텝의 즉시 보상 γ: 시간할인율(0~1)

4-3-3 행동 가치 함수와 상태 가치 함수

수익은 아직 발생하지 않은, 미래에 일어날 가능성이 있는 일을 포함한 확정되지 않은 값이기 때문에 에이전트의 상태와 정책을 고정한 뒤 조건부로 수익을 계산한다. 이를 '가치'라고 부른다. 가치가 크게 되는 조건을 찾아내면 학습이 되었다고 간주한다.

이 가치를 계산하는 함수에는 '행동 가치 함수'와 '상태 가치 함수'가 있다.

그러면 미로 게임의 예시에서 행동 가치 함수와 상태 가치 함수의 가치 계산 방법을 설명하겠다. 매스 0이 시작, 매스 8이 목표이며, 골인 지점에 다다랐을 때 보상 1을 받도록 설정한다.

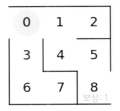

그림 4-3-2 **미로 게임의 예**

■ 행동 가치 함수

행동 가치 함수action value function란 특정한 상태에서 특정한 행동을 선택하는 가치를 계산하는 함수다. 행동 가치 함수는 기호 Q로 표시하므로 'Q 함수'라 부른다. 또한, Q 학습의 행동 가치 함수만을 Q 함수라고 부르는 것은 아니다.

에이전트가 매스 5에 있다고 가정해 본다. 행동 '하(아래)'를 선택하면 골인 지점에 도착하고 보상 1을 받을 수 있을 때 이를 식으로 표현하면 다음과 같다.

$$Q(s\text{=}5,\ a\text{=}하) = R_{t+1} = 1$$

에이전트가 매스 5에 있다고 가정해 본다. 이번에는 행동 '좌(왼쪽)'를 선택하면, 매스 4로 이동해 골인 지점에서 멀어진다. 여기에서 골인 지점에 도착하기 위해서는 '5→4→5→8'과 같이 2개의 스텝을 밟기 위한 시간이 필요하다. 때문에 '시간 할인율'에 따라 보상이 할인된다. 이를 수식으로 표현하면 다음과 같다.

$$Q(s\text{=}5,\ a\text{=}좌) = \gamma^2 \times 1$$

Q(s, a): 행동 가치 함수
γ: 시간 할인율(0~1)

에이전트가 매스 4에 있다고 가정해 본다. 이 위치에서 골인 지점에 이르기 위해서는 '4→5→8'로 이동해야 한다. 이를 수식으로 표현하면 다음과 같다.

$$Q(s\text{=}4,\ a\text{=}우) = R_{t+1} + \gamma \times Q(s\text{=}5,\ a\text{=}하)$$
$$= 0 + \gamma \times 1$$
$$= \gamma$$

Q(s, a): 행동 가치 함수   R_{t+1}: 즉시 보상 γ: 시간 할인율(0~1)

■ 상태 가치 함수

상태 가치 함수state value function는 특정 상태의 가치를 계산하는 함수다. 상태 가치 함수는 기호 V로 표현한다.

에이전트가 매스 5에 있다고 가정해 본다. 행동 '하(아래)'를 선택하면 골인 지점에 도착하고 보상 1을 받을 수 있다. 이를 식으로 표현하면 다음과 같다.

$$V(s=5) = R_{t+1} = 1$$

V(s): 상태 가치 함수
R...: 즉시 보상

에이전트가 매스 4에 있다고 가정해 본다. 이 위치에서 골인 지점에 이르기 위해서는 '4→5→8'로 이동해야 한다. 이를 수식으로 표현하면 다음과 같다.

$$V(s=4) = R_{t+1} + \gamma \times V(s=5)$$
$$= 0 + \gamma \times 1$$
$$= \gamma$$

V(s): 상태 가치 함수 R_{t+1}: 즉시 보상   γ: 시간 할인율(0~1)

4-3-4 벨만 방정식과 마르코프 결정 과정

앞서 설명한 행동 가치 함수와 상태 가치 함수의 수식을 일반적인 형태로 바꾸어 쓰면 다음과 같다. 이를 **벨만 방정식**Bellman equation이라고 부른다.

$$Q(s_t, a_t) = R_{t+1} + \gamma \times Q(s_{t+1}, a_{t+1})$$

즉시 보상   다음 스텝의 행동 가치 함수

Q(s_t, a_t): 행동 가치 함수 R_{t+1}: 즉시 보상   γ: 시간 할인율(0~1)
Q(s_{t+1}, a_{t+1}): 다음 스텝의 행동 가치 함수

$$V(s_t) = R_{t+1} + \gamma \times V(s_{t+1})$$

즉시 보상   다음 스텝의 행동 가치 함수

V(s_t): 상태 가치 함수 R_{t+1}: 즉시 보상   γ: 시간 할인율(0~1)
V(s_{t+1}): 다음 스텝의 상태 가치 함수

이 벨만 방정식이 성립하기 위해서는 환경이 **마르코프 결정 과정**_{Markov Decision Process}을 따라야만 한다. 마르코프 결정 과정은 다음 상태가 현재 상태에서 선택한 행동에 따라 확정되는 시스템을 의미한다. 현재 상태가 아닌 과거 상태 등에 의해 다음 상태가 결정되는 환경은 마르코프 결정 과정을 따르는 환경이라 할 수 없다.

벨만 방정식으로부터 행동 가치 함수를 학습하는 방법으로 Sarsa, Q 학습 등이 있다. 상태 가치 함수로는 'Dueling Network', A2C_{Advantage Actor Critic} 등의 학습 알고리즘을 사용하기도 하나 이 책에서는 다루지 않는다.

4-3-5 가치 반복법 학습 순서

가치 반복법 학습 순서는 다음과 같다. 학습을 하면서 행동 가치 함수가 최적화된다.

① 랜덤 행동 준비
② 행동 가치 함수 준비
③ 행동에 따라 다음 상태 얻기
④ 랜덤 또는 행동 가치 함수에 따라 행동 얻기
⑤ 행동 가치 함수 갱신
⑥ 골인 지점에 이를 때까지 ③~⑤단계 반복
⑦ 에피소드 ③~⑥을 반복하며 학습

행동 가치 함수가 충분히 학습되지 않은 상황에서 행동 가치 함수만으로 행동을 계속 선택하게 되면 아직 발견하지 못한 더 좋은 선택을 간과하게 될 가능성이 있다. 때문에 확률 ε (0 이상 1 이하의 실수)에 따라 무작위로 행동을 선택하고, 확률 $(1-\varepsilon)$으로 행동 가치 함수에 따른 행동을 선택한다.

이는 4-1 '다중 슬롯머신 문제'에서 설명한 ε-greedy 방법이다.

4-3-6 패키지 임포트

Sarsa와 Q 학습에 필요한 패키지를 임포트한다.

```
# 패키지 임포트
import numpy as np
```

```
import matplotlib.pyplot as plt
%matplotlib inline
from matplotlib import animation
from IPython.display import HTML
```

4-3-7 미로 생성

그래프 표시 라이브러리 matplotlib을 사용해서 미로를 생성한다. 앞 절 4-2 '정책 경사법을
활용한 미로 게임'과 같으므로 앞 절의 내용을 참고해 생성한다.

4-3-8 랜덤 행동 준비

랜덤한 행동은 정책 경사법과 같이 파라미터 θ, 정책을 생성하고, np.random.choice()로
분산을 추가해 생성한다. 단 정책 경사법과 달리 파라미터 θ, 정책은 갱신하지 않는다.

파라미터 θ는 앞 절 4-2 '정책 경사법을 활용한 미로 게임'과 같다. 코드로 다시 표시했다.

```
# 파라미터 θ의 초기값 준비
theta_0 = np.array([
    [np.nan, 1, 1, np.nan], # 0 상, 우, 하, 좌
    [np.nan, 1, 1, 1], # 1
    [np.nan, np.nan, np.nan, 1], # 2
    [1, np.nan, 1, np.nan], # 3
    [1, 1, np.nan, np.nan], # 4
    [np.nan, np.nan, 1, 1], # 5
    [1, 1, np.nan, np.nan], # 6
    [np.nan, np.nan, np.nan, 1]]) # 7
```

파라미터 θ를 정책으로 변환할 때는 간단한 비율 계산을 이용한다.

```
# 파라미터 θ를 정책으로 변환
def get_pi(theta):
    # 비율 계산
    [m, n] = theta.shape
    pi = np.zeros((m, n))
    for i in range(0, m):
        pi[i, :] = theta[i, :] / np.nansum(theta[i, :])
    pi = np.nan_to_num(pi)
    return pi
```

파라미터 θ의 초기값을 정책으로 변환하면 다음과 같다. 열의 합계가 1이 되는 것을 알 수 있다.

```
# 파라미터 θ의 초기값을 정책으로 변환
pi_0 = get_pi(theta_0)
print(pi_0)
```
```
[[0.         0.5        0.5        0.        ]
 [0.         0.33333333 0.33333333 0.33333333]
 [0.         0.         0.         1.        ]
 [0.5        0.         0.5        0.        ]
 [0.5        0.5        0.         0.        ]
 [0.         0.         0.5        0.5       ]
 [0.5        0.5        0.         0.        ]
 [0.         0.         0.         1.        ]]
```

4-3-9 행동에 따라 다음 상태 얻기

행동에 따라 다음 상태를 얻는 함수를 생성한다. 앞 절 4-2 '정책 경사법을 활용한 미로 게임'과 같다. 코드를 다시 한 번 표시한다.

```
# 행동에 따라 다음 상태 얻기
def get_s_next(s, a):
    if a == 0: # 상
        return s - 3
    elif a == 1: # 우
        return s + 1
    elif a == 2: # 하
        return s + 3
    elif a == 3: # 좌
        return s - 1
```

4-3-10 행동 가치 함수 준비

행동 가치 함수를 표현식으로 준비한다.

학습 전에는 올바른 행동 가치 함수를 알 수 없으므로 이동 가능한 방향은 난수, 이동 불가능한 방향은 'np.nan(NumPy의 결손값)'으로 초기화한다.

```
# 행동 가치 함수 준비
[a, b] = theta_0.shape
Q = np.random.rand(a, b) * theta_0
print(Q)
```

```
[[       nan 0.62894161 0.17308121        nan]
 [       nan 0.01936317 0.24624442 0.11912146]
 [       nan        nan        nan 0.52141046]
 [0.16758151        nan 0.7321738        nan]
 [0.27289507 0.12055825        nan        nan]
 [       nan        nan 0.42618293 0.44361263]
 [0.16963907 0.41512473        nan        nan]
 [       nan        nan        nan 0.93301584]]
```

4-3-11 랜덤 또는 행동 가치 함수에 따라 행동 얻기

확률 ε(0 이상 1 이하의 실수)으로 랜덤하게 행동을 선택하고, 확률 $(1-\varepsilon)$에 따라 행동 가치 함수에서의 행동을 선택한다.

nanargmax()는 np.nan 이외의 최댓값을 얻는 함수다. 이를 활용해 행동 가치 함수에서 기대값이 높은 행동을 선택해 간다.

```
# 랜덤 또는 행동 가치 함수에 따라 행동 얻기
def get_a(s, Q, epsilon, pi_0):
    if np.random.rand() < epsilon:
        # 랜덤으로 행동 선택
        return np.random.choice([0, 1, 2, 3], p = pi_0[s]))
    else:
        # 행동 가치 함수로 행동 선택
        return np.nanargmax(Q[s])
```

4-3-12 Sarsa를 통한 행동 가치 함수 갱신

정책은 현재 상태에 따라 다음 행동을 결정하는 전략이다. Sarsa의 정책은 확률 ε(0 이상 1 이하의 실수)으로 랜덤하게 행동을 선택하고, 확률 $(1-\varepsilon)$으로 행동 가치 함수에 따라 행동을 선택한다.

행동 가치 함수를 업데이트함으로써 Sarsa의 정책을 갱신한다.

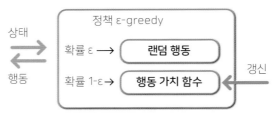

정책 ε-greedy

상태 → 확률 ε → 랜덤 행동

행동 ← 확률 1-ε → 행동 가치 함수 ← 갱신

그림 4-3-3 Sarsa에서의 정책 갱신

Sarsa에서 행동 가치 함수를 갱신하는 계산식은 다음과 같다. 파라미터 θ에 학습률과 TD 오차를 곱해서 그 값을 더한다.

$$Q(s_t, a_t) \leftarrow Q(s_t, a_t) + \eta \times (R_{t+1} + \gamma \times Q(s_{t+1}, a_{t+1}) - Q(s_t, a_t))$$

TD 오차

Q(s., a.): 행동 가치 함수 η: 학습률(1회 학습에서의 갱신 크기)   R..: 즉시 보상
γ: 시간 할인율(0~1)   Q(s..., a...): 다음 스텝의 행동 가치 함수

TDTemporal Difference 오차란 행동 전의 평갓값과 행동 후의 평갓값의 차이를 의미한다. 최적화를 통해 TD 오차를 0에 가깝게 줄임으로써 행동 전과 행동 후의 평갓값이 일치하게 되면 행동에 대한 보상을 정확하게 예측할 수 있다. 이 정확한 예측을 기반으로 가장 큰 보상을 받을 수 있는 행동을 선택함으로써 가장 큰 수입이 기대되는 일련의 행동을 할 수 있다.

'학습 계수'는 1회의 학습으로 갱신하는 크기이며, '시간 할인율'은 미래 보상의 할인율이다.

예제 코드로 기술하면 다음과 같다. 골인 지점에서는 다음 스텝이 존재하지 않으므로 두 가지 식으로 나누어진다.

```python
# Sarsa에 따른 행동 가치 함수 갱신
def sarsa(s, a, r, s_next, a_next, Q):
    eta = 0.1 # 학습 계수
    gamma = 0.9 # 시간 할인율

    if s_next == 8:
        Q[s, a] = Q[s, a] + eta * (r - Q[s, a])
    else:
```

```
            Q[s, a] = Q[s, a] + eta * (r + gamma * Q[s_next, a_next] - Q[s, a])
    return Q
```

4-3-13 Q 학습을 통한 행동 가치 함수 갱신

Q 학습에서의 정책은 행동 가치 함수 갱신을 위해 사용하는 계산식을 제외하고는 Sarsa와
같다. Q 학습의 행동 가치 함수 갱신에서 사용하는 계산식은 다음과 같다.

$$Q(s_t,\ a_t) \leftarrow Q(s_t,\ a_t) + \eta \times (\underbrace{R_{t+1} + \gamma \times Q(s_{t+1},\ a_{t+1}) - Q(s_t,\ a_t)}_{\text{TD 오차}})$$

Q(s_t, a_t): 행동 가치 함수   η: 학습 계수(학습 1회에서의 갱신 크기)   R_{t+1}: 즉시 보상
γ: 시간 할인율(0~1)   Q(s_{t+1}, a_{t+1}): 다음 스텝에서 최대 가치의 행동을 선택했을 때의 행동 가치 함수

Sarsa는 행동 가치 함수를 갱신할 때 '다음 스텝의 행동'을 사용하며, 다음 스텝의 행동을
계산할 때 ε-greedy에 따른 무작위성을 포함한다. Q 학습에서는 행동 가치 함수를 갱신할
때, '다음 스텝의 최대 가치 행동'을 선택하는데 ε-greedy에 따른 무작위성을 포함하지 않
는다. 때문에 Sarsa와 비교해서 Q 학습 쪽이 빠르게 수렴하지만, 국소적인 정답에 갇히기
쉽다.

예제 코드로 기술하면 다음과 같다. Q 학습 역시 골인 지점에서는 다음 스텝이 존재하지
않으므로 두 가지 식으로 나누어진다.

```
# Q 학습에 따른 행동 가치 함수 갱신
def q_learning(s, a, r, s_next, a_next, Q):
    eta = 0.1 # 학습 계수
    gamma = 0.9 # 시간 할인율

    if s_next == 8:
        Q[s, a] = Q[s, a] + eta * (r - Q[s, a])
    else:
        Q[s, a] = Q[s, a] + eta * (r + gamma * np.nanmax(Q[s_next, :]) - Q[s, a])
    return Q
```

4-3-14 1 에피소드 실행

1 에피소드를 실행해서 이력과 행동 가치 함수를 얻는다. 이력은 [상태, 행동] 리스트다. Sarsa가 아니라 Q 학습으로 실행하고자 하는 경우에는 sarsa()를 q_learning()으로 변경한다.

```python
# 1 에피소드 실행
def play(Q, epsilon, pi):
    s = 0 # 상태
    a = a_next = get_a(s, Q, epsilon, pi) # 행동 초깃값
    s_a_history = [[0, np.nan]] # 상태와 행동 이력

    # 에피소드 완료 시까지 반복
    while True:
        # 행동에 따른 다음 상태 얻기
        a = a_next
        s_next = get_s_next(s, a)

        # 이력 갱신
        s_a_history[-1][1] = a
        s_a_history.append([s_next, np.nan])

        # 종료 판정
        if s_next == 8:
            r = 1
            a_next = np.nan
        else:
            r = 0
            # 행동 가치 함수 Q에 따라 행동 얻기
            a_next = get_a(s_next, Q, epsilon, pi)

        # 행동 가치 함수 갱신(Q 학습 시에는 q_learning()으로 변경)
        Q = sarsa(s, a, r, s_next, a_next, Q)
        # Q = q_learning(s, a, r, s_next, a_next, Q)

        # 종료 판정
        if s_next == 8:
            break
        else:
            s = s_next

    # 이력과 행동 가치 함수 반환
    return [s_a_history, Q]
```

4-3-15 에피소드 반복 실행을 통한 학습

에피소드를 반복해서 실행하며 학습한다. 이번에는 10회의 에피소드를 실행한 뒤 종료한다.

■ ε-greedy 값을 조금씩 줄이기

ε-greedy의 초기값은 0.5이며, 에피소드가 진행될 때마다 'epsilon = epsilon / 2'로 점점 줄여간다.

```
epsilon = 0.5   # ε-greedy에서의 ε의 초기값

# 에피소드를 반복해서 실행하며 학습
for episode in range(10):
    # ε-greedy 값을 점점 감소시킴
    epsilon = epsilon / 2

    # 1 에피소드를 실행해 이력과 행동 가치 함수 얻기
    [s_a_history, Q] = play(Q, epsilon, pi_0)

    # 출력
    print('에피소드: {}, 스텝: {}'.format(
        episode, len(s_a_history)-1))
```

4-3-16 학습 실행 결과

학습을 시작하면 다음과 같은 로그가 표시된다. 목표까지의 최단 스텝 수인 4에 조금씩 가까워진다.

```
에피소드: 0, 스텝: 44
    (생략)
에피소드: 3, 스텝: 1,066
에피소드: 4, 스텝: 10
    (생략)
에피소드: 8, 스텝: 4
에피소드: 9, 스텝: 4
```

위에서는 학습 상황을 문자열로 출력했지만, 그래프로 출력하면 다음과 같다.

짙은 빨강색일수록 최단 경로의 행동을 선택하는 가치가 높음을 의미한다. 가치의 경우 최초에는 매스 8 주변에만 있지만, 학습이 진행됨에 따라 출발 지점으로 향하는 경로의 가치가 높아지는 것을 알 수 있다. 매스 8에서는 아무런 행동을 하지 않으므로 하얀 색이 유지된다.

이번 예제에서는 Sarsa와 Q 학습이 거의 비슷한 진행을 보임을 알 수 있다.

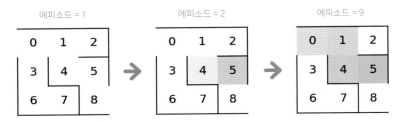

그림 4-3-4 **학습 상태를 그래프로 표시**

4-3-17 애니메이션 표시

마지막으로 이력을 기반으로 애니메이션 표시를 수행한다. 이 역시, 앞 절 4-2 '정책 경사법을 활용한 미로 게임'과 같은 형태다.

```
# 애니메이션 정기 처리 수행 함수
def animate(i):
    state = s_a_history[i][0]
    circle.set_data((state % 3) + 0.5, 2.5 - int(state / 3))
    return circle

# 애니메이션 표시
anim = animation.FuncAnimation(fig, animate,
        frames=len(s_a_history), interval=200, repeat=False)
HTML(anim.to_jshtml())
```

4-4 DQN을 활용한 카트-폴

알파제로가 다루는 바둑, 체스, 장기는 매우 복잡한 환경을 다루는 게임이다. 이와 같은 환경에서 강화 학습을 사용하기 위해서는 보다 효율적인 방법이 필요하며, 이 절에서는 그중 하나인 'DQN'을 설명한다.

4-4-1 DQN을 활용한 카트-폴

DQN Deep Q-Network은 3장에서 소개한 딥 러닝, 앞 절에서 소개한 Q 학습을 조합한 방법으로 '심층 강화 학습' 알고리즘의 하나다.

Q 학습에서는 행동 가치 함수(Q 함수)를 테이블 형식으로 표현했지만, 상태의 종류가 증가하면 테이블 행 수도 크게 증가한다. 예를 들어, 100×100픽셀의 이미지를 상태로 한다면 테이블 형식으로 표현할 경우 10,000행의 상태를 가지게 된다. 상태 수가 많은 테이블 형식을 확실하게 학습하기 위해서는 매우 많은 학습이 필요하며, 현실적으로도 불가능하다.

이러한 이유로 행동 평가 함수를 '테이블 형식'이 아니 '뉴럴 네트워크'로 표현하는 방법을 고안하게 되었는데, 이를 'DQN'이라고 한다. 구체적으로는 입력은 '상태', 출력은 '행동'이 되는 뉴럴 네트워크로 특정한 상태에서 특정한 행동을 선택할 확률을 추론한다.

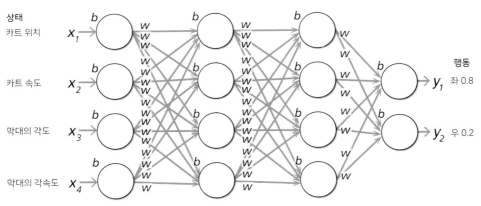

그림 4-4-1 **카트-폴에서의 상태와 출력을 표현하는 뉴럴 네트워크**

DQN에 관한 자세한 내용은 미국 코넬 대학 도서관에서 제공하는 아카이브나 과학 잡지인 《Nature》의 기사를 참고하도록 한다.

> 'DQN' 논문
> 〈Playing Atari with Deep Reinforcement Learning〉
> https://arxiv.org/abs/1312.5602
> <Human-level control through deep reinforcement learning>
> https://www.nature.com/articles/nature14236

이번에는 DQN으로 'OpenAI Gym' 환경의 하나인 카트-폴을 공략한다. OpenAI Gym은 비영리단체인 'OpenAI'가 제공하는 강화 학습 툴킷이다.

OpenAI에서는 강화 학습 시뮬레이션에 이용할 수 있는 다양한 환경을 제공한다. '카트-폴'은 막대를 쓰러뜨리지 않고 균형을 잡는 게임이다.

Google Colab에는 OpenAI Gym도 기본적으로 설치되어 있으므로 곧바로 사용할 수 있다.

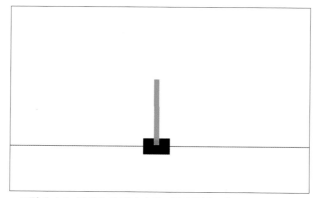

그림 4-4-2 막대가 쓰러지지 않도록 균형을 잡는 카트-폴 게임

DQN을 활용한 카트-폴에서의 강화 학습 요소는 다음과 같다.

표 4-4-1 DQN을 활용한 카트-폴에서의 강화 학습 요소

강화 학습 요소	카트-폴
목적	막대가 쓰러지지 않도록 균형 잡기
에피소드	막대가 쓰러질 때까지
상태	카트의 위치 카트의 속도 막대의 각도 막대의 각속도
행동	카트를 왼쪽으로 이동 카트를 오른쪽으로 이동
보상	에피소드 완료 시 190 스텝 이상이면 +1
학습 방법	DQN
파라미터 갱신 간격	행동 1회마다

DQN을 활용한 카트-폴에서의 강화 학습 사이클은 다음과 같다.

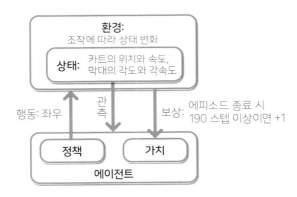

그림 4-4-3 DQN을 활용한 카트-폴에서의 강화 학습 사이클

OpenAI Gym에서는 강화 학습에서 이용할 수 있는 환경을 제공한다. 제공되는 환경에 관해서는 OpenAI Gym의 웹사이트를 참고하도록 한다.

> **OpenAI Gym - Environment**
> http://gym.openai.com/envs/#classic_control

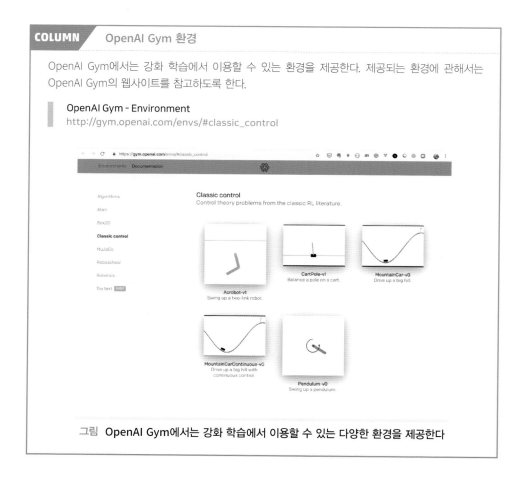

그림　**OpenAI Gym에서는 강화 학습에서 이용할 수 있는 다양한 환경을 제공한다**

4-4-2　뉴럴 네트워크 입력과 출력

DQN에서는 Q 학습의 행동 가치 함수를 테이블 형식이 아닌 뉴럴 네트워크로 표현한다.

테이블 형식을 사용했을 때의 행동 가치 함수는 Q 학습에서의 갱신 계산식을 통해 갱신했지만, 뉴럴 네트워크에서 사용할 때의 행동 가치 함수는 뉴럴 네트워크의 학습에 따라 갱신한다.

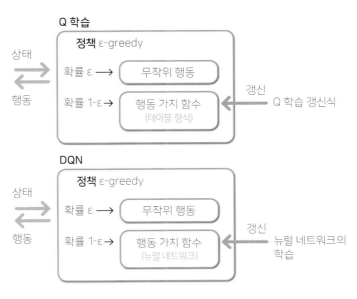

그림 4-4-4 **Q 학습과 DQN에서의 정책 갱신**

DQN에서의 뉴럴 네트워크 입력은 환경의 상태다. 카트-폴의 상태 수는 4이므로 입력 형태는 (4,)이다.

카트-폴에서의 상태

- 카트의 위치
- 카트의 속도
- 막대의 각도
- 막대의 가속도

입력의 예는 다음과 같다.

```
   카트의 위치      카트의 속도       막대의 각도       막대의 각속도
[0.02042962,     0,57895681,    -0.11439516,    -1.09839516]
```

DQN의 뉴럴 네트워크 출력은 행동별 가치다. 카트-폴에서의 행동 수는 2이므로 출력 형태는 (2,)가 된다.

- 카트를 왼쪽으로 이동한 가치
- 카트를 오른쪽으로 이동한 가치

출력의 예는 다음과 같다.

카트를 왼쪽으로 이동한 가치	카트를 오른쪽으로 이동한 가치
[0.0826246,	0.62835967]

이 뉴럴 네트워크를 학습함에 따라 특정한 상태에서 특정한 행동을 선택할 때의 가치를 추론할 수 있게 된다.

4-4-3 DQN의 4가지 기반 기술

DQN은 Q 학습에서의 행동 가치 함수를 단순히 뉴럴 네트워크로 변경한 것만이 아니라, 안정된 학습을 위해 다음의 4가지 기반 기술을 포함한다.

■ Experience Replay

Q 학습에서는 경험(상태, 행동, 보상, 다음 상태)을 순서를 따라 학습했다. 이 방법으로는 시간적으로 상관 관계가 높은 내용을 연속해서 학습하게 되므로 학습이 안정되지 못하는 경향이 나타난다.

DQN에서는 기억에 경험을 많이 저장한 뒤, 나중에 무작위로 학습한다. 이를 'Experience Replay'라고 한다.

■ Fixed Target Q-Network

Q 학습은 행동 가치 함수 자체를 이용해 행동 가치 함수를 갱신했다. 즉, 갱신 중인 뉴럴 네트워크를 사용해서 해당 뉴럴 네트워크 갱신을 위한 계산을 하게 됨에 따라 학습이 안정되지 않는 경향이 나타난다.

DQN에서는 갱신량만을 계산하는 별도의 뉴럴 네트워크를 사용해서 이 문제를 해결했다. 이를 'Fixed Target Q-Network'라고 부른다.

갱신 대상이 되는 뉴럴 네트워크를 **메인 네트워크**main-network, 갱신량을 계산하기 위한 뉴럴 네트워크를 **대상 네트워크**target-network라고 부른다. 대상 네트워크는 과거의 메인 네트워크로, 일정 간격(여기서는 에피소드마다)으로 메인 네트워크의 가중치를 대상 네트워크에 덮어쓰면서 갱신한다.

Reward Clipping

환경으로부터 얻는 보상은 환경에 따라 그 스케일이 다르다. 예를 들어, Atari 게임의 **퐁**Pong[6]에서는 점수를 한 번 얻을 때마다 1점, **스페이스 인베이더**Space Invaders[7]에서는 적을 물리칠 때마다 10~30점을 얻는다.

DQN에서는 이를 보완하기 위해 모든 환경에서의 보상 스케일을 -1, 0, 1로 고정한다. 이를 'Reward Clipping'이라고 부른다. 이를 통해 환경에 관계없이 동일한 하이퍼 파라미터를 사용해 학습을 수행할 수 있다.

Huber Loss

뉴럴 네트워크 오차가 큰 경우에는 오차 함수로 평균 제곱 오차를 사용하면 출력이 너무 커져 학습이 안정되지 못하는 경향이 나타난다. DQN에서는 오차가 큰 경우에도 값이 안정되도록 **휴버 함수**huber loss를 사용한다.

4-4-4 패키지 임포트

DQN에 필요한 패키지를 임포트한다.

```
# 패키지 임포트
import gym
import numpy as np
from keras.models import Sequential
from keras.layers import Dense
from keras.optimizers import Adam
from collections import deque
from tensorflow.losses import huber_loss
```

---

6 옮긴이 https://en.wikipedia.org/wiki/Pong
7 옮긴이 https://en.wikipedia.org/wiki/Space_Invaders

4-4-5 파라미터 준비

파라미터를 준비한다.

'NUM_EPISODES'은 학습할 에피소드의 수, 'MAX_STEPS'는 1 에피소드 내의 최대 스텝 수, 'GAMMA'는 Q 학습 시의 시간 할인율이다.

'WARMUP'은 환경을 초기화할 때 조작을 하지 않는 스텝 수다. 이를 통해 게임 시작 초기 상태에 변동을 반영해 특정한 갱신 상황에 특화해서 학습이 진행되는 것을 방지한다.

'E_START'와 'E_STOP', 그리고 'E_DECAY_RATE'는 ε-greedy의 ε 초기값, 완료값, 감쇠율이다. 'MEMORY_SIZE'는 경험 메모리 사이즈, 'BATCH_SIZE'는 배치 사이즈다. 경험 메모리는 이후에 다시 설명한다.

```
# 파라미터 준비
NUM_EPISODES = 500 # 에피소드 수
MAX_STEPS = 200 # 최대 스텝 수
GAMMA = 0.99 # 시간 할인율
WARMUP = 10 # 초기화 시 조작하지 않는 스텝 수

# 검색 파라미터
E_START = 1.0 # ε 초기화
E_STOP = 0.01 # ε 최종값
E_DECAY_RATE = 0.001 # ε 감쇠율

# 메모리 파라미터
MEMORY_SIZE = 10000 # 경험 메모리 사이즈
BATCH_SIZE = 32 # 배치 사이즈
```

4-4-6 행동 평가 함수 정의

행동 평가 함수가 되는 뉴럴 네트워크 모델을 생성한다.

여기서는 '전결합 레이어'를 4개 겹친 모델을 사용한다. 입력 수는 '상태 수', 출력 수는 '행동 수'가 된다. 출력 레이어의 활성화 함수로는 'linear'를 지정한다. 이는 활성화 함수를 적용하지 않은 상태, 즉 선형 분리기가 된다. 오차 함수로는 'huber_loss'를 지정한다. 휴버 함수는 케라스에는 없는 텐서플로의 API다.

```
# 행동 평가 함수 정의
class QNetwork:
    # 초기화
    def __init__(self, state_size, action_size):
        # 모델 생성
        self.model = Sequential()
        self.model.add(Dense(16, activation='relu', input_dim=state_size))
        self.model.add(Dense(16, activation='relu'))
        self.model.add(Dense(16, activation='relu'))
        self.model.add(Dense(action_size, activation='linear'))

        # 모델 컴파일
        self.model.compile(loss=huber_loss, optimizer=Adam(lr=0.001))
```

4-4-7 경험 메모리 정의

'경험 메모리'는 과거의 경험(상태, 행동, 보상, 다음 상태)을 저장하는 메모리다.

매 스텝마다 add()로 경험을 추가하고, sample()로 배치 사이즈만큼의 경험을 랜덤으로 취득해서 뉴럴 네트워크의 학습을 수행한다.

경험 메모리의 경험은 deque에 저장된다. deque는 list()와 비슷한 데이터 타입이나, 인수 maxlen 이상의 엘리먼트를 추가하려는 경우 자동적으로 맨 처음에 위치한 엘리먼트부터 차례대로 삭제한다. 즉, 오래된 경험부터 차례대로 삭제된다.

```
# 경험 메모리 정의
class Memory():
    # 초기화
    def __init__(self, memory_size):
        self.buffer = deque(maxlen=memory_size)

    # 경험 추가
    def add(self, experience):
        self.buffer.append(experience)

    # 배치 사이즈만큼의 경험을 랜덤으로 얻음
    def sample(self, batch_size):
        idx = np.random.choice(np.arange(len(self.buffer)), size=batch_size,
replace=False)
        return [self.buffer[i] for i in idx]

    # 경험 메모리 사이즈
```

```
    def __len__(self):
        return len(self.buffer)
```

4-4-8 환경 생성

OpenAI Gym의 환경 'Env'는 gym.make()로 생성한다. 여기서는 카트-폴의 환경을 이용하므로 인수에 'CartPole-v0'를 지정한다.

Env는 다음 두 가지 멤버 변수를 가지고 있다. 'env.action_space.n'으로 행동 수, 'env.observation_space.shape[0]'으로 상태 수를 얻는다.

표 4-4-2 OpenAI Gym의 환경 Env의 멤버 변수

멤버 변수	타입	설명
action_space	Space	행동 공간
observation_space	Space	상태 공간

Env는 다음 5가지 메소드를 가지고 있다. 이후 학습 시 사용한다.

표 4-4-3 OpenAI Gym의 환경 Env의 메소드

메소드	설명
reset()	환경을 초기화. 초기 상태 반환
step(action) render(mode='human', close=False)	행동을 실행하고 경험(상태, 보상, 에피소드 완료, 정보)을 반환. 인수는 시각화 모드(표 4-4-4 참고)
close()	환경을 닫는다.
seed(seed=None)	난수 발생 시드 고정

표 4-4-4 step()의 인수 시각화 모드

시각화 모드	설명
human	디스플레이에 그리기(Google Colab에서는 사용 불가)
rgb_array	픽셀 이미지의 RGB
ansi	문자열

```
# 환경 생성
env = gym.make('CartPole-v0')
state_size = env.observation_space.shape[0] # 행동 수
action_size = env.action_space.n # 상태 수
```

4-4-9 메인 네트워크, 대상 네트워크 및 경험 메모리 생성

앞서 정의한 Q-Network과 Memory를 이용해 메인 네트워크와 대상 네트워크, 그리고 경험 메모리를 생성한다.

```
# 메인 네트워크 생성
main_qn = QNetwork(state_size, action_size)

# 대상 네트워크 생성
target_qn = QNetwork(state_size, action_size)

# 경험 메모리 생성
memory = Memory(MEMORY_SIZE)
```

4-4-10 학습 시작

준비를 마쳤으므로 학습을 시작한다.

■ 환경 초기화

에피소드 시작 시 환경을 초기화한다. 환경 초기화에는 Env의 reset()을 사용한다. 반환값 상태의 형태를 모델에 전달할 데이터 타입에 맞춰 '[4](상태 수) → [1, 4]([배치 크기, 상태 수])'로 변환한다.

■ 에피소드 수만큼 에피소드를 반복

에피소드 수만큼 에피소드를 반복한다.

■ 대상 네트워크 갱신

여기서는 에피소드마다 메인 네트워크의 가중치를 대상 네트워크에 덮어쓰는 처리를 수행한다. 가중치 덮어쓰기는 메인 네트워크 model의 get_weights()와 대상 네트워크 model의 set_weights()로 수행한다.

■ 1 에피소드의 루프

1 에피소드만큼 게임 종료까지의 처리를 수행한다. 자세한 내용은 뒤에서 설명한다.

■ 에피소드 완료 시 로그 표시

1 에피소드 완료 후 에피소드 번호, 스텝 수, ε의 로그를 표시한다. 그 후, 5회 연속 성공 (스텝 수가 190 이상인 경우를 성공이라 함)하면 학습 완료, 그렇지 않으면 다음 에피소드를 수행하기 위해 '환경 초기화'를 수행한다.

```
# 학습 시작

# 환경 초기화
state = env.reset()
state = np.reshape(state, [1, state_size])

# 에피소드 수만큼 에피소드 반복
total_step = 0 # 총 스텝 수
success_count = 0 # 성공 수
for episode in range(1, NUM_EPISODES+1):
    step = 0 # 스텝 수

    # 대상 네트워크 갱신
    target_qn.model.set_weights(main_qn.model.get_weights())

    # 1 에피소드 루프
    (생략, 4-4-11에서 자세하게 설명함)

    # 5회 연속 성공으로 학습 완료
    if success_count >= 5:
        break

    # 환경 초기화
    state = env.reset()
    state = np.reshape(state, [1, state_size])
```

4-4-11 1 에피소드 루프

1 에피소드만큼 게임 종료까지의 처리를 수행한다.

■ ε 감소

파라미터 E_STOP, E_START, E_DECAY_RATE에 맞추어 ε를 감소시킨다.

■ 무작위 또는 행동 가치 함수에 따라 행동 취득

ε 와 난수에 맞추어 랜덤으로 또는 행동 가치 함수에 따라 행동을 선택한다. 랜덤 행동은 'env.action_space.sample()', 행동 가치 함수에 따른 행동은 'np.argmax(main_qn.model. predict(state)[0])'으로 얻는다.

■ 행동에 맞춰 상태와 보상을 얻음

Env의 step()을 사용해 행동에 맞추어 상태와 에피소드 완료 여부를 얻는다.

카트-폴의 환경이 제공하는 보상(매번 스텝마다 1)도 취득할 수 있지만, 이번 샘플에서는 이를 사용하지 않고, 독자적인 보상(다음 에피소드 완료 시 보상)을 사용한다.

■ 에피소드 완료 시 처리

에피소드 완료 시 190 스텝 이상이면 보상 및 성공 횟수에 1을 더한다.

그리고 다음 상태에 '상태 없음(0만 있는 배열)'을 대입하고, 경험 메모리에 '경험'을 추가한다. 경험은 스텝 수가 'WARMUP' 이상인 경우에만 추가한다.

■ 에피소드 완료 불가 시 처리

에피소드가 완료되지 않는 경우, 즉 보통의 스텝 실행 시에는 보상으로 0을 지정한다. 그리고 경험 메모리에 '경험'을 추가한다. 이 경험 역시 스텝 수가 'WARMUP' 이상인 경우에만 추가한다.

성공한 경우(에피소드 완료 시 스텝 190 이상)는 보상 1, 그 이외는 보상 0이라는 경험을 축적하고, 이를 학습에 활용한다.

4-4-12 행동 가치 함수 갱신

경험 메모리 수가 배치 사이즈 이상인 경우, 행동 가치 함수인 메인 네트워크를 갱신한다.

① 뉴럴 네트워크 입력과 출력 준비

뉴럴 네트워크의 입력 'inputs'와 출력 'targets'를 준비한다. 뉴럴 네트워크의 입력은 '상태', 형태는 '(배치 사이즈, 4)', 출력은 '행동별 가치'이며, 형태는 '(배치 사이즈, 2)'다. 초기값은 모두 0이다.

② 배치 사이즈만큼 경험을 랜덤으로 취득

③ 뉴럴 네트워크의 입력과 출력 생성

얻어낸 경험으로부터 상태(state_b), 행동(action_b), 보상(reward_b), 다음 상태(next_state_b)를 1 세트씩 꺼낸다. 이 값을 사용해 뉴럴 네트워크의 입력 'inputs'와 출력 'outputs'의 내용을 생성한다.

경험값의 예는 다음과 같다.

```
상태(state_b)            [0.02042962, 0,57895681, -0.11439516, -1.09839516]
행동(action_b)                   1
보상(reward_b)                   0
다음 상태(next_state_b)  [0.03200876, 0.77538346, -0.13636306 -1.42466824]
```

● 입력에 상태 지정

inputs[i]에 'state_b'를 대입한다.

● 선택한 행동의 가치 계산

선택한 행동의 가치를 계산한다. 다음 행동이 존재하지 않는 경우에는 target에 'reward_b', 다음 행동이 존재하는 경우에는 target에 다음 식으로 계산한 가치를 대입한다. 이는 뉴럴 네트워크가 원래 출력하고자 하는 값이 된다.

$$Q(s_t, a_t) \leftarrow R_{t+1} + \gamma \times \max_a Q(s_{t+1}, a)$$

$Q(s_t, a_t)$: 행동 가치 함수 R_{t+1}: 즉시 보상 γ: 시간 할인율(0~1)
$\max_a Q(s_{t+1}, a_{t+1})$: 다음 스텝에서 최대 가치의 행동을 선택하는 경우 행동 가치 함수

● 출력에 행동별 가치 지정

targets[i]에 행동 가치 함수 메인 네트워크에서 추론한 '행동별 가치(학습 전의 추론 결과)'를 대입한다. 그리고 targets[i][action_b]에 앞서 계산한 선택한 행동의 가치를 대입한다.

④ 행동 가치 함수 갱신

생성한 뉴럴 네트워크의 입력과 출력을 사용해 행동 가치 함수 메인 네트워크를 학습시킨다.

4-4-13 에피소드 완료 시

에피소드 완료 시에는 에피소드 루프를 빠져나온다.

```python
# 1 에피소드 루프
for _ in range(1, MAX_STEPS+1):
    step += 1
    total_step += 1

    # ε를 감소시킴
    epsilon = E_STOP + (E_START - E_STOP) * np.exp(-E_DECAY_RATE * total_step)

    # 랜덤하게 생동 선택
    if epsilon > np.random.rand():
        action = env.action_space.sample()
    # 행동 가치 함수에 따른 행동 선택
    else:
        action = np.argmax(main_qn.model.predict(state)[0])

    # 행동에 맞추어 상태와 보상을 얻음
    next_state, _, done, _ = env.step(action)
    next_state = np.reshape(next_state, [1, state_size])

    # 에피소드 완료 시
    if done:
        # 보상 지정
        if step >= 190:
            success_count += 1
            reward = 1
        else:
            success_count = 0
            reward = 0

        # 다음 상태에 상태 없음을 대입
        next_state = np.zeros(state.shape)
```

```python
            # 경험 추가
            if step > WARMUP:
                memory.add((state, action, reward, next_state))
        # 에피소드 미완료 시
        else:
            # 보상 지정
            reward = 0

            # 경험 추가
            if step > WARMUP:
                memory.add((state, action, reward, next_state))

            # 상태에 다음 상태 대입
            state = next_state

        # 행동 평가 함수 갱신
        if len(memory) >= BATCH_SIZE:
            # 뉴럴 네트워크의 입력과 출력 준비
            inputs = np.zeros((BATCH_SIZE, 4)) # 입력(상태)
            targets = np.zeros((BATCH_SIZE, 2)) # 출력(행동별 가치)

            # 배치 사이즈만큼 경험을 랜덤하게 선택
            minibatch = memory.sample(BATCH_SIZE)

            # 뉴럴 네트워크 입력과 출력 생성
            for i, (state_b, action_b, reward_b, next_state_b) in
enumerate(minibatch):

                # 입력 상태 지정
                inputs[i] = state_b

                # 선택한 행동의 가치 계산
                if not (next_state_b == np.zeros(state_b.shape)).all(axis=1):
                    target = reward_b + GAMMA * np.amax(target_qn.model.
predict(next_state_b)[0])
                else:
                    target = reward_b

                # 출력에 행동별 가치 지정
                targets[i] = main_qn.model.predict(state_b)
                targets[i][action_b] = target # 선택한 행동 가치

            # 행동 가치 함수 갱신
            main_qn.model.fit(inputs, targets, epochs=1, verbose=0)

        # 에피소드 완료 시
        if done:
```

```
      # 에피소드 루프 이탈
      break

   # 에피소드 완료 시 로그 표시
   print('에피소드: {}, 스텝 수: {}, epsilon: {:.4f}'.format(episode, step, epsilon))
```

4-4-14 학습 실행 결과

학습을 시작하면 다음과 같이 로그가 표시된다. 최대 스텝 수가 200이므로 스텝 수는 조금
씩 200에 가까워져 간다.

```
에피소드: 1, 스텝 수: 16, epsilon: 0.9843
에피소드: 2, 스텝 수: 20, epsilon: 0.9650
    (생략)
에피소드: 67, 스텝 수: 200, epsilon: 0.0294
에피소드: 68, 스텝 수: 200, epsilon: 0.0259
```

여기서는 학습 상황을 문자열로 출력했지만, 그래프로 출력하면 다음과 같다. 다양한 수를
시험하면 마지막에 스텝 수 200에 수렴하는 형태임을 알 수 있다.

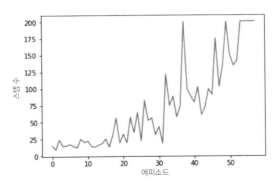

그림 4-4-5 **DQN을 활용한 카트-폴의 학습 상황 그래프**

4-4-15 디스플레이 설정

OpenAI Gym을 로컬에서 실행하면 스텝마다 Env의 render()를 호출해서 다른 윈도우 화
면에서 환경을 표시할 수 있다. 하지만 Google Colab과 같이 클라우드에서 실행하는 경우

에는 화면을 표시할 수 없으며, 에러가 발생한다.

그렇다면 다음 방법으로 디스플레이 설정을 수행한다.

Xvfb_{X virtual framebuffer}는 X 윈도우 시스템의 가상 디스플레이를 만들어 주는 소프트웨어다. 이를 활용해 실제 스크린이 없는 상황에서라도 GUI가 필요한 프로그램을 실행할 수 있다.

'pyvirtualdisplay'는 파이썬에서 가상 디스플레이(Xvfb)를 생성하는 패키지다.

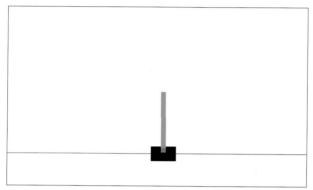

그림 4-4-6 설정을 변경해 카트-폴 환경을 다른 윈도우 화면에서 표시

```
# 디스플레이 설정 인스톨
!apt-get -qq -y install xvfb freeglut3-dev ffmpeg x11-utils > /dev/null
!pip install pyglet==1.3.2
!pip install pyopengl
!pip install pyvirtualdisplay

# 디스플레이 설정 적용
from pyvirtualdisplay import Display
import os
disp = Display(visible=0, size=(1024, 768))
disp.start()
os.environ['DISPLAY'] = ':' + str(disp.display) + '.' + str(disp.screen)
```

또한, 설치 시에 다음과 같은 경고가 나올 경우 메뉴에서 '런타임 ➡ 런타임 다시 시작'을 선택한다.

```
 [pyglet]
You must restart the runtime in order to use newly installed versions.
```

4-4-16 애니메이션 프레임 생성

1 에피소드만큼 게임을 실행해서 스텝 수만큼의 화면 이미지를 수집한다. Env의 render (mode='rgb_array')를 호출해 화면의 이미지를 취득할 수 있다.

```python
# 평가
frames = [] # 애니메이션 프레임

# 환경 초기화
state = env.reset()
state = np.reshape(state, [1, state_size])

# 1 에피소드 루프
step = 0 # 스텝 수
for _ in range(1, MAX_STEPS+1):
    step += 1

    # 애니메이션 프레임 추가
    frames.append(env.render(mode='rgb_array'))

    # 최적 행동 선택
    action = np.argmax(main_qn.model.predict(state)[0])

    # 행동에 맞추어 상황과 보상을 얻음
    next_state, reward, done, _ = env.step(action)
    next_state = np.reshape(next_state, [1, state_size])

    # 에피소드 완료 시
    if done:
        # 다음 상태에 상태 없음을 대입
        next_state = np.zeros(state.shape)

        # 에피소드 루프 이탈
        break
    else:
        # 상태에 다음 상태를 대입
        state = next_state

# 에피소드 완료 시 로그 표시
print('스텝 수: {}'.format(step))
```

```
스텝 수: 201
```

4-4-17 애니메이션 프레임을 애니메이션으로 변환

애니메이션 프레임을 애니메이션으로 변환하는 경우에는 'JSAnimation'을 사용한다. JSAnimation은 matplotlib에서 javascript 애니메이션을 생성하는 패키지다.

애니메이션을 관리하는 'FuncAnimation' 객체를 생성한다. FuncAnimation의 인수로 figure 객체, 애니메이션 정기 처리, 프레임 수 및 1 프레임의 시간을 지정한다. 현재 figure 객체는 plt.gcf()로 얻어낸다.

이를 변경함으로써 애니메이션 표시 내용도 변경된다. 애니메이션의 정기 처리에서는 frames의 이미지를 순서대로 표시한다.

그리고 display_animation()으로 HTML 객체를 생성하고, display()로 HTML 객체를 노트북 상에 표시한다.

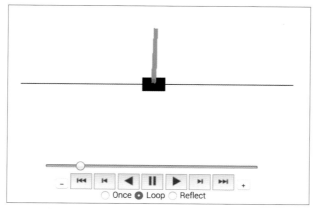

그림 4-4-7 **카트-폴의 학습 결과를 애니메이션으로 표시**

```
# JSAnimation 설치
!pip install JSAnimation

# 패키지 임포트
import matplotlib.pyplot as plt
from matplotlib import animation
from JSAnimation.IPython_display import display_animation
from IPython.display import HTML

# 애니메이션 재생 정의
```

```
    plt.figure(figsize = (frames [0] .shape [1] /72.0, frames [0] .shape [0]
/72.0), dpi = 72)
    patch = plt.imshow(frames [0])
    plt.axis('off')

    # 애니메이션 정기 처리
    def animate(i):
        patch.set_data(frames[i])

    # 애니메이션 재생
    anim = animation.FuncAnimation(plt.gcf(), animate, frames=len(frames),
interval=50)
    HTML(anim.to_jshtml ())

# 애니메이션 재생
display_frames_as_gif(frames)
```

COLUMN 심층 강화 학습 라이브러리

심층 강화 학습 수행을 위해 처음부터 스스로 구현할 수도 있지만, 심층 강화 학습 라이브러리를 이용하는 방법도 있다.

DQN, AC2는 대부분 라이브러리로 구현되어 있다. 구현 완료된 알고리즘의 수는 'Coach'가 가장 많고, 분산 알고리즘(Ape-X, IMPALA 등)은 'RLLib'에서 풍부하게 제공된다. 예제 코드의 가독성은 'Stable Baselines', 'CahinerRL'이 높다.

Coach
https://github.com/NervanaSystems/coach
라이브러리: TensorFlow
알고리즘: DQN, Double-DQN, Dueling Q Network, C51, MMC, PAL, QR-DQN, NSQ, NEC, NAF, Rainbow, PG, A3C/A2C, DDPG, PPO, GAE

RLLib
https://ray.readthedocs.io/en/latest/rllib.html
라이브러리: TensorFlow, PyTorch
알고리즘: DQN, Double-DQN, Dueling Q Network, Rainbow, Ape-X, PG, A3C/A2C, DDPG, PPO, IMPALA

Stable Baselnes
https://github.com/hill-a/stable-baselines
라이브러리: TensorFlow
알고리즘: DQN, Double-DQN, Dueling Q Network, NSQ, NAF, PG, A3C/A2C, ACKTR, DDPG, PPO

COLUMN   Unity 머신러닝 프레임워크 'Unity ML-Agents'

OpenAI Gym의 환경은 인기 있는 게임 개발 환경인 'Unity'에서 만들 수도 있다. Unity에서 강화 학습을 수행하기 위한 프레임워크인 'Unity ML-Agents'로 환경을 만들고, OpenAI Gym의 환경으로서도 이용할 수 있다.

Unity ML-Agents Gym Wrapper
https://github.com/Unity-Technologies/ml-agents/tree/master/gym-unity

Unity ML-Agents에 관해서는 필자가 쓴 《Unityではじめる機械学習・強化学習》(2018)에서 설명한다.

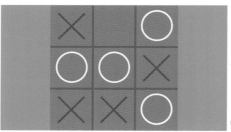

틱택토

자율 주행 시뮬레이션

그림 소개한 책에서 설명하는 샘플 게임의 예시

탐색

이제까지 설명한 3장 '딥 러닝'과 4장 '강화 학습'은 범용적인 머신러닝 방법이지만, 지금부터 소개할 탐색은 주로 두 사람이 대결하는 유한 확정 완전 정보 게임에서 사용하는 방법이다. 이 방법은 바둑, 장기 등과 같이 교대로 수를 두면서 국면을 진행하고, 주사위를 던지는 것과 같은 무작위 요소가 포함되지 않는 게임에서 사용한다.

이 장에서는 처음으로 탐색의 기본이 되는 '미니맥스법'과 '알파베타법'에 관해 소개한다. 이 방법은 지금까지 소개한 본격적인 머신러닝이 등장하기 훨씬 이전부터 게임 이론으로서 연구되어 오던 것이다. 이들을 개선한 탐색 방법으로 '원시 몬테카를로 탐색'과 '몬테카를로 트리 탐색'이 등장했으며, 복잡한 두 사람이 대결하는 유한 확정 완전 정보 게임에서도 뛰어난 효율로 탐색을 수행할 수 있게 되었다. 또한, 알파제로에서는 탐색 방법으로 '몬테카를로 트리 탐색'을 사용한다.

이 장의 예제에서는 모두 '틱택토'를 사용하고 있으므로 각각 알고리즘의 기반이 되는 미니맥스법에서 어떤 방식으로 개선되었는지를 알아볼 수 있다. 또한, 탐색 개요에 관해서는 1-4 '탐색 개요'에서 정리했으므로 해당 내용도 참고하기 바란다.

이 장의 목적

- 틱택토를 예로 들어, 탐색 방법의 출발점이 되는 미니맥스법과 알파베타법의 구조 및 구현을 이해한다.
- 효율적인 탐색을 구현하기 위한 원시 몬테카를로 탐색의 방법과 구현을 이해한다.
- 원시 몬테카를로 탐색을 한층 개선한 몬테카를로 트리 탐색의 방법과 구현을 이해한다.

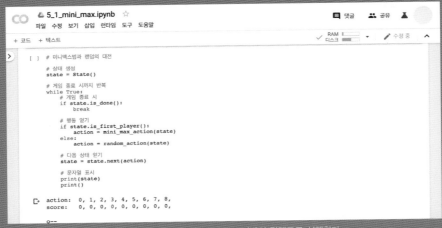

미니맥스법을 활용한 탐색 및 실행 화면. 이 장에서는 텍스트 기반의 틱택토를 실행한다.

5-1 미니맥스법을 활용한 틱택토

바둑이나 장기 등에서는 이 장에서 소개하는 '미니맥스법'을 기반으로 탐색을 수행한다. 간단한 '틱택토'를 예로 들어 그 방법을 설명한다.

5-1-1 미니맥스법이란?

미니맥스법Minimax algorith은 플레이어는 자신에게 있어서 최선의 수를 선택하고, 상대는 최악의 수를 선택한다는 가정에서 가장 좋은 수를 찾는 탐색 알고리즘이다. 다양한 탐색 알고리즘이 존재하지만, 두 사람이 대결하는 유한 확정 완전 정보 게임에서는 미니맥스법을 많이 사용한다.

두 사람이 대결하는 유한 확정 완전 정보 게임에서 '두 사람'이란 플레이어 수가 두 명이라는 의미이며, '대결'이란 말은 플레이어 사이에 이해가 완전히 대립(한 플레이어가 이익을 얻으면 다른 플레이어는 동시에 손해를 얻는)한 상태, '유한'이란 게임에서 둘 수 있는 수의 숫자가 유한한 상태, '확정'이란 주사위를 던지는 것과 같은 무작위적인 요소가 없는 상태, '완전 정보'란 모든 정보가 두 플레이어 모두에게 공개된 상태임을 의미한다. 알파제로를 대상으로 하는 '바둑', '장기', '체스' 등이 이에 해당한다.

그림 5-1-1은 현재 국면에서 미래 수(여기서는 3수 앞까지)의 국면을 조사해 **리프 노드**leaf node의 상태 평가를 계산한 '게임 트리'다. 상태 평가 계산에 관해서는 뒤에서 설명하지만, 여기서는 무언가의 계산으로 이와 같은 상태 평가를 했다고 생각해도 좋다.

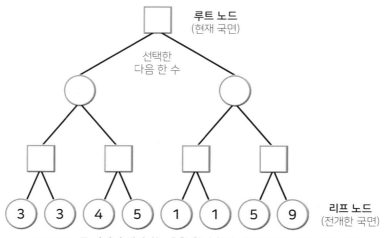

루트 노드
(현재 국면)

선택한
다음 한 수

리프 노드
(전개한 국면)

그림 5-1-1 두 사람이 대결하는 유한 확정 완전 정보 게임의 게임 트리 예시

리프 노드의 상태 평가로부터 각 노드의 상태 평가를 다음 규칙에 따라 계산한다.

- 자신의 국면(사각) 노드는 그 자식 노드 상태 평가의 최댓값을 상태 가치로 함

- 상대방의 국면(원) 노드는 그 자식 노드 상태 평가의 최솟값을 상태 가치로 함

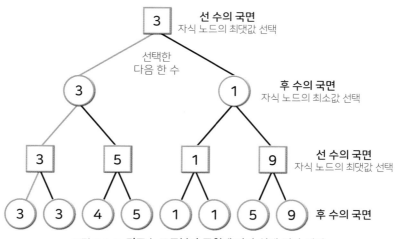

선 수의 국면
자식 노드의 최댓값 선택

선택한
다음 한 수

후 수의 국면
자식 노드의 최솟값 선택

선 수의 국면
자식 노드의 최댓값 선택

후 수의 국면

그림 5-1-2 리프 노드로부터 규칙에 따라 상태 평가 계산

루트 노드의 자식 노드 중에서 평갓값이 높은 노드가 가장 좋은 수가 된다. 이 예시에서는 왼쪽 수가 최선의 수다.

5-1-2 틱택토 작성

먼저, 틱택토 게임 국면을 나타내는 클래스 'State'를 작성한다.

■ State의 멤버 변수

State의 멤버 변수는 다음 두 가지다.

표 5-1-1 **State의 멤버 변수**

멤버 변수	타입	설명
pieces	list	내 돌의 배치
enemy_pieces	list	상대방 돌의 배치

돌은 3 × 3의 눈금을 길이 9의 배열로 표현한다. 돌이 존재하는 경우는 1, 존재하지 않는 경우는 0이 된다. 판에서의 위치와 각 숫자의 관계는 그림 5-1-3과 같다.

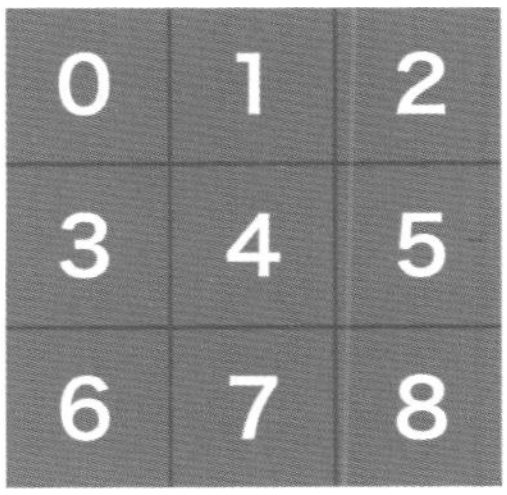

■ State 메소드

State 메소드는 다음 7가지다.

그림 5-1-3 **틱택토의 위치는 1차원 배열로 표시**

표 5-1-2 **State의 메소드**

메소드	설명
__init__(pieces=None, enemy_pieces=None)	틱택토 국면 초기화. 인수는 자신의 돌의 배치 및 상대방 돌의 배치
piece_count(pieces)	돌의 수를 취득
is_lose()	패배 여부
is_draw()	무승부 여부
is_done()	게임 종료 여부
next(action)	행동에 대해 다음 상태 반환
legal_actions()	둘 수 있는 수 취득. 반환값은 둘 수 있는 수의 행동 리스트

다음은 틱택토 게임의 예제 코드다.

'next()'는 행동에 따라 다음 상태를 취득한다. 행동은 돌을 배치하는 매스의 위치를 0~8의 숫자로 지정한다.

'legal_actions()'는 둘 수 있는 수의 리스트, 즉 선택 가능한 행동을 의미한다. 틱택토에서는 비어 있는 위치 모두가 해당한다.

```python
# 틱택토 생성
import random

# 게임 상태
class State:
    # 초기화
    def __init__(self, pieces=None, enemy_pieces=None):
        # 돌 배치
        self.pieces = pieces if pieces != None else [0] * 9
        self.enemy_pieces = enemy_pieces if enemy_pieces != None else [0] * 9

    # 돌의 수 취득
    def piece_count(self, pieces):
        count = 0
        for i in pieces:
            if i == 1:
                count +=  1
        return count

    # 패배 여부 판정
    def is_lose(self):
        # 돌 3개 연결 여부
        def is_comp(x, y, dx, dy):
            for k in range(3):
                if y < 0 or 2 < y or x < 0 or 2 < x or \
                    self.enemy_pieces[x + y * 3] == 0:
                    return False
                x = x + dx
                y = y + dy
            return True

        # 패배 여부 판정
        if is_comp(0, 0, 1, 1) or is_comp(0, 2, 1, -1):
            return True
        for i in range(3):
            if is_comp(0, i, 1, 0) or is_comp(i, 0, 0, 1):
                return True
```

```
        return False

# 무승부 여부 판정
def is_draw(self):
    return self.piece_count(self.pieces) + self.piece_count(self.enemy_pieces) == 9

# 게임 종료 여부 판정
def is_done(self):
    return self.is_lose() or self.is_draw()

# 다음 상태 얻기
def next(self, action):
    pieces = self.pieces.copy()
    pieces[action] = 1
    return State(self.enemy_pieces, pieces)

# 둘 수 있는 수의 리스트 얻기
def legal_actions(self):
    actions = []
    for i in range(9):
        if self.pieces[i] == 0 and self.enemy_pieces[i] == 0:
            actions.append(i)
    return actions

# 선 수 여부 판정
def is_first_player(self):
    return self.piece_count(self.pieces) == self.piece_count(self.enemy_pieces)

# 문자열 표시
def __str__(self):
    ox = ('o', 'x') if self.is_first_player() else ('x', 'o')
    str = ''
    for i in range(9):
        if self.pieces[i] == 1:
            str += ox[0]
        elif self.enemy_pieces[i] == 1:
            str += ox[1]
        else:
            str += '-'
        if i % 3 == 2:
            str += '\n'
    return str
```

5-1-3 랜덤 행동 선택

무작위로 행동을 선택하는 함수를 작성한다. legal_actions()에서 둘 수 있는 수의 리스트를 얻고, 그 중에서 무작위로 수를 선택한다.

```python
# 랜덤 행동 선택
def random_action(state):
    legal_actions = state.legal_actions()
    return legal_actions[random.randint(0, len(legal_actions)-1)]
```

5-1-4 랜덤 대 랜덤의 대전

랜덤과 랜덤으로 틱택토를 대전시킨다. 게임 종료까지 '행동 얻기'과 '다음 상태 얻기'를 반복한다. 틱택토가 정상적으로 동작함을 확인해 보자.

```python
# 랜덤과 랜덤의 대전

# 상태 생성
state = State()

# 게임 종료 시까지 반복
while True:
    # 게임 종료 시
    if state.is_done():
        break

    # 행동 얻기
    action = random_action(state)

    # 다음 상태 얻기
    state = state.next(action)

    # 문자열 표시
    print(state)
    print()
```

```
---
o--
---

---
ox-
---

---
ox-
--o

--x
ox-
--o

-ox
ox-
```

```
--o
-ox
oxx

--o
-ox
oxx

o-o
xox
oxx

o-o
xox
oxx

ooo
```

5-1-5 미니맥스법을 활용한 상태 가치 계산

미니맥스법으로 상태(국면)의 가치를 계산하는 함수를 작성한다. State를 전달하면 상태 가치(클수록 승리 확률이 높은 값)를 반환한다.

■ 게임이 종료된 경우

상태가 게임 종료인 경우에는 상태 가치 '-1: 패배', '0: 무승부'를 반환한다.

■ 게임이 종료되지 않는 경우

상태가 게임이 종료되지 않으면 둘 수 있는 수별로 상태 가치를 계산하고, 그 최댓값을 반환한다. 둘 수 있는 수의 상태 가치는 재귀적으로 게임이 종료될 때까지 조사해 계산한다.

미니맥스법에서는 선 수(자신)는 자신에게 가치가 높은 수를 선택하고, 후 수(상대)는 선 수에 대해 가치가 낮은 수를 선택한다. 여기에서 가능한 상태 가치를 얻을 때 부호를 반전시킴으로써 선 수와 같이 후 수에도 가치가 높은 수를 선택하면 좋은 경우가 된다.

즉, 'score = -mini_max(state.next(action))'과 같이 부호를 반전시킴으로써 선/후 수에 관계없이 상태 가치의 최댓값을 반환하도록 한다. 미니맥스법을 간단하게 구현하는 이 방법을 **네가티브맥스법**Negative-max algorithm이라고 부른다.

게임이 종료될 때까지 이를 재귀적으로 조사해서 계산하는 작업에 대한 비용이 꽤 높지 않을 것으로 우려하는 사람도 있을 것이다. 실제로 현재 국면에서부터 가능한 모든 수를 전개하게 되므로 틱택토와 같이 작은 규모의 게임에서는 괜찮지만, 장기나 체스와 같이 국면이 많은 게임에서는 막대한 시간이 소요되며, 현실적이지도 않다.

이에 대한 대책은 이후 5-3 '원시 몬테카를로 탐색을 활용한 틱택토', 5-4 '몬테카를로 트리 탐색을 활용한 틱택토'에서 설명한다.

```python
# 미니맥스법을 활용한 상태 가치 계산
def mini_max(state):
    # 패배 시 상태 가치 -1
    if state.is_lose():
        return -1

    # 무승부 시 상태 가치 0
    if state.is_draw():
        return  0

    # 둘 수 있는 수의 상태 가치 계산
    best_score = -float('inf')
    for action in state.legal_actions():
        score = -mini_max(state.next(action))
        if score > best_score:
            best_score = score

    # 둘 수 있는 수의 상태 가치값 중 최댓값 선택
    return best_score
```

5-1-6 미니맥스법을 활용한 행동 선택

미니맥스법을 활용해 상태(국면)에 맞춰 행동을 반환하는 함수를 작성한다. State를 전달하면 행동(돌을 놓는 매스: 0~8)을 반환한다.

둘 수 있는 수별로 상태 가치를 계산하고, 그 최댓값을 갖는 행동을 선택한다.

```python
# 미니맥스법을 활용한 행동 선택
def mini_max_action(state):
    # 둘 수 있는 수의 상태 가치 계산
    best_action = 0
    best_score = -float('inf')
    str = ['','']
    for action in state.legal_actions():
        score = -mini_max(state.next(action))
```

```
        if score > best_score:
            best_action = action
            best_score  = score

        str[0] = '{}{:2d},'.format(str[0], action)
        str[1] = '{}{:2d},'.format(str[1], score)
    print('action:', str[0], '\nscore: ', str[1], '\n')

    # 둘 수 있는 수의 상태 가치 최댓값을 가진 행동 반환
    return best_action
```

5-1-7 미니맥스법과 랜덤의 대전

미니맥스법과 랜덤을 대전시킨다. 선 수는 mini_max_action(), 후 수는 random_action()을 사용한다. 여러 차례 실행해서 선 수(○)가 사용한 미니맥스법이 더 강하다는 것을 확인해 보자.

```
# 미니맥스법과 랜덤의 대전

# 상태 생성
state = State()

# 게임 종료 시까지 반복
while True:
    # 게임 종료 시
    if state.is_done():
        break

    # 행동 얻기
    if state.is_first_player():
        action = mini_max_action(state)
    else:
        action = random_action(state)

    # 다음 상태 얻기
    state = state.next(action)

    # 문자열 표시
    print(state)
    print()
```

```
action:  0, 1, 2, 3, 4, 5, 6, 7, 8,
score:   0, 0, 0, 0, 0, 0, 0, 0, 0,

o--
---
---

o--
---
-x-

action:  1, 2, 3, 4, 5, 6, 8,
score:   0, 1,-1, 1, 0, 1, 0,
```

```
o-o
---
-x-

o-o
-x-
-x-

action:  1, 3, 5, 6, 8,
score:   1,-1,-1,-1,-1,

ooo
-x-
-x-
```

5-2 알파베타법을 활용한 틱택토

앞 절의 미니맥스법에서는 게임 최종 국면까지 실행해서 평가를 수행하기 위한 시간이 필요하다. 이를 개선하기 위한 방법으로 여기서는 '알파베타법'을 소개한다.

5-2-1 알파베타법이란?

알파베타법Alpha-beta algorithm은 미니맥스법을 개선한 탐색 알고리즘이다. 미니맥스법에서 계산하지 않더라도 같은 계산 결과가 나오는 부분을 읽지 않도록 처리('가지치기'라고 함)함으로써 고속 계산을 실현했다.

알파베타법의 탐색 순서는 미니맥스법과 동일하다. 여기서는 그림 5-2-1의 왼쪽부터 탐색을 진행한다.

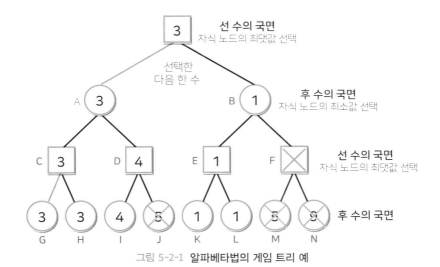

그림 5-2-1 **알파베타법의 게임 트리 예**

먼저, 노드 I를 탐색하는 경우를 생각해 본다. 노드 I의 평가가 4이므로 노드 D의 평가는 4 이상이 된다. 노드 C의 평가는 3으로 4보다 작기 때문에 이 지점에서 노드 A의 평가는 3이

된다. 이 때문에 노드 D에 전이하지 않게 되므로 노드 J를 탐색할 필요가 없어진다.

이와 같이 특정한 노드의 평가가 특정값 이상이 되기 때문에 탐색을 중단하는 것을 **베타컷**β-cut이라고 부른다.

다음으로, 노드 E를 탐색하는 경우를 생각해 본다. 노드 E의 평가는 1이므로 노드 B의 평가는 1 이하가 된다. 그렇게 되면 노드 A의 평가가 3이므로 노드 B로 전이하지 않게 되어 노드 F 이하를 탐색할 필요가 없어진다.

이와 같이 특정한 노드의 평가가 특정값 이하가 되기 때문에 탐색을 중단하는 것을 **알파컷**α-cut이라고 부른다.

이 알파컷과 베타컷에 따라, 불필요한 탐색을 하지 않도록 하는 방법을 '알파베타법'이라고 부른다.

5-2-2 틱택토 작성

앞 절 5-1 '미니맥스법을 활용한 틱택토'와 동일하므로 앞 절을 참고해 작성한다.

5-2-3 미니맥스법을 활용한 상태 가치 계산

앞 절 5-1 '미니맥스법을 활용한 틱택토'와 동일하므로 앞 절을 참고해 작성한다. print()는 삭제한다.

5-2-4 알파베타법을 활용한 상태 가치 계산

알파베타법에서의 상태 가치 계산 방법은 미니맥스법을 개선한 것이다.

■ 개선 1

mini_max_plus()에서는 둘 수 있는 수의 상태 가치 취득 시에 부호를 반전했기 때문에 선수와 동일하게 후 수에서도 가치가 높은 수를 선택해서 반환했다. 상태 가치 계산의 재귀 루프에서 부모 노드는 현재 노드의 최소값을 선택한다. 때문에 현재 노드의 베스트 스코어가 부모 노드의 베스트 스코어를 넘으면 현재 노드는 사용되지 않으므로 탐색을 종료할 수 있다.

예제 코드로 기술하면 다음과 같다.

메소드의 인수 'limit'를 추가한다. limit는 부모 모드의 베스트 스코어다. 메소드를 재귀적으로 호출할 때, 베스트 스코어를 '-best_score'와 같이 부호를 반전시키는 것이 핵심이다.

현재 노드의 베스트 스코어가 부모 노드의 베스트 스코어를 넘는지는 'if best_score >= limit:'로 판정한다.

```python
# 조금 개선한 미니맥스법을 활용한 상태 가치 계산
def mini_max_plus(state, limit):
    # 패배 시 상태 가치 -1
    if state.is_lose():
        return -1

    # 무승부 시 상태 가치 0
    if state.is_draw():
        return 0

    # 둘 수 있는 수의 상태 가치 계산
    best_score = -float('inf')
    for action in state.legal_actions():
        score = -mini_max_plus(state.next(action), -best_score)
        if score > best_score:
            best_score = score

        # 현재 노드의 베스트 스코어가 새로운 노드보다 크면 탐색 종료
        if best_score >= limit:
            return best_score

    # 둘 수 있는 수의 상태 가치 최댓값을 반환
    return best_score
```

■ 개선 2

알파베타법은 mini_max_plus()를 한층 개선했다.

mini_max_plus()의 앞에서 호출되는 mini_max_plus()는 자신의 국면이다. 그 때문에 2번째 앞에서 호출된 베스트 스코어를 '-float(inf)'가 아니라 현재의 베스트 스코어부터 시작할 수 있다. 베스트 스코어의 초기값을 크게 함으로써 탐색 중단이 가능한 범위가 늘어난다.

예제 코드로 기술하면 다음과 같다.

메소드의 인수 'alpha'와 'beta'를 추가한다. alpha는 부모 노드의 부모 노드(즉 자신) 베스트 스코어이고, beta는 부모 노드의 베스트 스코어다.

alpha는 자신의 베스트 스코어이므로 alpha 이상의 스코어를 취득하면 alpha를 갱신한다. beta는 부모 노드의 베스트 스코어이므로 alpha 이하인 경우 탐색을 종료한다.

메소드를 재귀적으로 호출할 때 alpha와 beta를 좌우로 바꾸는 것이 핵심인데, 이를 알파베타법이라 한다.

```python
# 알파베타법을 활용한 상태 가치 계산
def alpha_beta(state, alpha, beta):
    # 패배 시 상태 가치 -1
    if state.is_lose():
        return -1

    # 무승부 시 상태 가치 0
    if state.is_draw():
        return  0

    # 둘 수 있는 수의 상태 가치 계산
    for action in state.legal_actions():
        score = -alpha_beta(state.next(action), -beta, -alpha)
        if score > alpha:
            alpha = score

        # 현재 노드의 베스트 스코어가 새로운 노드보다 크면 탐색 종료
        if alpha >= beta:
            return alpha

    # 둘 수 있는 수의 상태 가치 최댓값 반환
    return alpha
```

5-2-5 알파베타법을 활용한 행동 선택

알파베타법에서 상태에 맞추어 행동을 반환하는 함수를 작성한다.

미니맥스법과의 차이는 best_score의 이름을 alpha로 바꾼 부분과 beta의 초기값을 '-float('inf')'로 지정하는 부분이다.

```
# 알파베타법을 활용한 행동 선택
def alpha_beta_action(state):
    # 둘 수 있는 수의 상태 가치 계산
    best_action = 0
    alpha = -float('inf')
    str = ['', '']
    for action in state.legal_actions():
        score = -alpha_beta(state.next(action), -float('inf'), -alpha)
        if score > alpha:
            best_action = action
            alpha = score

        str[0] = '{}{:2d},'.format(str[0], action)
        str[1] = '{}{:2d},'.format(str[1], score)
    print('action:', str[0], '\nscore: ', str[1], '\n')
    # 둘 수 있는 수의 상태 가치값 중 최댓값을 선택하는 행동 반환
    return best_action
```

5-2-6 알파베타법과 미니맥스법의 대전

알파베타법과 미니맥스법을 대전시킨다. 선 수는 alpha_beta_action(), 후 수는 mini_max_action()을 사용한다.

알파베타법 쪽이 실행 속도가 빠르지만, 실력은 막상막하다.

```
# 알파베타법과 미니맥스법의 대전

# 상태 생성
state = State()

# 게임 종료 시까지 반복
while True:
    # 게임 종료 시
    if state.is_done():
        break

    # 행동 얻기
    if state.is_first_player():
        action = alpha_beta_action(state)
    else:
        action = mini_max_action(state)

    # 다음 상태 얻기
```

```
        state = state.next(action)

        # 문자열 표시
        print(state)
        print()
```

```
action:  0, 1, 2, 3, 4, 5, 6, 7, 8,
score:   0, 0, 0, 0, 0, 0, 0, 0, 0,

o--
---
---

o--
-x-
---

action:  1, 2, 3, 5, 6, 7, 8,
score:   0, 0, 0, 0, 0, 0, 0,

oo-
-x-
---

oox
-x-
---

action:  3, 5, 6, 7, 8,
score:   -1,-1, 0, 0, 0,
```

```
oox
-x-
o--

oox
xx-
o--

action:  5, 7, 8,
score:   0,-1,-1,

oox
xxo
o--

oox
xxo
ox-

action:  8,
score:   0,

oox
xxo
oxo
```

5-3 원시 몬테카를로 탐색을 활용한 틱택토

앞 절의 알파베타법은 게임 트리로 전개된 모든 국면의 평가를 알 수 있기 때문에 가장 강력한 방법이다. 그러나 게임이 복잡해질수록 탐색에 소요되는 시간이 기하급수적으로 증가하기 때문에 실제로는 사용할 수 없다. 국면의 수가 많은 게임에서도 활용 가능한 방법 중 하나가 이 절에서 소개하는 '원시 몬테카를로 탐색'이다.

5-3-1 원시 몬테카를로 탐색이란?

알파베타법으로 가장 강력한 틱택토 AI를 완성했지만, 조금 신경 쓰이는 부분이 있어 뒤로 미루어 두었다. 국면을 평가할 때 게임이 종료될 때까지 재귀적으로 조사해서 계산한 부분이다. 알파베타법으로 탐색의 가지를 쳐냈으므로 택택토와 같은 국면이 적은 게임이라면 문제가 없으나, 장기나 체스와 같이 국면이 많은 게임에서는 막대한 시간이 소요되기 때문에 현실적이지 않다.

여기에서 수를 전개하는 부분을 더 줄여서 상태 가치를 계산하는 방법을 생각할 수 있다. 이를 실현하는 방법으로 '수제작 평가 함수'와 **원시 몬테카를로 탐색**Monte Carlo Search, **몬테카를로 트리 탐색**Monte Carlo Tree Search을 꼽을 수 있다.

■ 직접 구현한 평가 함수

'직접 구현한 평가 함수'란 장기에서 걸음 수가 4 이상이면 1점, 장기말이 움직일 수 있는 위치가 많으면 1점과 같이 프로그래머가 스스로 계산 방법을 생각해 평가 함수를 만드는 방법이다.

강력한 평가 함수를 만들기 위해서는 우선 평가 함수를 작성하는 사람이 게임을 잘 알고 있어야 하며, 또한 그 지식을 알고리즘으로 만들어야 하기 때문에 난이도가 매우 높다.

◼ 원시 몬테카를로 탐색, 몬테카를로 트리 탐색

'원시 몬테카를로 탐색', '몬테카를로 트리 탐색'은 랜덤 시뮬레이션을 활용해 상태 가치를 계산하는 방법이다. **몬테카를로**Monte Carlo라는 말이 어렵게 들릴 수 있으나, 단지 랜덤이라는 의미다.

현재 국면에서 게임 종료 시까지 계속해서 랜덤 플레이를 수행한 뒤, 승률이 높은 수가 가치가 높은 것으로 판단한다. 몬테카를로 트리 탐색은 원시 몬테카를로 탐색을 개선한 알고리즘이다.

이 절에서는 원시 몬테카를로 탐색, 다음 절에서 몬테카를로 트리 탐색에 관해 설명한다.

5-3-2 틱택토 작성

5-1 '미니맥스법을 활용한 틱택토'와 같으므로 앞 절의 내용을 참고해 작성한다.

5-3-3 랜덤으로 상태 가치 계산

5-1 '미니맥스법을 활용한 틱택토'와 같으므로 앞 절의 내용을 참고해 작성한다. 여기서는 원시 몬테카를로 탐색의 경우와 대전시켜 결과를 비교하는 것이 목적이다.

5-3-4 알파베타법을 활용한 상태 가치 계산

5-2 '알파베타법을 활용한 틱택토'와 같으므로 앞 절의 내용을 참고해 작성한다. print()는 삭제한다. 여기서는 원시 몬테카를로 탐색 알고리즘과 대전시켜 결과를 비교하는 것이 목적이다.

5-3-5 플레이아웃

현재 국면에서 게임 종료까지 플레이하는 것을 **플레이아웃**playout이라고 부른다. 게임 종료까지 둘 수 있는 수를 랜덤으로 선택해서 상태 가치 '1: 승리', '-1: 패배', '0: 무승부'을 반환하는 함수를 만든다.

체스나 장기의 경우, 랜덤으로 수를 선택하게 되면 승부가 날 때까지 매우 많은 수가 필요할 것이라 생각되겠지만, 실제로는 그렇게 오래 걸리지 않는다. 예를 들면, 체스의 경우 임의의 국면에서의 둘 수 있는 수는 평균 35로, 평균 80수 정도에서 승부가 난다.

그러므로 모든 노드를 탐색하려면 35^{80}, 즉 10^{120}수 정도의 계산을 해야 한다. 하지만 플레이아웃이라면 1회당 80수 정도의 계산만으로 완료할 수 있다.

```python
# 플레이아웃
def playout(state):
    # 패배 시 상태 가치 -1
    if state.is_lose():
        return -1

    # 무승부 시 상태 가치 0
    if state.is_draw():
        return  0

    # 다음 상태의 상태 평가
    return -playout(state.next(random_action(state)))
```

5-3-6 원시 몬테카를로 탐색을 활용한 행동 선택

원시 몬테카를로 탐색에서의 상태 가치 계산을 수행한다. 여기서는 둘 수 있는 수별로 10회 플레이아웃을 했을 때 상태 가치의 합계를 계산한다. 그리고 합계가 가장 큰 행동을 선택한다. 플레이아웃 횟수가 많을수록 정밀도가 높아지지만, 그만큼 시간도 많이 걸린다.

```python
# 원시 몬테카를로 탐색을 활용한 행동 선택
def mcs_action(state):
    # 둘 수 있는 수별로 10회 플레이아웃 시행 후 상태 가치의 합계 계산
    legal_actions = state.legal_actions()
    values = [0] * len(legal_actions)
    for i, action in enumerate(legal_actions):
        for _ in range(10):
            values[i] += -playout(state.next(action))

    # 둘 수 있는 수의 상태 가치 합계가 최댓값을 가지는 행동 반환
    return legal_actions[argmax(values)]
```

argmax()는 집합 중 최댓값의 인덱스를 반환하는 함수다. 예를 들면, 'argmax([2, 5, 3])'이라면 최댓값은 5이므로 그 값의 인덱스인 1(0에서부터 세서 2번째)을 반환한다. 이 값을 사용해 상태 가치의 합계가 가장 큰 행동을 선택한다.

```
# 최댓값의 인덱스를 반환
def argmax(collection, key=None):
    return collection.index(max(collection))
```

5-3-7 원시 몬테카를로 탐색과 랜덤 및 알파베타법의 대전

원시 몬테카를로 탐색과 랜덤 및 알파베타법을 대전시킨다. 게임을 100회 플레이하고 그 승률을 표시한다. 또한, 틱택토에서는 선 수가 유리하므로 선/후 수를 교대한다.

결과를 보면 원시 몬테카를로 검색은 랜덤으로는 압승이지만, 알파베타법에는 패배하는 것을 알 수 있다. 틱택토에서는 재귀적으로 게임 종료 시까지 조사하는 알파베타법이 가장 강하기 때문에 다른 알고리즘으로는 상당히 이기기 어렵다.

```
# 원시 몬테카를로 탐색 vs 랜덤/알파베타법의 대전

# 파라미터
EP_GAME_COUNT = 100   # 평가 1회당 게임 수

# 선 수 플레이어 포인트
def first_player_point(ended_state):
    # 1: 선 수 플레이어 승리, 0: 선 수 플레이어 패배, 0.5: 무승부
    if ended_state.is_lose():
        return 0 if ended_state.is_first_player() else 1
    return 0.5

# 게임 실행
def play(next_actions):
    # 상태 생성
    state = State()

    # 게임 종료 시까지 반복
    while True:
        # 게임 종료 시
        if state.is_done():
            break
```

```python
        # 행동 얻기
        next_action = next_actions[0] if state.is_first_player() else next_actions[1]
        action = next_action(state)

        # 다음 상태 얻기
        state = state.next(action)

    # 선수 플레이어 포인트 반환
    return first_player_point(state)

# 임의의 알고리즘 평가
def evaluate_algorithm_of(label, next_actions):
    # 여러 차례 대전 반복
    total_point = 0
    for i in range(EP_GAME_COUNT):
        # 게임 실행
        if i % 2 == 0:
            total_point += play(next_actions)
        else:
            total_point += 1 - play(list(reversed(next_actions)))

        # 출력
        print('\rEvaluate {}/{}'.format(i + 1, EP_GAME_COUNT), end='')
    print('')

    # 평균 포인트 계산
    average_point = total_point / EP_GAME_COUNT
    print(label.format(average_point))

# vs 랜덤
next_actions = (mcs_action, random_action)
evaluate_algorithm_of('VS_Random {:.3f}', next_actions)

# vs 알파베타법
next_actions = (mcs_action, alpha_beta_action)
evaluate_algorithm_of('VS_AlphaBeta {:.3f}', next_actions)
```

```
Evaluate 100/100
VS_Random 0.925
Evaluate 100/100
VS_AlphaBeta 0.255
```

5-4 | 몬테카를로 트리 탐색을 활용한 틱택토

이 절에서 소개할 '몬테카를로 트리 탐색'은 앞절에서 설명한 '원시 몬테카를로 탐색'을 한층 개량한 탐색 방법으로 강화 학습에서 사용했던 방법을 도입한 것이다.

5-4-1 몬테카를로 트리 탐색이란?

원시 몬테카를로 탐색에서는 10회 플레이아웃을 수행한 뒤, 9승 1패의 수가 있다면 해당 수를 선택한다. 하지만 상대가 자신에게 있어 최악 수, 즉 앞에서 1패에 해당하는 수를 반드시 고른다면 경기에서 패배할 수밖에 없다.

여기에서 '유망한 수'를 보다 깊이 조사함으로써 이 문제에 대처할 수 있다. 이 방법을 **몬테카를로 트리 탐색**Monte Carlo Tree Search이라고 부른다.

몬테카를로 트리 탐색에서 수행하는 시뮬레이션은 '선택', '평가', '전개', '갱신'의 네 가지 동작으로 구성된다.

■ 초기 상태

몬테카를로 트리 탐색에서 게임 트리의 초기 상태는 루트 노드(현재 국면)와 그 자식 노드(다음 한 수)만으로 시작한다.

그리고 각 노드는 누계 가치와 시행 횟수 정보를 가진다. 누계 가치는 시뮬레이션을 할 때마다, 노드가 탐색 경로를 지날 때 게임 결과에 따라 '승리: 1', '패배: -1', '무승부: 0'을 더하는 값이다. 시행 횟수는 시뮬레이션을 할 때마다 노드가 탐색 경로를 지날 때 1을 더하는 값이다.

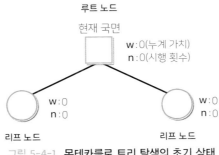

루트 노드

현재 국면

w:0(누계 가치)
n:0(시행 횟수)

w:0
n:0

w:0
n:0

리프 노드

리프 노드

그림 5-4-1 **몬테카를로 트리 탐색의 초기 상태**

■ **선택**

탐색은 루트 노드에서 시작한다. 루트 노드에서 자식 노드가 존재하면 선택하고 이동하는
동작을 리프 노드(자식 노드가 없는 노드)에 도착할 때까지 반복한다. 이 동작을 **선택**Selection이
라고 부른다.

이 때, UCB1(바이어스 + 승률)이 가장 큰 자식 노드를 선택하면서 수를 진행한다. 이 UCB1
은 4-1 '다중 슬롯머신 문제'에서 소개한 것과 같지만, 성공 횟수였던 부분을 누계 가치로
바꾸었다. 그 결과, 기본적으로는 가치가 높은 수를 선택하지만, 시행횟수가 적은 수도 적
절하게 선택한다.

$$UCB1 = \frac{w}{n} + \sqrt{(\frac{2 \times \log(t)}{n})^{\frac{1}{2}}}$$

성공률   바이어스

n: 이 행동의 시행 횟수
w: 이 행동의 누계 가치
t: 모든 행동의 시행 횟수의 합

하지만 UCB1은 모든 자식 노드가 시행 횟수 1 이상이 되지 않으면 계산할 수 없으므로(분
모가 0인 나눗셈이 됨), 시행 횟수가 0인 자식 노드가 있는 경우에는 그 노드부터 선택한다.
최초에는 양쪽 모두 0이므로 먼저 발견한 쪽을 선택한다.

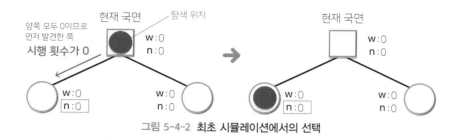

양쪽 모두 0이므로
먼저 발견한 쪽
시행 횟수가 0

현재 국면　탐색 위치

w:0
n:0

w:0
n:0

w:0
n:0

현재 국면

w:0
n:0

w:0
n:0

w:0
n:0

그림 5-4-2 **최초 시뮬레이션에서의 선택**

■ 평가

탐색이 리프 노드에 도달하면 플레이아웃을 실행한다. 이 동작을 **평가**Evaluation라고 한다.

게임 종료 시까지 둘 수 있는 수를 무작위로 놓아서 '승리: 1', '패배: -1', '무승부: 0'과 같은 '가치'를 더한다. 그리고 리프 노드의 보상 누계에 그 가치를, 시행 횟수에는 1을 더한다.

예시에서는 이 리프 노드로부터 랜덤으로 둘 수 있는 수를 선택해서 수를 두었을 때 승리했으므로 보상 누계와 시행 횟수에 모두 1이 더해진다.

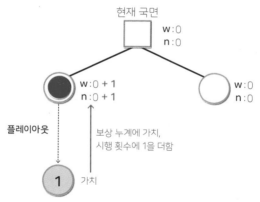

현재 국면

w:0
n:0

w:0 + 1
n:0 + 1

w:0
n:0

플레이아웃

보상 누계에 가치,
시행 횟수에 1을 더함

1　가치

그림 5-4-3 **첫 번째 시뮬레이션 평가**

■ 전개

플레이아웃 후에 리프 노드의 시행 횟수가 임의의 횟수 이상(여기서는 10회)이 되면 그 노드가 가진 가능한 자식 노드로 추가한다. 이 동작을 **전개**Expansion라고 부른다.

첫 번째 시뮬레이션에서 리프 노드의 시행 횟수는 아직 1이므로 전개하지 않는다.

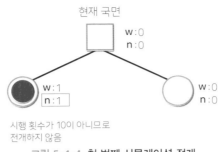

시행 횟수가 10이 아니므로
전개하지 않음

그림 5-4-4 **첫 번째 시뮬레이션 전개**

■ 갱신

플레이아웃이 끝나면 '루트 노드'까지 되돌아오면서 노드의 보상 누계에 플레이아웃에서 가산한 가치, 시행 횟수에 1을 더하는 동작을 반복한다. 이 동작을 **갱신**_{Backup}이라고 부른다.

첫 번째 시뮬레이션에서는 루트 노드의 누계 가치, 시행 횟수의 변경만 한다.

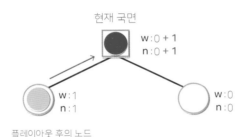

플레이아웃 후의 노드

그림 5-4-5 **첫 번째 시뮬레이션의 갱신**

■ 두 번째 시뮬레이션

루트 노드에서 탐색을 시작해 선택, 평가, 전개, 갱신의 4가지 동작으로 탐색을 수행하고, 루트 노드로 돌아오면 한 번의 시뮬레이션이 끝난다.

두 번째 시뮬레이션에서는 선택에서 시행 횟수가 0인 리프 노드를 선택한다. 그리고 플레이아웃을 실행한 후, 전개는 시행 횟수가 10이 아니므로 전개하지 않고, 갱신에서 누계 가치와 시행 횟수를 갱신한다.

이 예시에서는 패배이므로 가치를 -1로 갱신한다.

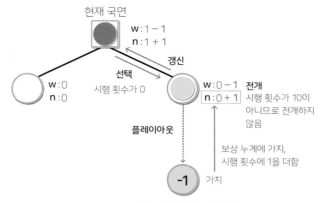

그림 5-4-6 **두 번째 시뮬레이션**

■ 3회차 시뮬레이션

3회차 시뮬레이션에서는 선택에서 모든 자식 노드의 시행 횟수가 1 이상이 되었으므로 UCB1(바이어스 + 효율)이 가장 큰 자식 노드를 선택한다. 그리고 플레이아웃을 실행한 뒤, 시행 횟수가 10이 아니므로 전개하지 않고, 갱신에서 누계 가치와 시행 횟수를 갱신한다.

이 예시에서는 승리이므로 가치 +1로 갱신한다.

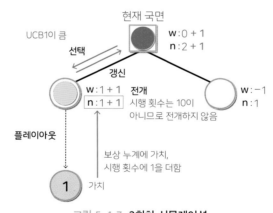

그림 5-4-7 **3회차 시뮬레이션**

■ 15회차 시뮬레이션

시뮬레이션을 반복해 리프 노드의 시행 횟수가 10이 되었을 때 전개를 수행한다. 누계 가치, 시행 횟수가 0인 자식 노드가 둘 수 있는 수의 숫자만큼 생성된다.

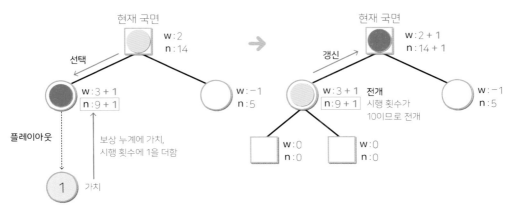

그림 5-4-8 **15회차 시뮬레이션**

■ 16회차 시뮬레이션

루트 노드로부터 떨어진 리프 노드에서 갱신을 수행할 때는 루트 노드에 도달할 때 지나는 모든 노드의 누계 가치, 시행 횟수를 갱신한다.

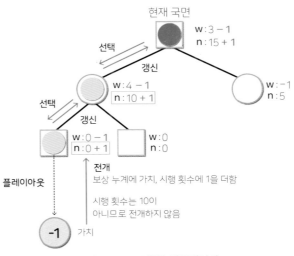

그림 5-4-9 **16회차 시뮬레이션**

5-4-2 시행 횟수가 가장 큰 행동 선택

충분히 시뮬레이션을 반복(예제에서는 100회)한 후, 시행 횟수가 가장 큰 행동을 다음 한 수로 선택한다. 누계 가치는 탐색 시에만 사용되며, 최종적으로 행동을 선택할 때는 사용하지 않는다.

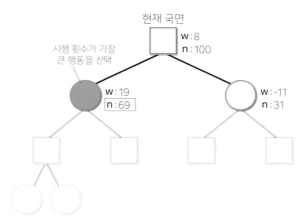

그림 5-4-10 **시행 횟수가 가장 큰 행동을 다음 한 수로 선택**

5-4-3 틱택토 작성

5-1 '미니맥스법을 활용한 틱택토'와 동일하므로 해당 절을 참고해 작성한다.

5-4-4 랜덤으로 상태 가치 계산

5-1 '미니맥스법을 활용한 틱택토'와 동일하므로 해당 절을 참고해 작성한다. 이것은 몬테카를로 트리 탐색의 경우와 대전시켜 결과를 비교하기 위해서다.

5-4-5 알파베타법을 통한 상태 가치 계산

5-2 '알파베타법을 활용한 틱택토'와 동일하므로 해당 절을 참고해 작성한다. 이것은 몬테카를로 트리 탐색의 경우와 대전시켜 결과를 비교하기 위해서다.

5-4-6 몬테카를로 트리 탐색의 행동 선택

다음 예제 코드의 mcts_action(state)는 몬테카를로 트리 탐색으로 상태(국면)에 맞추어 행동을 반환한다. 인수는 상태뿐이다.

현재 국면의 노드 작성 후 100회의 시뮬레이션을 실행한다. 그 결과 시행 횟수가 가장 큰 행동을 다음 한 수로 선택한다.

■ 몬테카를로 트리 탐색 노드

몬테카를로 트리 탐색 노드는 관리를 쉽게 할 수 있도록 Node 클래스로 정리한다. Node 클래스의 멤버 변수는 다음과 같다.

표 5-4-1 **Node 클래스의 멤버 변수**

멤버 변수	타입	설명
state	State	상태
w	int	누계 가치
n	int	시행 횟수
child_nodes	list	자식 노드군. 엘리먼트 타입은 node

Node 클래스의 메소드는 다음과 같다.

표 5-4-2 **Node 클래스의 메소드**

메소드	설명
__init__(state)	노드 초기화
evaluate()	국면의 가치 계산 반환값은 1: 승리, -1: 패배, 0: 무승부
expand()	자식 노드의 전개
next_child_node()	UCB1이 가장 큰 자식 노드 취득

다음 예제 코드의 생략 부분은 뒤에서 메소드별로 설명한다.

```
import math

# 몬테카를로 트리 탐색의 행동 선택
def mcts_action(state):
```

```
# 몬테카를로 트리 탐색의 노드 정의
class Node:
    (생략)

# 현재 국면의 노드 생성
root_node = Node(state)
root_node.expand()

# 100회 시뮬레이션 실행
for _ in range(100):
    root_node.evaluate()

# 시행 횟수가 가장 큰 값을 갖는 행동 반환
legal_actions = state.legal_actions()
n_list = []
for c in root_node.child_nodes:
    n_list.append(c.n)
return legal_actions[argmax(n_list)]
```

▨ 노드 초기화

'__init__()'는 노드를 초기화 한다. 누계 가치와 시행 횟수는 0, 자식 노드는 None으로 초기화한다.

```
# 노드 초기화
def __init__(self, state):
    self.state = state # 상태
    self.w = 0 # 보상 누계
    self.n = 0 # 시행 횟수
    self.child_nodes = None  # 자식 노드
```

▨ 국면 가치 계산

'evaluate()'는 국면 가치를 계산한다.

(1) 게임이 종료되는 경우

게임이 종료되는 경우 패배 시 -1, 무승부 시는 0을 반환한다. 이때, 노드의 누계 가치와 시행 횟수도 갱신한다.

(2) 자식 노드군이 존재하지 않는 경우

게임이 종료되는 경우를 제외하고, 자식 노드군을 갖지 않은 노드는 자식 노드를 전개할 수 있으나 아직까지 전개하지 않은 노드다. 자식 노드군이 존재하지 않을 경우에는 플레이아웃을 수행해서 가치를 얻는다.

이때, 노드의 누계 가치와 시행 횟수도 갱신한다. 또한, 시행 횟수가 10이 되면 자식 노드군을 전개한다.

(3) 자식 노드군이 존재하는 경우

자식 노드군이 존재하는 경우(리프가 아닌 노드)는 UCB1이 가장 큰 자식 노드의 평가를 재귀적으로 계산한다. 이 때 노드의 누계 가치와 시행 횟수도 갱신한다. 또한, evaluate()의 가치는 상대 국면의 가치이므로 마이너스(-)를 붙인다.

```python
# 국면 가치 계산
def evaluate(self):
    # 게임 종료 시
    if self.state.is_done():
        # 승패 결과로 가치 취득
        value = -1 if self.state.is_lose() else 0 # 패배 시 -1, 무승부 시 0

        # 보상 누계와 시행 횟수 갱신
        self.w += value
        self.n += 1
        return value

    # 자식 노드가 존재하지 않는 경우
    if not self.child_nodes:
        # 플레이아웃으로 가치 얻기
        value = playout(self.state)

        # 보상 누계와 시행 횟수 갱신
        self.w += value
        self.n += 1

        # 자식 노드 전개
        if self.n == 10:
            self.expand()
        return value

    # 자식 노드가 존재하는 경우
    else:
```

```
    # UCB1이 가장 큰 자식 노드를 평가해 가치 얻기
    value = -self.next_child_node().evaluate()

    # 보상 누계와 시행 횟수 갱신
    self.w += value
    self.n += 1
    return value
```

◾ 자식 노드 전개

'expand()'는 자식 노드를 전개한다. 둘 수 있는 수의 숫자만큼만 노드를 작성하고, child_nodes에 추가한다.

```
# 자식 노드 전개
def expand(self):
    legal_actions = self.state.legal_actions()
    self.child_nodes = []
    for action in legal_actions:
        self.child_nodes.append(Node(self.state.next(action)))
```

◾ UCB1이 가장 큰 자식 노드 얻기

next_child_node()는 UCB1이 가장 큰 노드를 얻는다. 시행 횟수가 0인 자식 노드가 존재하는 경우 그 자식 노드를 반환한다. 시행 횟수 0회인 자식 노드가 존재하면 분모가 0인 나눗셈이 되므로 UCB1을 계산할 수 없기 때문이다.

```
# UCB1이 가장 큰 자식 노드 얻기
def next_child_node(self):
    # 시행 횟수가 0인 자식 노드 반환
    for child_node in self.child_nodes:
        if child_node.n == 0:
            return child_node

    # UCB1 계산
    t = 0
    for c in self.child_nodes:
        t += c.n
    ucb1_values = []
    for child_node in self.child_nodes:
        ucb1_values.append
```

```
        -child_node.w / child_node.n + (2 * math.log(t) / child_node.n) ** 0.5

        # UCB1이 가장 큰 자식 노드 반환
        return self.child_nodes[argmax(ucb1_values)]
```

5-4-7 몬테카를로 트리 탐색과 랜덤 및 알파베타법의 대전

몬테카를로 트리 탐색과 랜덤 및 알파베타법을 대전시킨다. 'mcs_action'을 'mcts_action'으로 변경한 것을 제외하면, 앞 절 5-3 '원시 몬테카를로 탐색을 활용한 틱택토'의 예제 코드와 거의 같다.

결과를 보면 원시 몬테카를로 탐색보다 몬테카를로 트리 탐색이 강한 것을 알 수 있다. 그러나 알파베타법에게는 이기지 못한다.

```
# 몬테카를로 트리 탐색 vs 랜덤/알파베타법 대전

# 파라미터
EP_GAME_COUNT = 100    # 평가 1회당 게임 수

# 선수 플레이어 포인트
def first_player_point(ended_state):
    # 1: 선수 플레이어 승리, 0: 선수 플레이어 패배, 0.5: 무승부
    if ended_state.is_lose():
        return 0 if ended_state.is_first_player() else 1
    return 0.5

# 게임 실행
def play(next_actions):
    # 상태 생성
    state = State()

    # 게임 종료 시까지 반복
    while True:
        # 게임 종료 시
        if state.is_done():
            break

        # 행동 얻기
        next_action = next_actions[0] if state.is_first_player() else next_actions[1]
        action = next_action(state)

        # 다음 상태 얻기
```

```
            state = state.next(action)

        # 선수 플레이어 포인트 반환
        return first_player_point(state)

# 임의의 알고리즘 평가
def evaluate_algorithm_of(label, next_actions):
    # 여러 차례 대전 반복
    total_point = 0
    for i in range(EP_GAME_COUNT):
        # 게임 실행
        if i % 2 == 0:
            total_point += play(next_actions)
        else:
            total_point += 1 - play(list(reversed(next_actions)))

        # 출력
        print('\rEvaluate {}/{}'.format(i + 1, EP_GAME_COUNT), end='')
    print('')

    # 평균 포인트 계산
    average_point = total_point / EP_GAME_COUNT
    print(label.format(average_point))

# vs 랜덤
next_actions = (mcts_action, random_action)
evaluate_algorithm_of('VS_Random {:.3f}', next_actions)

# vs 알파베타법
next_actions = (mcts_action, alpha_beta_action)
evaluate_algorithm_of('VS_AlphaBeta {:.3f}', next_actions)
```

```
Evaluate 100/100
VS_Random 0.935
Evaluate 100/100
VS_AlphaBeta 0.340
```

알파제로의 구조

이 장에서는 지금까지 설명한 딥 러닝, 강화 학습, 탐색의 지식을 사용해 알파제로가 사용하는 방식대로 앞 장에서 살펴본 틱택토를 학습한다. 알파제로는 바둑, 체스, 장기와 같은 복잡한 두 사람이 대결하는 유한 확정 완전 정보 게임을 위해 개발되었으며, 이를 위해 필요한 머신 리소스가 막대하기 때문에 샘플로 만들기가 거의 불가능하다.

앞 장에서 소개한 것과 같이 틱택토는 간단하므로 알파베타법을 사용하는 경우 모든 국면이 전개되기 때문에 가장 강력한 알고리즘이다. 이 장에서는 알파제로의 알고리즘을 틱택토에 적용해서 알파베타법의 성능에 얼마만큼 좇아갈 수 있는지 확인한다. 실제 게임은 보다 복잡해서 모든 국면을 전개하는 것은 불가능하므로 틱택토에서 알파베타법에 따라갈 수 있다면 알파제로의 알고리즘이 다른 게임에서도 강력한 능력을 발휘할 것으로 예상할 수 있다.

이 장에서는 알파제로가 사용하는 알고리즘을 적용할 수 있는 네트워크 모델을 구성한다. 이후 셀프 플레이를 반복해 파라미터를 조정함으로써 최적의 모델을 만들어간다. 각 모듈을 생성하고, 모듈의 동작을 확인하며, 마지막으로 이들을 조합시켜 알파제로의 알고리즘을 완성한다.

이 장의 목적

- 알파제로에서의 학습 사이클을 확인하고, 강화 학습 수행 방법에 관한 전체적인 모습을 파악한다.

- 이제까지 배운 지식을 기반으로 알파제로의 네트워크 구조 생성부터 셀프 플레이를 활용한 학습과 대전을 통해 가장 강한 플레이어를 남기는 구조를 이해한다.

- 틱택토에서 가장 강한 알파베타법에 알파제로가 얼마나 좇아갈 수 있는지 스크립트를 실행해서 확인해 본다.

절	개요	생성할 프로그램
6-1 알파제로를 활용한 틱택토	전체적인 이미지 확인과 틱택토 준비	game.py
6-2 듀얼 네트워크 생성	듀얼 네트워크 구현	dual_network.py
6-3 몬테카를로 트리 탐색 구현	국면 탐색 프로그램 구현	pv_mcts.py
6-4 셀프 플레이 파트 구현	셀프 플레이를 통한 학습 데이터 구현	self_play.py
6-5 파라미터 갱신 파트 구현	학습 데이터를 사용해 듀얼 네트워크 학습 실행	train_network.py
6-6 신규 파라미터 평가 파트 구현	최신 플레이어와 과거의 최장 플레이어를 대전시켜 강한 플레이어 남김	evaluate_network.py
6-7 베스트 플레이어 평가	랜덤, 알파베타법, 몬테카를로 트리 탐색과 대전시켜 강함 확인	evaluate_best_player.py
6-8 학습 사이클 실행	모든 스크립트를 조합해 학습 사이클 구현	train_cycle.py

6-1 알파제로를 활용한 틱택토

먼저, 알파제로의 알고리즘을 틱택토에 적용하기 위한 전체적인 이미지를 확인한다. 그리고 5장에서 소개한 틱택토를 실행하기 위한 환경을 구축한다.

6-1-1 알파제로를 활용한 틱택토

알파제로의 알고리즘은 예전부터 사용되어 오던 몬테카를로 트리 탐색(5-4 '몬테카를로 트리 탐색을 활용한 틱택토' 참고)을 기반으로 한다. 몬테카를로 트리 탐색을 활용한 '앞을 읽는 능력', 딥 러닝을 활용한 국면에서의 가장 좋은 수를 예측하는 '직감', 강화 학습을 활용한 셀프 플레이의 '경험'을 조합해 사람을 뛰어넘는 최강의 인공지능을 실현한다.

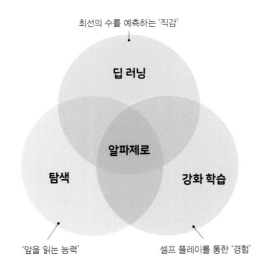

그림 6-1-1 **알파제로에서 사용되는 탐색, 딥 러닝, 강화 학습**

다음 칼럼에도 언급하겠지만, 오리지널 알파제로는 5,000개의 TPU라는 풍부한 환경에서 각 부분을 비동기적으로 병렬 실행함으로써 막대한 양의 학습을 수행한다. 그만한 환경을 준비하는 것은 매우 어려우므로 이 책에서는 알파제로의 아이디어를 기반으로 1대의 GPU

머신으로 순차적으로 동작하도록 규모를 축소해서 구현한다.

알파제로를 활용한 틱택토에서의 강화 학습 요소는 다음과 같다.

표 6-1-1 알파제로를 활용한 틱택토에서의 강화 학습 요소

강화 학습 요소	틱택토
목적	승리
에피소드	게임 종료 국면까지
상태	국면
행동	수를 던짐
보상	승리 시 +1, 패배 시 -1
학습 방법	몬테카를로 트리 탐색 + ResNet + 셀프 플레이
파라미터 갱신 간격	매 에피소드마다

6-1-2 알파제로의 강화 학습 사이클

알파제로의 강화 학습 사이클은 '듀얼 네트워크 생성'과 '셀프 플레이 파트', '파라미터 갱신 파트', '신규 파라미터 평가 파트'의 세 파트로 구성된다.

이에 관해서는 이후의 절에서 자세히 설명한다.

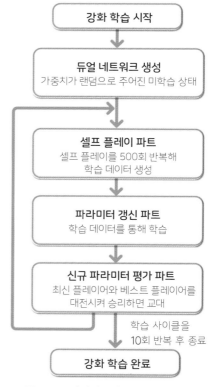

그림 6-1-2 알파제로의 강화 학습 사이클

■ 듀얼 네트워크 생성

'듀얼 네트워크 생성'에서는 뉴럴 네트워크의 구성을 정의하고 '베스트 플레이어(과거 최강)' 모델을 생성한다.

알파제로의 뉴럴 네트워크는 현재 국면에 대해 '정책', '가치'의 두 가지를 출력하는 '듀얼 네트워크'를 사용한다. 최초에는 가중치 랜덤으로 주어진 미학습 상태이기 때문에 매우 약한 상태에서 시작한다. 이를 학습과 평가에 따라 즉시 갱신한다.

■ 셀프 플레이 파트

'셀프 플레이 파트'에서는 베스트 플레이어 모델을 사용해 '셀프 플레이'를 수행한다. '셀프 플레이'란 인공지능끼리 게임이 종료될 때까지 플레이하는 것이다. 이를 통해 뉴럴 네트워크의 학습에 이용할 '학습 데이터(정책과 가치)'를 생성한다.

■ 파라미터 갱신 파트

'파라미터 갱신 파트'에서는 셀프 플레이에서 생성한 학습 데이터를 사용해 '최신 플레이어'를 학습시킨다. '최신 플레이어'의 초기 상태는 베스트 플레이어를 복사해서 사용한다.

■ 신규 파라미터 평가 파트

'신규 파라미터 평가 파트'에서는 최신 플레이어와 베스트 플레이어를 대전시키고, 충분히 앞선 경우에는 교대한다. 이와 같이 학습을 통해 강해지지 않으면 그 학습을 채택하지 않는다.

COLUMN 　오리지널 알파제로에서의 신규 파라미터 평가 파트

신규 파라미터 평가 파트는 알파고, 알파고 제로에서의 구조로 오리지널 알파제로에는 포함되지 않은 방법이다.

이 책에서는 학습 횟수가 적은 경우 효과가 있다고 판단하여 적용했다.

알파고 제로는 3일 동안의 학습을 통해 사람의 능력을 크게 상회하는 실력을 갖추었고, 알파제로는 1일 동안의 학습을 통해 알파고 제로를 뛰어넘었다. 알파고 제로, 알파제로가 이토록 짧은 기간에 바둑을 숙달할 수 있었던 배경에는 막대한 수의 TPU가 뒷받침하고 있다.

알파고 제로는 2,000개, 알파제로에는 5,000개의 TPU가 사용된다. 알파제로가 1일 동안 학습한 내용을 GPU 1개가 학습한다면 135년, CPU 1개가 학습한다면 5,600년이 걸린다.

표 **알파고 제로와 알파제로의 학습 시간 비교**

프레임워크	CPU	GPU	TPU
알파고 제로(20블록)	11,000년	270년	3일(2,000개)
알파고 제로(40블록)	150,000년	3,600년	40일(2,000개)
알파제로	5,600년	135년	1일(5,000개)

6-1-3 샘플의 예제 코드 목록

이 장에서 사용하는 샘플의 예제 코드는 다음과 같다.

기능별로 실행 가능한 예제 코드를 각각 생성하고, 마지막으로 알파제로의 학습 사이클을 완성시킨다.

표 6-1-2 **알파제로를 활용한 틱택토의 예제 코드 목록**

예제 코드	설명	절
game.py	게임 상태	6-1
dual_network.py	듀얼 네트워크	6-2
pv_mcts.py	몬테카를로 트리 탐색	6-3
self_play.py	셀프 플레이 파트	6-4
train_network.py	파라미터 갱신 파트	6-5
evaluate_network.py	신규 파라미터 평가 파트	6-6
evaluate_best_player.py	베스트 플레이어 평가	6-7
train_cycle.py	학습 사이클 실행	6-8
human_play.py	게임 UI	7-3

6-1-4 게임 상태 준비

먼저, 틱택토의 게임 상태를 준비한다. 예제 코드의 내용은 5-4 '몬테카를로 트리 탐색을 활용한 틱택토'와 거의 동일하다. 생략한 부분은 이쪽을 참고한다.

이번 프로그램은 'game.py'라는 파일명으로 생성한다.

```python
# 패키지 임포트
import random
import math

# 게임 상태
class State:
    (생략)

# 랜덤으로 행동 선택
def random_action(state):
    (생략)

# 알파베타법을 활용한 상태 가치 계산
def alpha_beta(state, alpha, beta):
    (생략)

# 알파베타법을 활용한 행동 선택
def alpha_beta_action(state):
    (생략)

# 플레이아웃
def playout(state):
    (생략)

# 최댓값의 인덱스 반환
def argmax(collection):
    (생략)

# 몬테카를로 트리 탐색을 활용한 행동 선택
def mcts_action(state):
    (생략)
```

6-1-5 동작 확인 정의

동작을 확인하기 위한 코드를 추가한다. 여기서는 '랜덤 vs 랜덤'으로 대전하는 코드를 추가한다.

'if __name__ == "__main__":' 블록 안의 코드는 사용자가 파이썬 코드를 직접 실행하는 경우에만 동작하며, import 구문을 사용하는 경우에는 실행되지 않는다.

```python
# 동작 확인
if __name__ == '__main__':
    # 상태 생성
    state = State()

    # 게임 종료 시까지 반복
    while True:
        # 게임 종료 시
        if state.is_done():
            break

        # 다음 상태 얻기
        state = state.next(random_action(state))

        # 문자열 표시
        print(state)
        print()
```

6-1-6 동작 확인 실행

'game.py'를 Google Colab의 인스턴스에 업로드해서 실행한다. 노트북에서 다음 코드를 실행한다.

■ dir 명령어

dir 명령어로 폴더에 존재하는 파일 목록을 표시해 올바르게 업로드했는지 확인한다.

같은 이름의 파일을 여러 차례 업로드하는 경우에는 해당 파일을 덮어쓰지 않고 다른 이름으로 저장(game ⑵.py 등)하므로 주의한다. 중복된 경우에는 '!rm 〈파일명〉' 명령어로 파일을 삭제한다.

■ python 명령어

python 명령어로 game.py를 직접 실행한다.

```
# game.py 업로드
from google.colab import files
uploaded = files.upload()

# 폴더 확인
!dir
```

```
# game.py 동작 확인
!python game.py
```

```
---        o--        oo-
---        --x        x-x
--o        x-o        xoo

---        o--        oox
--x        --x        x-x
--o        xoo        xoo

o--        o--        oox
--x        x-x        xox
--o        xoo        xoo
```

COLUMN 　알파제로의 레퍼런스 구현

DeepMind가 개발한 알파제로의 공식 레퍼런스 구현은 공개되어 있지 않으며, 전 세계의 여러 사람들이 논문의 아이디어를 사용해 구현하고 있다. 다음 두 가지 구현은 매우 간단하고 이해하기 쉬우므로 참고하도록 한다.

이 책의 샘플 프로그램을 통한 1장에서 소개한 알파고, 알파고 제로, 알파제로의 논문과 이 2개의 구현 예를 참고로 생성했다.

▌ **49세 아저씨도 만들 수 있는 알파제로**(일본어)
https://tail-island.github.io/programming/2018/06/20/alpha-zero.html

▌ **Alpha Zero General**(any game, any framework!)
https://github.com/suragnair/alpha-zero-general

6-2 듀얼 네트워크 생성

3장 '딥 러닝'에서는 다양한 뉴럴 네트워크 모델을 구현하며 설명했다. 알파제로에서는 3-4 'ResNet를 활용한 이미지 분류'에서 설명한 ResNet을 기반 모델로 사용한다.

6-2-1 듀얼 네트워크 구성

알파제로에서는 현재 국면에 대해 정책, 가치의 2개 값을 출력하는 '듀얼 네트워크'를 사용한다. 먼저, ResNet의 레지듀얼 블록으로 게임 화면의 특징을 추출하고, 마지막으로 '정책 출력'과 '가치 출력'의 두 가지로 분리시켜 정책(다음 한 수)과 가치(승패 예측) 두 가지를 추론한다.

ResNet과 같은 컨볼루셔널 뉴럴 네트워크는 이미지 인식 분야에서 보다 높은 성능을 발휘하는 뉴럴 네트워크다. 알파제로에서는 이 뉴럴 네트워크의 입력으로 이미지가 아닌 게임의 보드면을 사용한다. 이미지와 게임의 보드면은 모두 가로세로 방향의 정보 나열에 의미가 있으므로 컨볼루셔널 뉴럴 네트워크를 활용해 특징을 추출하기에 적합하다.

여기에서의 프로그램은 'dual_network.py'라는 파일에 생성한다.

네트워크 구조는 다음과 같다. 오리지널 알파제로의 네트워크 구조보다 레이어를 적게 구성한다.

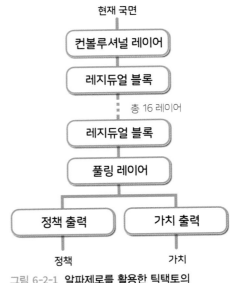

그림 6-2-1 알파제로를 활용한 틱택토의 네트워크 구조

■ 듀얼 네트워크의 입력

듀얼 네트워크 입력은 게임의 보드면이다. 3-4 'ResNet를 활용한 이미지 분류'에서는 컬러 이미지를 RGB 3개의 2차원 배열로 입력했지만, 여기서는 게임의 보드면을 '자신의 돌의 위치'와 '상대방의 돌의 위치' 2개의 2차원 배열로 입력한다.

구체적으로는 3 × 3의 2차원 배열 2개 입력 형태는 (3, 3, 2)로 돌이 놓여져 있으면 1, 그렇지 않으면 0이다.

듀얼 네트워크의 입력

- 자신의 돌의 위치(3×3의 2차원 배열)
- 상대방의 돌의 위치(3×3의 2차원 배열)

듀얼 네트워크의 입력 예시는 다음과 같다.

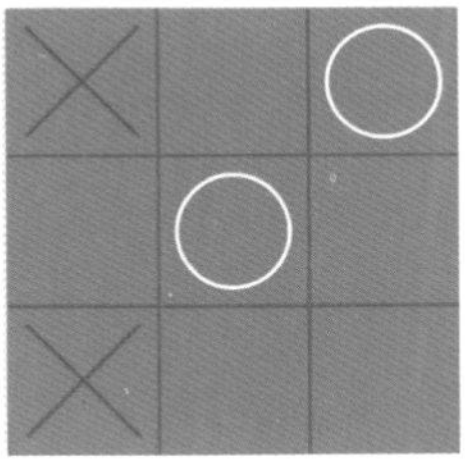

	자신의 돌의 위치	상대방의 돌의 위치
	[[0, 0, 1],	[[1, 0, 0],
	[0, 1, 0],	[0, 0, 0],
	[0, 0, 0]]	[1, 0, 0]]

그림 6-2-2 **듀얼 네트워크의 입력 예**

■ 듀얼 네트워크의 출력

듀얼 네트워크는 정책과 가치를 출력한다. 정책은 다음 한 수의 확률 분포이며, 행동의 수가 9이므로 길이가 9인 배열을 반환한다. 가치는 현재 국면에서의 승리 예측으로 0~1의 값이므로 길이 1인 배열을 반환한다.

듀얼 네트워크의 출력

- 정책(엘리먼트 수가 9이고, 엘리먼트 값의 합계가 1인 배열)
- 가치(0~1의 값을 가진 길이 1인 배열)

듀얼 네트워크의 출력 예는 다음과 같다.

정책	가치
[0, 0, 0, 0.05, 0, 0, 0.95, 0, 0]	[1.0]
※ 매스 3인 확률 = 0.05 ※ 매스 6인 확률 = 0.95	

그림 6-2-3 듀얼 네트워크의 출력 예

COLUMN / 오리지널 알파제로 바둑의 입력

오리지널 알파제로 바둑에서의 입력은 19×19의 2차원 배열 17개로 다음을 표시한다.

- 자신의 돌의 위치×8(최근 8수 분량)
- 상대방의 돌의 위치×8(최근 8수 분량)
- 자신의 국면과 상대방의 국면 중 누구의 국면인지

자신과 상대방의 돌의 배치는 무한 반복은 금지하는 규칙에 대응하기 위해 최근 8수 분량을 포함한다. 자신의 국면과 상대방의 국면 중 누구의 국면인지는 자신의 국면인 경우 전부 1, 상대방의 국면인 경우 전부 0인 2차원 배열이 된다.

6-2-2 패키지 임포트

알파제로의 듀얼 네트워크를 생성하는 데 필요한 패키지를 임포트한다.

```
# 패키지 임포트
from tensorflow.keras.layers import Activation, Add, BatchNormalization, Conv2D,
Dense, GlobalAveragePooling2D, Input
from tensorflow.keras.models import Model
from tensorflow.keras.regularizers import l2
from tensorflow.keras import backend as K
import os
```

6-2-3 파라미터 준비

파라미터를 준비한다.

'DN_WIDTH'로 컨볼루셔널 레이어의 유닛 수, 'DN_HEIGHT'로 레지듀얼 블록의 수를 지정한다. 'DN_INPUT_SHAPE'는 듀얼 네트워크의 입력 형태다.

'DN_OUTPUT_SIZE'는 정책의 출력 사이즈다. 출력은 행동의 수가 9이므로 9로 지정한다.

```
# 파라미터 준비
DN_FILTERS = 128   # 컨볼루셔널 레이어 커널 수(오리지널 256)
DN_RESIDUAL_NUM = 16   # 레지듀얼 블록 수(오리지널 19)
DN_INPUT_SHAPE = (3, 3, 2)   # 입력 형태
DN_OUTPUT_SIZE = 9   # 행동 수(배치 수(3×3))
```

COLUMN　　오리지널 알파제로의 바둑 파라미터

오리지널 알파제로의 바둑 파라미터는 다음과 같다.

- 컨볼루셔널 레이어 커널 수: 256
- 레지듀얼 블록 수: 19
- 입력 형태: 19×19의 2차원 배열, 17개
- 행동 수는 돌을 놓을 수 있는 위치(19×19)와 경로(1)로 362

6-2-4 컨볼루셔널 레이어 생성

conv(filters)로 ResNet의 컨볼루셔널 레이어를 생성한다.

```
# 컨볼루셔널 레이어 생성
def conv(filters):
    return Conv2D(filters, 3, padding='same', use_bias=False,
                  kernel_initializer='he_normal', kernel_regularizer=l2(0.0005))
```

6-2-5 레지듀얼 블록 생성

residual_block()으로 ResNet의 레지듀얼 블록을 생성한다. 레지듀얼 블록의 네트워크의 구성은 다음과 같다.

레지듀얼 블록

컨볼루셔널 레이어
3 × 3 커널 128매

BatchNormalization

ReLU

컨볼루셔널 레이어
3 × 3 커널 128매

컨볼루셔널 레이어

BatchNormalization

Add

ReLU

그림 6-2-4 **알파제로를 활용한 틱택토의 레지듀얼 블록 네트워크 구성**

```
# 레지듀얼 블록 생성
def residual_block():
    def f(x):
        sc = x
        x = conv(DN_FILTERS)(x)
        x = BatchNormalization()(x)
        x = Activation('relu')(x)
        x = conv(DN_FILTERS)(x)
        x = BatchNormalization()(x)
        x = Add()([x, sc])
        x = Activation('relu')(x)
        return x
    return f
```

6-2-6 듀얼 네트워크 생성

다음 리스트에 있는 dual_network()로 듀얼 네트워크를 생성한다.

① 모델 생성을 완료한 경우 아무 처리도 하지 않음

베스트 플레이어 모델(./model/best.hr)이 존재하는 경우에는 아무런 처리를 하지 않는다.

② 모델 생성

입력 레이어, 컨볼루셔널 레이어, 레지듀얼 블록×16, 풀링 레이어, 정책 출력, 가치 출력, 모델 순서로 생성한다.

③ 모델 저장

model 폴더가 없는 경우에는 새롭게 폴더를 만든 뒤, 베스트 플레이어의 모델(./model/best.h5)을 저장한다.

④ 모델 삭제

모델의 세션과 메모리를 파기한다. K.clear_session()으로 세션을, del_model로 메모리를 파기한다.

```python
# 듀얼 네트워크 생성
def dual_network():
    # 모델 생성이 완료된 경우 처리하지 않음
    if os.path.exists('./model/best.h5'):
        return

    # 입력 레이어
    input = Input(shape=DN_INPUT_SHAPE)

    # 컨볼루셔널 레이어
    x = conv(DN_FILTERS)(input)
    x = BatchNormalization()(x)
    x = Activation('relu')(x)

    # 레지듀얼 블록 × 16
    for i in range(DN_RESIDUAL_NUM):
        x = residual_block()(x)

    # 풀링 레이어
    x = GlobalAveragePooling2D()(x)
```

```
# 정책 출력
p = Dense(DN_OUTPUT_SIZE, kernel_regularizer=l2(0.0005),
          activation='softmax', name='pi')(x)

# 가치 출력
v = Dense(1, kernel_regularizer=l2(0.0005))(x)
v = Activation('tanh', name='v')(v)

# 모델 생성
model = Model(inputs=input, outputs=[p, v])

# 모델 저장
os.makedirs('./model/', exist_ok=True)   # 폴더가 없는 경우 생성
model.save('./model/best.h5')   # 베스트 플레이어 모델

# 모델 삭제
K.clear_session()
del model
```

COLUMN **오리지널 알파제로의 네트워크 구조**

오리지널 알파제로의 네트워크 구조는 다음과 같다.

컨볼루셔널 레이어

컨볼루셔널 레이어(3 × 3 커널 256매, Batch Normalization, ReLU)

레지듀얼 블록

레지듀얼 블록(19개)

정책 출력

- 컨볼루셔널 레이어(1 × 1 커널 2매, Batch Normalization, ReLU)
- 전결합 레이어(362 유닛)

가치 출력

- 컨볼루셔널 레이어(1 × 1 커널 1매, Batch Normalization, ReLU)
- 전결합 레이어(256 유닛, ReLU)
- 전결합 레이어(1 유닛, tanh)

6-2-7 동작 확인 정의

동작 확인을 위한 코드를 추가한다. create_dual_network()의 실행만을 수행한다. 이를 통해 model 폴더에 베스트 플레이어 모델(./model/best/h5)이 생성된다.

```
# 동작 확인
if __name__ == '__main__':
    dual_network()
```

6-2-8 동작 확인 실행

'dual_network.py'를 Google Colab의 인스턴스에 업로드해서 실행한다. 노트북에서 다음 코드를 실행한다.

여기서는 듀얼 네트워크 모델의 생성을 확인하는 것뿐이므로 출력된 모델은 학습을 하지 않는 상태의 것이다.

```
# dual_network.py 업로드
from google.colab import files
uploaded = files.upload()

# 폴더 확인
!dir
```

```
dual_network.py  game.py  sample_data
```

```
# dual_network.p 동작 확인
!python dual_network.py

# 폴더 확인
!dir
!dir ./model/
```

```
dual_network.py  game.py  model  sample_data
best.h5
```

알파고와 알파(고) 제로를 비교하면 다음과 같다. 알파고 제로와 알파제로의 구조는 기본적으로 동일하므로 함께 정리한다.

표 알파고와 알파(고) 제로 비교

	알파고	알파(고) 제로
구성	몬테카를로 트리 탐색 정책 네트워크 가치 네트워크 롤아웃 정책	몬테카를로 트리 탐색 듀얼 네트워크
네트워크 구조	CNN	ResNet
학습 방법	지도 학습 강화 학습	강화 학습
입력	19 × 19의 2차원 배열 48개 • 최근 9수의 흑돌의 배치 • 최근 9수의 백돌의 배치 • 실패 수 • 획득 가능한 상대방 돌의 예측 수 • 축을 딸 수 있는가(이후 생략)	19 × 19의 2차원 배열 17개 • 최근 8수의 흑돌의 배치 • 최근 8수의 백돌의 배치 • 순서(흑이면 모두 1, 백이면 모두 0)

뉴럴 네트워크의 구성

알파고에서는 정책을 추론하는 '정책 네트워크(policy network)', 가치를 추론하는 '가치 네트워크(value network)', 플레이아웃에 이용하는 '롤아웃 정책(정책 네트워크보다 정밀도가 낮지만 속도가 빠른 모델)'의 3가지 뉴럴 네트워크가 사용된다.

알파(고) 제로에서는 이 정책 네트워크와 가치 네트워크를 통합한 듀얼 네트워크를 사용한다. 듀얼 네트워크에서의 승률 예상이 크게 향상되었기 때문에 플레이아웃을 사용할 필요가 없어 롤아웃 정책도 사용하지 않게 된다.

네트워크 구조

알파고에서는 CNN, 알파(고) 제로에서는 ResNet을 사용한다.

학습 방법

알파고에서는 프로 기사의 기보 데이터를 활용한 지도 학습으로 정책 네트워크를 학습하고, 강화 학습으로 가치 네트워크를 학습한다. 또한, 강화 학습은 정책 네트워크 강화에도 사용한다.

알파(고) 제로에서는 강화 학습으로 듀얼 네트워크를 학습한다.

뉴럴 네트워크의 입력

알파고에서는 최근 8수의 돌의 위치, 실패 수, 획득할 수 있는 상대방의 돌의 예측 수, 축을 딸 수 있는지 등 다양한 정보를 입력한다.

알파(고) 제로에서는 최근 8수의 돌의 위치와 자국면인지 상대방의 국면인지에 대한 정보만 입력한다.

6-3 │ 몬테카를로 트리 탐색 구현

알파제로는 앞 장의 5-3 '몬테카를로 트리 탐색을 활용한 틱택토'에서 만든 알고리즘을 기본 탐색 기법으로 하고 있으나, 다양한 형태의 확장이 적용되었으므로 그 내용을 설명한다. 마지막으로 생성한 몬테카를로 트리 탐색으로 틱택토를 실행해 본다.

6-3-1 알파제로의 몬테카를로 트리 검색

알파제로에서 사용하는 몬테카를로 트리 탐색을 'pv_mcts.py'에 구현한다.

앞 장 5-3 '몬테카를로 트리 탐색을 활용한 틱택토'에서는 플레이아웃에서 국면의 가치를 취득했지만, 알파제로에서는 뉴럴 네트워크에서 국면의 가치를 취득한다. 변경점은 다음과 같다.

■ 선택

5-4 '몬테카를로 트리 탐색을 활용한 틱택토'에서는 선택에서 루트 노드로부터 리프 노드에 도달할 때까지 UCB1이 가장 큰 자식 노드를 선택하는 방법으로 수를 진행했다. 알파제로에서는 UCB1이 아닌 '아크 평갓값'을 사용한다.

$$
\text{아크 평갓값} = \underbrace{\frac{w}{n}}_{\text{성공률}} + \underbrace{c_{puct}}_{\substack{\text{밸런스 조정} \\ \text{정수}}} \times \overbrace{p}^{\substack{\text{수의 확률} \\ \text{분포}}} \times \underbrace{\frac{\sqrt{t}}{(1+n)}}_{\text{바이어스}}
$$

w: 이 노드의 누계 가치　　　　n: 이 노드의 시행 횟수
c_{puct}: 승률과 수의 예측 확률 * 바이어스의 균형을 조정하기 위한 상수
p: 수의 확률 분포　　　　　　t: 시행 횟수 누계

■ 평가

5-4 '몬테카를로 트리 탐색을 활용한 틱택토'에서는 리프 노드에 도달했을 때 플레이아웃으로 가치를 취득했다. 알파제로에서는 플레이아웃이 아니라 뉴럴 네트워크에서 정책과 가치를 취득한다.

정책은 아크 평갓값의 계산, 가치는 누계 가치의 갱신에 이용한다.

■ 전개

5-4 '몬테카를로 트리 탐색을 활용한 틱택토'에서는 노드의 시행 횟수가 10 이상이 되면 전개를 수행해 자식 노드를 생성했다. 알파제로에서는 1회 이상이 된다. 뉴럴 네트워크를 사용하기 때문에 여러 차례 시뮬레이션을 수행하지 않아도 어느 수가 유효한가를 추론할 수 있다.

■ 갱신

가치를 취득했다면 그 가치에 기반해 노드의 정보 누계 가치와 시행 횟수를 갱신하면서 루트 노드까지 돌아온다.

이와 같이 뉴럴 네트워크의 정책과 가치를 사용해 몬테카를로 트리 탐색을 수행하는 방법을 **정책 가치 몬테카를로 트리 탐색**Policy Value Monte Carlo Tree Search, PV MCTS이라고 부른다.

또한, 오리지널 알파제로에서는 다수의 CPU와 GPU를 **비동기적**Asynchronous으로 병렬 동작시켜 학습의 속도를 향상시켰기 때문에 **비동기 정책 가치 몬테카를로 트리 탐색**Asynchronous Policy Value Monte Carlo Tree Search, APV MCTS라고 부른다.

6-3-2 패키지 임포트

알파제로의 몬테카를로 트리 탐색에서 필요한 패키지를 임포트한다.

```
# 패키지 임포트
from game import State
from dual_network import DN_INPUT_SHAPE
from math import sqrt
from tensorflow.keras.models import load_model
from pathlib import Path
import numpy as np
```

6-3-3 파라미터 준비

파라미터를 준비한다. 'PV_EVALUATE_COUNT'는 추론 1회당 시뮬레이션 횟수다.

```
# 파라미터 준비
PV_EVALUATE_COUNT = 50  # 추론 1회당 시뮬레이션 횟수(오리지널: 1,600회)
```

6-3-4 추론

다음 리스트에 있는 predict(model, state)는 뉴럴 네트워크의 추론을 수행한다.

① 추론을 위한 입력 데이터의 형태 변환

앞 절 6-2 '듀얼 네트워크 생성'에서는 여기에서의 듀얼 네트워크의 입력 형태를 (3, 3, 2)로 했다. 그리고 학습, 평가, 추론에는 다수의 입력 데이터를 모아서 전달할 수 있다. 때문에 학습, 평가, 추론에 전달하는 입력 데이터의 형태는 입력 데이터 수의 차원을 더해 (입력 데이터 수, 3, 3, 2)가 된다.

여기서는 1개의 입력 데이터로 추론을 수행하고자 하므로 상태(자신의 돌의 위치, 상대방의 돌의 위치)를 형태 (1, 3, 3, 2)로 변환한다.

변환 순서는 다음과 같다.

(1) 상태를 np.array()를 사용해 ndarray()로 변환
(2) reshape()를 사용해 형태 (2, 3, 3)으로 변환
(3) transpose()를 사용해 축의 순서를 바꾸어 형태 (3, 3, 2)로 변환
(4) reshape()로 형태 (1, 3, 3, 2)로 변환

② 추론

model.predict()로 추론을 수행하고, 결과를 취득한다. 인수 batch_size에 배치 사이즈 1을 지정한다.

③ 정책 취득

배치 사이즈는 1이므로 y[0][0]에 정책이 하나씩 출력된다. 여기에서 둘 수 있는 수만을 추출해 합계로 나누어 둘 수 있는 수만의 확률 분포로 변환한다.

④ 가치 취득

배치 사이즈가 1이므로 y[1][0]에 가치가 하나씩 출력된다. 가치의 배열로부터 값만을 추출하므로. y[1][0][0]으로 취득한다.

```python
# 추론
def predict(model, state):
    # 추론을 위한 입력 데이터 형태 변환
    a, b, c = DN_INPUT_SHAPE
    x = np.array([state.pieces, state.enemy_pieces])
    x = x.reshape(c, a, b).transpose(1, 2, 0).reshape(1, a, b, c)

    # 추론
    y = model.predict(x, batch_size=1)

    # 정책 얻기
    policies = y[0][0][list(state.legal_actions())]   # 둘 수 있는 수만
    policies /= sum(policies) if sum(policies) else 1   # 합계 1의 확률 분포로 변환

    # 가치 얻기
    value = y[1][0][0]
    return policies, value
```

6-3-5 노드의 리스트를 시행 횟수 리스트로 변환

'nodes_to_score(nodes)'는 노드의 리스트를 시행 횟수 리스트로 변환한다.

```python
# 노드 리스트를 시행 횟수 리스트로 변환
def nodes_to_scores(nodes):
    scores = []
    for c in nodes:
        scores.append(c.n)
    return scores
```

6-3-6 몬테카를로 트리 탐색 스코어 취득

'pv_mcts_scores(model, state, temperature)'는 현재 국면에 대한 둘 수 있는 수의 확률 분포를 표시한다.

인수는 모델, 상태, 온도 파라미터다. 온도 파라미터에 관해서는 뒤에서 설명한다.

① 몬테카를로 트리 탐색 노드 정의

몬테카를로 트리 탐색의 노드는 관리를 쉽게 하기 위해 Node 클래스로 정리한다. Node 클래스의 멤버 변수는 다음과 같다.

표 6-3-1 Node 클래스 멤버 변수

멤버 변수	타입	설명
state	State	상태
p	ndarray	정책
w	int	누계 가치
n	int	시행 횟수
child_nodes	list	자식 노드군. 엘리먼트 타입은 Node

Node 클래스의 메소드는 다음과 같다.

표 6-3-2 Node 클래스 메소드

메소드	설명
__init__(state, p)	노드 초기화
evaluate()	국면의 가치 계산
next_child_node()	아크 평갓값이 가장 큰 자식 노드를 취득

② 현재 국면의 노드 생성

인수 state를 기반으로 현재 국면의 노드를 생성한다.

③ 여러 차례 평가를 실행

파라미터 'PV_EVALUATE_COUNT'의 횟수만큼 몬테카를로 트리 탐색 시뮬레이션을 실행한다. 그 결과, 시행 횟수가 높은 자식 노드가 가치가 높은 수가 된다.

④ 둘 수 있는 수의 확률 분포

'nodes_to_scores()'는 자식 노드의 리스트를 시행 횟수의 리스트로 변환한다. 이 리스트는 둘 수 있는 수의 확률 분포를 나타낸다.

뉴럴 네트워크는 입력이 같다면 출력도 같아진다. 때문에 이 둘 수 있는 수의 확률 분포를 사용해 셀프 플레이를 수행하면 같은 수만 두게 되므로 학습 데이터 변화에 **변동**variation이

늘어나지 않는다.

Sarsa나 Q 학습에서는 ε-greedy로 출력에 변화를 주었지만, 알파제로에서는 '볼츠만 분포'를 사용한다. 인수 'temperature'는 '온도 파라미터'라 불리는 볼츠만 분포의 분산된 정도를 지정한다. 볼츠만 분포에 대해서는 뒤에 더 자세히 설명한다.

온도 파라미터가 1인 경우는 시행 횟수가 가장 많은 수를 100% 선택하도록 최댓값만을 1이 되도록 하고 있다.

다음 예제 코드의 생략 부분은 뒤에서 메소드별로 설명한다.

```python
# 몬테카를로 트리 탐색 스코어 얻기
def pv_mcts_scores(model, state, temperature):
    # 몬테카를로 트리 탐색 노드 정의
    class Node:
        (생략)

    # 현재 국면의 노드 생성
    root_node = Node(state, 0)

    # 여러 차례 평가 실행
    for _ in range(PV_EVALUATE_COUNT):
        root_node.evaluate()

    # 둘 수 있는 수의 확률 분포
    scores = nodes_to_scores(root_node.child_nodes)
    if temperature == 0:  # 최댓값인 경우에만 1
        action = np.argmax(scores)
        scores = np.zeros(len(scores))
        scores[action] = 1
    else:  # 볼츠만 분포를 기반으로 분산 추가
        scores = boltzman(scores, temperature)
    return scores
```

■ 노드 초기화

'__init__()'은 노드를 초기화한다. 상태, 정책, 누계 가치, 시행 횟수, 자식 노드군에 초기값을 대입한다.

```python
# 노드 초기화
def __init__(self, state, p):
```

```
    self.state = state    # 상태
    self.p = p    # 정책
    self.w = 0    # 가치 누계
    self.n = 0    # 시행 횟수
    self.child_nodes = None    # 자식 노드군
```

■ 국면 가치 계산

다음 리스트의 'evaluate()'는 국면 가치를 계산한다.

① 게임이 종료된 경우

게임이 종료된 경우에는 '패배: -1', '무승부: 0'을 반환한다. 이 때, 노드 누계 가치와 시행 횟수도 갱신한다.

② 자식 노드군이 존재하지 않는 경우

게임이 종료되는 경우 이외에, 자식 노드군이 존재하지 않는 노드는 자식 노드를 전개할 수 있지만, 아직 전개하지 않은 노드다. 자식 노드군이 존재하지 않는 경우에는 뉴럴 네트워크에서 추론을 수행하고, 정책과 가치를 취득한다.

이 때, 노드의 누계 가치와 시행 횟수도 갱신한다. 또한, 자식 노드군도 전개한다.

③ 자식 노드가 존재하는 경우

자식 노드군이 존재하는 경우(리프가 아닌 노드)는 아크 평갓값이 가장 큰 자식 노드의 평가를 재귀적으로 계산한다. 이 때, 노드의 누계 가치와 시행 횟수도 갱신한다. 또한, evaluate()의 가치는 상대 국면의 가치이므로 마이너스(-)를 붙인다.

```
# 국면 가치 계산
def evaluate(self):
    # 게임 종료 시
    if self.state.is_done():
        # 승패 결과로 가치 얻기
        value = -1 if self.state.is_lose() else 0

        # 누계 가치와 시행 횟수 갱신
        self.w += value
        self.n += 1
        return value

    # 자식 노드가 존재하지 않는 경우
```

```
        if not self.child_nodes:
            # 뉴럴 네트워크 추론을 활용한 정책과 가치 얻기
            policies, value = predict(model, self.state)
            # 누계 가치와 시행 횟수 갱신
            self.w += value
            self.n += 1

            # 자식 노드 전개
            self.child_nodes = []
            for action, policy in zip(self.state.legal_actions(), policies):
                self.child_nodes.append(Node(self.state.next(action), policy))
            return value

        # 자식 노드가 존재하는 경우
        else:
            # 아크 평갓값이 가장 큰 자식 노드의 평가로 가치 얻기
            value = -self.next_child_node().evaluate()

            # 누계 가치와 시행 횟수 갱신
            self.w += value
            self.n += 1
            return value
```

■ 아크 평갓값이 가장 큰 자식 노드 취득

'next_child_node()'는 아크 평갓값이 가장 큰 자식 노드를 취득한다. 'C_PUCT(승률과 수의 예측 확률 × 바이어스의 밸런스를 조정하기 위한 정수)'는 1.0으로 고정한다.

```
# 아크 평가가 가장 큰  자식 노드 얻기
def next_child_node(self):
    # 아크 평가 계산
    C_PUCT = 1.0
    t = sum(nodes_to_scores(self.child_nodes))
    pucb_values = []
    for child_node in self.child_nodes:
        pucb_values.append((-child_node.w / child_node.n if child_node.n else 0.0) +
            C_PUCT * child_node.p * sqrt(t) / (1 + child_node.n))

    # 아크 평갓값이 가장 큰 자식 노드 반환
    return self.child_nodes[np.argmax(pucb_values)]
```

6-3-7 몬테카를로 트리 탐색을 활용한 행동 선택

'pv_mcts_action(mode, temperature=0)'은 몬테카를로 트리 탐색에서 국면에 대한 행동을 반환하는 함수를 반환한다. 인수는 모델, 온도 파라미터다.

```python
# 몬테카를로 트리 탐색을 활용한 행동 선택
def pv_mcts_action(model, temperature=0):
    def pv_mcts_action(state):
        scores = pv_mcts_scores(model, state, temperature)
        return np.random.choice(state.legal_actions(), p=scores)

    return pv_mcts_action
```

6-3-8 볼츠만 분포에 따른 분산도 부가

'boltzman(xs, temperature)'는 볼츠만 분포를 계산한다. 인수는 둘 수 있는 수의 확률 분포와 온도 파라미터다. 둘 수 있는 수의 확률 분포에 분산을 부가한 값을 반환한다.

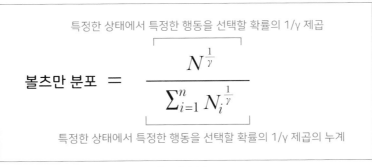

특정한 상태에서 특정한 행동을 선택할 확률의 $1/\gamma$ 제곱

$$\text{볼츠만 분포} = \frac{N^{\frac{1}{\gamma}}}{\sum_{i=1}^{n} N_i^{\frac{1}{\gamma}}}$$

특정한 상태에서 특정한 행동을 선택할 확률의 $1/\gamma$ 제곱의 누계

N : 행동을 선택할 확률의 리스트 γ : 온도 파라미터
N : 특정한 행동을 할 확률 n : 행동의 수

```python
# 볼츠만 분포
def boltzman(xs, temperature):
    xs = [x ** (1 / temperature) for x in xs]
    return [x / sum(xs) for x in xs]
```

6-3-9 동작 확인 정의

동작 확인을 위한 코드를 추가한다.

몬테카를로 트리 탐색의 행동 선택 'pv_mcts_action'을 사용해 게임이 종료될 때까지 실행한다.

```python
# 동작 확인
if __name__ == '__main__':
    # 모델 로드
    path = sorted(Path('./model').glob('*.h5'))[-1]
    model = load_model(str(path))

    # 상태 생성
    state = State()

    # 몬테카를로 트리 탐색을 활용해 행동을 얻는 함수 생성
    next_action = pv_mcts_action(model, 1.0)

    # 게임 종료 시까지 반복
    while True:
        # 게임 종료 시
        if state.is_done():
            break

        # 행동 얻기
        action = next_action(state)

        # 다음 상태 얻기
        state = state.next(action)

        # 문자열 출력
        print(state)
```

6-3-10 동작 확인 실행

'pv_mcts.py'를 Google Colab의 인스턴스로 업로드하고 실행한다. 노트북에서 다음 코드를
실행한다.

```
# pv_mcts.py 업로드
from google.colab import files
uploaded = files.upload()
```

```
# 폴더 확인
!dir
```

```
dual_network.py   game.py   model   pv_mcts.py                sample_data
```

```
# pv_mcts.py 동작 확인
!python pv_mcts.py
```

```
---        -x-
o--        oox
---        -ox

---        -xo
o--        oox
--x        -ox

---        -xo
o--        oox
-ox        xox

-x-        oxo
o--        oox
-ox        xox

-x-
oo-
-ox
```

6-4 셀프 플레이 파트 구현

셀프 플레이를 통해 듀얼 네트워크의 학습에 이용할 학습 데이터를 생성한다. 이 예에서는 500회 셀프 플레이를 실행해 본다.

6-4-1 셀프 플레이 파트 구현 준비

셀프 플레이 파트를 'self_play.py' 파일에 구현한다.

6-4-2 패키지 임포트

셀프 플레이 파트 구현에 필요한 패키지를 임포트한다.

```python
# 패키지 임포트
from game import State
from pv_mcts import pv_mcts_scores
from dual_network import DN_OUTPUT_SIZE
from datetime import datetime
from tensorflow.keras.models import load_model
from tensorflow.keras import backend as K
from pathlib import Path
import numpy as np
import pickle
import os
```

6-4-3 파라미터 준비

파라미터를 준비한다.

'SP_GAME_COUNT'는 셀프 플레이를 수행한 게임 수, 'SP_TEMPERATURE'는 볼츠만 분포의 온도 파라미터다.

```
# 파라미터 준비
SP_GAME_COUNT = 500    # 셀프 플레이를 수행할 게임 수(오리지널: 25,000)
SP_TEMPERATURE = 1.0  # 볼츠만 분포의 온도 파라미터
```

6-4-4 선 수를 둔 플레이어의 가치

'first_play_value(ended_state)'는 최종 국면으로부터 선 수를 둔 플레이어의 가치를 계산한다. 선 수를 둔 플레이어가 승리한 경우 1, 패배한 경우 -1, 무승부를 한 경우는 0을 반환한다.

```
# 선 수를 둔 플레이어의 가치
def first_player_value(ended_state):
    # 1: 선 수 플레이어 승리, -1: 선 수 플레이어 패배, 0: 무승부
    if ended_state.is_lose():
        return -1 if ended_state.is_first_player() else 1
    return 0
```

6-4-5 학습 데이터 저장

'write_data(history)'는 셀프 플레이를 실행해 수집한 학습 데이터(상태와 정책, 가치 세트)를 저장한다.

인수 history에 전달되는 학습 데이터의 형태는 다음과 같다.

학습 데이터 형태

[[[자신의 돌의 위치, 상대방의 돌의 위치], 정책, 가치],
 [[자신의 돌의 위치, 상대방의 돌의 위치], 정책, 가치],
 [[자신의 돌의 위치, 상대방의 돌의 위치], 정책, 가치],
 ...]

학습 데이터 리스트를 pickle을 사용해 파일에 저장한다.

pickle이란 Python 객체를 파일에 보존하고 다시 불러오는 데 필요한 패키지다. 'with open(path, mode='wb') as f:'로 파일을 열고, 'pickle.dump(객체, f)'로 Python 객체를 저장한다.

여기서는 history를 저장한다.

```python
# 학습 데이터 저장
def write_data(history):
    now = datetime.now()
    os.makedirs('./data/', exist_ok=True)  # 폴더가 없는 경우에는 생성
    path = './data/{:04}{:02}{:02}{:02}{:02}{:02}.history'.format(
        now.year, now.month, now.day, now.hour, now.minute, now.second)
    with open(path, mode='wb') as f:
        pickle.dump(history, f)
```

6-4-6 게임 실행

게임이 종료될 때까지 1회 실행하고 학습 데이터(상태, 정책, 가치 세트)를 수집한다.

정책은 스텝마다 pv_mcts_scores()로 얻는다. 이 값은 둘 수 있는 수의 확률 분포이므로 모든 수의 확률 분포로 변환해서 저장한다. 가치는 게임 한 번이 종료된 후에 first_player_value()로 선 수를 둔 플레이어의 가치를 계산해서 사용한다.

후 수를 둔 플레이어의 가치는 이 가치에 마이너스(−)를 붙여 사용한다.

```python
# 게임 실행
def play(model):
    # 학습 데이터
    history = []

    # 상태 생성
    state = State()

    while True:
        # 게임 종료 시
        if state.is_done():
            break

        # 둘 수 있는 수의 확률 분포 얻기
        scores = pv_mcts_scores(model, state, SP_TEMPERATURE)

        # 학습 데이터에 상태와 정책 추가
        policies = [0] * DN_OUTPUT_SIZE
        for action, policy in zip(state.legal_actions(), scores):
            policies[action] = policy
        history.append([[state.pieces, state.enemy_pieces], policies, None])
```

```
            # 행동 얻기
            action = np.random.choice(state.legal_actions(), p=scores)

            # 다음 상태 얻기
            state = state.next(action)

    # 학습 데이터에 가치 추가
    value = first_player_value(state)
    for i in range(len(history)):
        history[i][2] = value
        value = -value
    return history
```

6-4-7 셀프 플레이 실행

'self_play()'는 셀프 플레이를 실행한다.

먼저, 베스트 플레이어 모델을 로드해서 SP_GAME_COUNT의 횟수만큼 게임을 실행한다. 마지막에 수집한 학습 데이터를 저장하고, 모델의 세션과 메모리를 파기한다.

```
# 셀프 플레이
def self_play():
    # 학습 데이터
    history = []

    # 베스트 플레이어 모델 로드
    model = load_model('./model/best.h5')

    # 여러 차례 게임 실행
    for i in range(SP_GAME_COUNT):
        # 게임 실행
        h = play(model)
        history.extend(h)

        # 출력
        print('\rSelfPlay {}/{}'.format(i + 1, SP_GAME_COUNT), end='')
    print('')

    # 학습 데이터 저장
    write_data(history)

    # 모델 삭제
    K.clear_session()
    del model
```

6-4-8 동작 확인 정의

동작 확인을 위한 코드를 추가한다. self_play() 실행만 수행한다. 셀프 플레이가 완료되면 data 폴더에 '학습 데이터(*.history)'가 생성된다.

셀프 플레이는 시간이 걸리므로 학습할 필요없이 코드의 동작만을 확인하고자 하는 경우에는 SP_GAME_COUNT를 10회 정도로 줄여서 테스트해 본다.

```python
# 동작 확인
if __name__ == '__main__':
    self_play()
```

6-4-9 동작 확인 실행

'self_play.py'를 Google Colab의 인스턴스에 업로드해서 실행한다. 노트북에서 다음 코드를 실행한다.

여기서는 생성한 날짜가 붙어 있는 학습 데이터 history가 생성된 것을 확인한다.

```python
# pv_mcts.py 업로드
from google.colab import files
uploaded = files.upload()

# 폴더 확인
!dir
```

```
game.py   pv_mcts.py                   sample_data   dual_network.py
model     __pycache__   self_play.py
```

```python
# self_play.py 동작 확인
!python self_play.py
```

```
SelfPlay 500/500
```

```python
# 폴더 확인
!dir ./data/
```

```
20190728091647.history
```

6-5 파라미터 갱신 파트 구현

앞 절의 셀프 플레이를 통해 학습 데이터를 모은 뒤에는 이를 사용해 듀얼 네트워크를 학습시켜 최신 플레이어를 구현한다.

6-5-1 파라미터 갱신 파트 구현 준비

파리미터 갱신 파트를 'train_network.py' 파일에 구현한다.

6-5-2 패키지 임포트

파라미터 갱신을 위한 패키지를 임포트한다.

```
# 패키지 임포트
from dual_network import DN_INPUT_SHAPE
from tensorflow.keras.callbacks import LearningRateScheduler, LambdaCallback
from tensorflow.keras.models import load_model
from tensorflow.keras import backend as K
from pathlib import Path
import numpy as np
import pickle
```

6-5-3 파라미터 준비

파라미터를 준비한다. 'RN_EPOCHS'는 학습 횟수다.

```
# 파라미터 준비
RN_EPOCHS = 100   # 학습 횟수
```

6-5-4 학습 데이터 로딩

'load_data()'는 셀프 플레이 파트에서 저장한 학습 데이터를 로드한다.

'with history_path.open(mode='rb') as f.'로 파일을 열고, 'pickle.load(f)'로 파이썬 객체를
복원한다.

```
# 학습 데이터 로드
def load_data():
    history_path = sorted(Path('./data').glob('*.history'))[-1]
    with history_path.open(mode='rb') as f:
        return pickle.load(f)
```

6-5-5 듀얼 네트워크 학습

'train()'으로 듀얼 네트워크 학습을 수행한다.

① 학습 데이터 로드

학습 데이터를 로드한다. 로드한 학습 데이터의 형태는 다음과 같다.

> **학습 데이터 형태**
>
> [[[자신의 돌의 위치, 상대방의 돌의 위치], 정책, 가치],
> [[자신의 돌의 위치, 상대방의 돌의 위치], 정책, 가치],
> [[자신의 돌의 위치, 상대방의 돌의 위치], 정책, 가치],
> ...]

이를 zip()을 사용해서 상태, 정책, 가치별 리스트로 변환한다.

> [[자신의 돌의 위치, 상대방의 돌의 위치], [자신의 돌의 위치, 상대방의 돌의 위치], ...]
> [정책, 정책, ...]
> [가치, 가치, ...]

② 학습을 위한 입력 데이터 형태 변환

앞의 6-2 '듀얼 네트워크 생성'에서 이번 듀얼 네트워크의 입력 형태는 (3, 3, 2)로 했다. 그

리고 학습, 평가, 추론에는 여러 입력 데이터를 모아서 전달할 수 있다. 이를 위해 학습, 평가, 추론에 전달하는 입력 데이터 형태는 입력 데이터 수의 차원을 더해 (입력 데이터 수, 3, 3, 2)가 된다.

여기서는 500개의 입력 데이터로 추론을 수행하므로 상태 리스트([[자신의 돌의 위치, 상대방의 돌의 위치], [자신의 돌의 위치, 상대방의 돌의 위치], ...])를 형태 (500, 3, 3, 2)로 변환한다.

변환 순서는 다음과 같다.

> (1) 상태 리스트를 np.array()를 사용해 ndarray로 변환
> (2) reshape()를 사용해 형태 (500, 2, 3, 3)으로 변환
> (3) transpose()를 사용해 축 순서를 바꾸어 형태 (3, 3, 2)로 변환

③ 베스트 플레이어 모델 로드

베스트 플레이어 모델을 로드한다. 최신 플레이어로서 학습시킨다.

6-2 '듀얼 네트워크 생성'에서 생성한 모델은 아직 학습이 되지 않은 상태이므로 최초에는 이 모델을 베스트 플레이어로 사용하고 학습 후 최신 플레이어의 모델을 저장한다.

④ 모델 컴파일

모델을 컴파일한다. 여기서 정책은 분류이므로 'categorical_crossentropy', 가치는 회귀이므로 'mse', 최적화 함수는 'Adam'으로 지정한다. 자세한 내용은 3장 '강화 학습'을 참고한다.

⑤ 학습률

학습률은 0.001에서 시작해서 50 스텝 이후 0.005, 80 스텝 이후 0.00025로 떨어트린다.

⑥ 출력

콜백을 사용해 1 게임마다 경과를 출력하도록 한다.

⑦ 학습 실행
⑧ 최신 플레이어 모델 저장

학습한 모델을 최신 플레이어 모델로 저장한다.

⑨ 모델 삭제

모델의 세션과 메모리를 파기한다.

```python
# 듀얼 네트워크 학습
def train_network():
    # 학습 데이터 로드
    history = load_data()
    xs, y_policies, y_values = zip(*history)

    # 학습을 위한 입력 데이터 형태로 변환
    a, b, c = DN_INPUT_SHAPE
    xs = np.array(xs)
    xs = xs.reshape(len(xs), c, a, b).transpose(0, 2, 3, 1)
    y_policies = np.array(y_policies)
    y_values = np.array(y_values)

    # 베스트 플레이어 모델 로드
    model = load_model('./model/best.h5')

    # 모델 컴파일
    model.compile(loss=['categorical_crossentropy', 'mse'], optimizer='adam')

    # 학습률
    def step_decay(epoch):
        x = 0.001
        if epoch >= 50: x = 0.0005
        if epoch >= 80: x = 0.00025
        return x
    lr_decay = LearningRateScheduler(step_decay)

    # 출력
    print_callback = LambdaCallback(
        on_epoch_begin=lambda epoch, logs:
            print('\rTrain {}/{}'.format(epoch + 1, RN_EPOCHS), end=''))
```

```
# 학습 실행
model.fit(xs, [y_policies, y_values], batch_size=128, epochs=RN_EPOCHS,
          verbose=0, callbacks=[lr_decay, print_callback])
print('')

# 최신 플레이어 모델 저장
model.save('./model/latest.h5')

# 모델 삭제
K.clear_session()
del model
```

6-5-6 동작 확인 정의

동작 확인을 위한 코드를 추가한다. train_network() 실행 만을 수행한다.

듀얼 네트워크 학습이 완료되면 model 폴더에 최신 플레이어 모델(./model/latests.h5)이 생성되는 것을 확인하도록 한다.

```
# 동작 확인
if __name__ == '__main__':
    train_network()
```

6-5-7 동작 확인 실행

'train_network.py'를 Google Colab의 인스턴스에 업로드해서 실행한다. 노트북에서 다음 코드를 실행한다.

```
# train_network.py 업로드
from google.colab import files
uploaded = files.upload()

# 폴더 확인
!dir
```

```
data       game.py      pv_mcts.py      train_network.py
dual_network.py   model    __pycache__    self_play.py
```

```
# train_network.py 동작 확인
!python train_network.py
```

```
Train 100/100
```

```
# 폴더 확인
!dir ./model/
```

```
best.h5 least.h5
```

6-6 신규 파라미터 평가 파트 구현

앞 절 '파라미터 변경 파트 구현'에서 베스트 플레이어로부터 최신 플레이어를 생성했다. 여기서는 그 두 플레이어를 대전시켜 승률이 높은 플레이어를 베스트 플레이어로 남겨둔다.

최종적으로는 6-8 '학습 사이클 실행' 과정에서는 6-4 '셀프 플레이 파트 구현'부터 6-5 '파라미터 갱신 파트 구현'의 듀얼 네트워크 학습 과정에서 만들어진 베스트 플레이어와 이 절에서 만들어진 최신 플레이어와의 대전을 반복함으로써 가장 강한 모델의 데이터가 남는다.

6-6-1 신규 파라미터 평가 파트 생성 준비

신규 파라미터 평가 파트를 'evaluate_network.py' 파일에 구현한다.

6-6-2 패키지 임포트

신규 파라미터 평가를 위한 패키지를 임포트한다.

```
# 패키지 임포트
from game import State
from pv_mcts import pv_mcts_action
from tensorflow.keras.models import load_model
from tensorflow.keras import backend as K
from pathlib import Path
from shutil import copy
import numpy as np
```

6-6-3 파라미터 준비

파라미터를 준비한다.

'EN_GAME_COUNT'는 평가 1회당 게임 수, 'EN_TEMPERATURE'는 볼츠만 분포의 온도 파라미터다.

```
# 파라미터 준비
EN_GAME_COUNT = 10    # 평가 1회당 게임 수(오리지널: 400)
EN_TEMPERATURE = 1.0   # 볼츠만 분포 온도
```

6-6-4 선 수를 둔 플레이어의 포인트

'first_player_point(ended_state)'는 최종 국면으로부터 선 수를 둔 플레이어의 포인트를
계산한다. 선 수를 둔 플레이어가 승리한 경우 1, 패배한 경우 0, 무승부인 경우 0.5를 반
환한다.

```
# 선 수를 둔 플레이어의 포인트
def first_player_point(ended_state):
    # 1: 선 수 플레이어 승리, 0: 선 수 플레이어 패배, 0.5: 무승부
    if ended_state.is_lose():
        return 0 if ended_state.is_first_player() else 1
    return 0.5
```

6-6-5 게임 1회 실행

'play(next_actions)'는 게임 1회가 종료될 때까지 실행하고, 선 수를 둔 플레이어의 승률을
계산한다.

```
# 1 게임 실행
def play(next_actions):
    # 상태 생성
    state = State()

    # 게임 종료 시까지 반복
    while True:
        # 게임 종료 시
        if state.is_done():
            break

        # 행동 얻기
        next_action = next_actions[0] if state.is_first_player() else next_actions[1]
        action = next_action(state)

        # 다음 상태 얻기
        state = state.next(action)
```

```
    # 선 수 플레이어의 포인트 반환
    return first_player_point(state)
```

6-6-6 베스트 플레이어 교대

`update_best_player()`는 베스트 플레이어에 최신 플레이어를 덮어쓴다.

```
# 베스트 플레이어 교대
def update_best_player():
    copy('./model/latest.h5', './model/best.h5')
    print('Change BestPlayer')
```

6-6-7 네트워크 평가

`evaluate_network()`는 네트워크를 평가한다.

최신 플레이어와 베스트 플레이어의 모델을 로드한 뒤, 여러 차례 대전시킨다. 최신 플레이어의 승률이 50% 이상인 경우 베스트 플레이어와 교대한다.

이 예에서는 'EN_GAME_POINT'를 10으로 지정해 10회 대전시켜 승률을 비교한다.

> **COLUMN**   오리지널 알파제로에서의 베스트 플레이어 교대
>
> 알파고, 알파고 제로에서는 최신 플레이어의 승률이 55% 이상인 경우 베스트 플레이어와 교대한다.
> 오리지널 알파제로에는 신규 파라미터 평가 파트가 없고, 뉴럴 네트워크를 끊임없이 갱신한다.

```
# 네트워크 평가
def evaluate_network():
    # 최신 플레이어 모델 로드
    model0 = load_model('./model/latest.h5')

    # 베스트 플레이어 모델 로드
    model1 = load_model('./model/best.h5')

    # PV MCTS를 활용해 행동 선택을 수행하는 함수 생성
    next_action0 = pv_mcts_action(model0, EN_TEMPERATURE)
    next_action1 = pv_mcts_action(model1, EN_TEMPERATURE)
```

```
    next_actions = (next_action0, next_action1)

    # 여러 차례 대전을 반복
    total_point = 0
    for i in range(EN_GAME_COUNT):
        # 1 게임 실행
        if i % 2 == 0:
            total_point += play(next_actions)
        else:
            total_point += 1 - play(list(reversed(next_actions)))

        # 출력
        print('\rEvaluate {}/{}'.format(i + 1, EN_GAME_COUNT), end='')
    print('')

    # 평균 포인트 계산
    average_point = total_point / EN_GAME_COUNT
    print('AveragePoint', average_point)

    # 모델 삭제
    K.clear_session()
    del model0
    del model1

    # 베스트 플레이어 교대
    if average_point > 0.5:
        update_best_player()
        return True
    else:
        return False
```

6-6-8 동작 확인 정의

동작 확인을 위한 코드를 추가한다. evaluate_network() 실행만을 수행한다.

```
# 동작 확인
if __name__ == '__main__':
    evaluate_network()
```

6-6-9 동작 확인 실행

'evaluate_network.py'를 Google Colab의 인스턴스에 업로드하고 실행한다. 노트북에 다음 코드를 입력한다.

다음 예에서는 10회 대전한 뒤 최신 플레이어의 승률이 60%이므로 베스트 플레이어 모델을 갱신한다.

```python
# evaluate_network.py 업로드
from google.colab import files
uploaded = files.upload()

# 폴더 확인
!dir
```

```
data game.py __pycache__ self_play.py
dual_network.py model train_network.py
evaluate_network.py pv_mcts.py sample_data
```

```python
# evaluate_network.py 동작 확인
!python evaluate_network.py
```

```
Evaluate 10/10
AveragePoint 0.6
Change BestPlayer 0001.h5
```

6-7 베스트 플레이어 평가

여기까지 알파제로에서 사용하는 방법으로 틱택토를 해결하기 위한 여러 알고리즘을 구현하는 방법을 설명했다. 각 절에서 코드를 실행해 동작을 확인했지만, 각 함수 단위로의 동작을 확인한 것에 지나지 않기 때문에, 이 알고리즘의 성능이 실제로 강력한지 궁금할 것이다.

이 절에서는 듀얼 네트워크를 학습한 결과 생성된 베스트 플레이어의 성능이 얼마나 강한지 평가하는 코드를 생성한다.

6-7-1 베스트 플레이어 평가 개요

베스트 플레이어 평가를 수행한다.

베스트 플레이어를 랜덤(5-1 '미니맥스법을 활용한 틱택토'에서 생성), 알파베타법(5-2 '알파베타법을 활용한 틱택토'에서 생성), 몬테카를로 트리 탐색(5-4 '몬테카를로 트리 탐색을 활용한 틱택토'에서 생성)과 대전시켜 승률을 표시하도록 처리해 베스트 플레이어 교대 시 실행한다.

베스트 플레이어를 평가하는 과정이 학습 사이클에 필수적이지는 않으나, 학습을 통해 모델이 실제로 강해졌는지를 확인할 수 있다. 이 절은 평가 목적의 코드를 구현하는 것뿐이며, 각 코드의 동작은 학습 전의 모델에서 확인할 수 있다. 모델이 학습한 뒤 결과 비교는 다음 절을 참고한다.

이번 프로그램은 'evaluate_best_player.py' 파일에 생성한다.

6-7-2 패키지 임포트

5장에서 생성한 알고리즘과 대전시켜 평가를 수행하기 위한 패키지를 임포트한다.

```
# 패키지 임포트
from game import State, random_action, alpha_beta_action, mcts_action
from pv_mcts import pv_mcts_action
from tensorflow.keras.models import load_model
```

```
from tensorflow.keras import backend as K
from pathlib import Path
import numpy as np
```

6-7-3 파라미터 준비

파라미터 준비를 수행한다. 'EP_GAME_COUNT'는 승률을 계산하기 위한 게임의 횟수다.

```
# 파라미터 준비
EP_GAME_COUNT = 10   # 평가 1회당 게임 수
```

6-7-4 선 수를 둔 플레이어의 포인트

앞 절 6-6 '신규 파라미터 평가 파트 구현'과 같다.

```
# 선 수를 둔 플레이어 포인트
def first_player_point(ended_state):
    # 1: 선 수 플레이어 승리, 0: 선 수 플레이어 패배, 0.5: 무승부
    if ended_state.is_lose():
        return 0 if ended_state.is_first_player() else 1
    return 0.5
```

6-7-5 게임 1회 실행

앞 절 6-6 '신규 파라미터 평가 파트 구현'과 같다.

```
# 게임 1회 실행
def play(next_actions):
    # 상태 생성
    state = State()

    # 게임 종료 시까지 반복
    while True:
        # 게임 종료 시
        if state.is_done():
            break
```

```
            # 행동 얻기
            next_action = next_actions[0] if state.is_first_player() else next_actions[1]
            action = next_action(state)

            # 다음 상태 얻기
            state = state.next(action)

        # 선 수 플레이어 포인트 반환
        return first_player_point(state)
```

6-7-6 임의의 알고리즘을 활용한 평가

'evaluate_algorithm_of(label, next_actions)'는 인수에 전달한 임의의 알고리즘을 평가한다. 'label'이 print()로 출력하는 알고리즘명, 'next_actions'는 알고리즘 함수다.

```
# 임의의 알고리즘 평가
def evaluate_algorithm_of(label, next_actions):
    # 여러 차례 대전을 반복
    total_point = 0
    for i in range(EP_GAME_COUNT):
        # 1 게임 실행
        if i % 2 == 0:
            total_point += play(next_actions)
        else:
            total_point += 1 - play(list(reversed(next_actions)))

        # 출력
        print('\rEvaluate {}/{}'.format(i + 1, EP_GAME_COUNT), end='')
    print('')

    # 평균 포인트 계산
    average_point = total_point / EP_GAME_COUNT
    print(label, average_point)
```

6-7-7 베스트 플레이어 평가

'evaluate_best_player()'는 베스트 플레이어를 평가한다.

```
# 베스트 플레이어 평가
def evaluate_best_player():
```

```
# 베스트 플레이어 모델 로드
model = load_model('./model/best.h5')

# PV MCTS로 행동 선택을 수행하는 함수 생성
next_pv_mcts_action = pv_mcts_action(model, 0.0)

# vs 랜덤
next_actions = (next_pv_mcts_action, random_action)
evaluate_algorithm_of('VS_Random', next_actions)

# vs 알파베타법
next_actions = (next_pv_mcts_action, alpha_beta_action)
evaluate_algorithm_of('VS_AlphaBeta', next_actions)

# vs 몬테카를로 트리 탐색
next_actions = (next_pv_mcts_action, mcts_action)
evaluate_algorithm_of('VS_MCTS', next_actions)

# 모델 삭제
K.clear_session()
del model
```

6-7-8 동작 확인 정의

동작 확인을 위한 코드를 추가한다. 'evaluate_best_player()' 실행만을 수행한다.

```
# 동작 확인
if __name__ == '__main__':
    evaluate_best_player()
```

6-7-9 동작 확인 실행

'evaluate_best_player.py'를 Google Colab의 인스턴스에 업로드하고 실행한다. 노트북에서 다음 코드를 실행한다.

학습 전이라면 알파베타법과 몬테카를로 트리 탐색에 대한 승률은 0.0이다.

```
# evaluate_best_player.py 업로드
from google.colab import files
uploaded = files.upload()
```

```
# 폴더 확인
!dir
```

```
data evaluate_network.py pv_mcts.py sample_data
dual_network.py game.py __pycache__ self_play.py
evaluate_best_player.py model train_network.py
```

```
# evaluate_best_player.py 동작 확인
!python evaluate_best_player.py
```

```
Evaluate 10/10
VS_Random 0.6
Evaluate 10/10
VS_AlphaBeta 0.0
Evaluate 10/10
VS_MCTS 0.0
```

6-8 학습 사이클 실행

6-2 '듀얼 네트워크 생성', 6-4 '셀프 플레이 파트 구현', 6-5 '파라미터 갱신 파트 구현', 6-6 '신규 파라미터 평가 파트 구현'에 이어 6-7 '베스트 플레이어 평가'까지 필요한 부분을 모두 만들었다.

이를 순서대로 호출하면 학습 사이클이 완성되며, 알파제로를 활용해 틱택토에 대한 학습을 수행할 수 있다.

6-8-1 학습 사이클 실행 개요

이 장에서 구현한 내용과 학습 사이클은 6-1 '알파제로를 활용한 틱택토'의 그림 6-1-2 '알파제로의 강화 학습 사이클'에 표시했다. 해당 내용을 다시 한 번 확인하고, 지금부터의 코딩을 위한 전체적인 이미지를 그려보기로 하자.

이번 프로그램은 'train_cycle.py' 파일에 생성한다.

6-8-2 패키지 임포트

알파제로를 활용한 '틱택토'에 필요한 패키지를 임포트한다.

```
# 패키지 임포트
from dual_network import dual_network
from self_play import self_play
from train_network import train_network
from evaluate_network import evaluate_network
from evaluate_best_player import evaluate_best_player
```

6-8-3 학습 사이클 정의

학습 사이클을 정의한다.

먼저, 듀얼 네트워크를 생성한 후, 셀프 플레이 파트, 파라미터 갱신 파트, 신규 파라미터 평가 파트를 반복한다. 또한, 이 예시에서는 10회 반복해서 최신 플레이어와 베스트 플레이어를 비교한다.

베스트 플레이어 교대 시 앞 절에서 설명한 '베스트 플레이어 평가'를 수행하고 학습을 통해 실제로 강해졌는지 확인한다.

```python
# 듀얼 네트워크 생성
dual_network()
for i in range(10):
    print('Train', i, '====================')
    # 셀프 플레이 파트
    self_play()

    # 파라미터 갱신 파트
    train_network()

    # 신규 파라미터 평가 파트
    update_best_player = evaluate_network()

    # 베스트 플레이어 평가
    if update_best_player:
        evaluate_best_player()
```

6-8-4 학습 사이클 실행

샘플 예제 코드 한 세트를 Google Colab의 인스턴스에 업로드하고 실행한다. 학습 완료까지 GPU 기준으로 반나절가량 소요된다. 노트북에서 다음 코드를 실행한다.

업로드 전에 파일이 중복되지 않도록 'rm -rf *' 명령어로 모든 파일을 삭제한다. 샘플 예제 코드 한 세트를 업로드할 때는 지금까지 생성한 모든 예제 코드를 업로드한다.

- game.py
- dual_network.py
- pv_mcts.py
- self_play.py
- train_network.py
- evaluate_network.py
- evaluate_best_player.py
- train_cycle.py

10 사이클의 학습에서 베스트 플레이어의 평가는 랜덤에게 압승, 알파베타법과는 무승부, 몬테카를로 트리 탐색에게는 승리하는 것으로 나타난다.

```
# 모든 파일 삭제
!rm -rf *
```

```
# 샘플 파일 예제 코드 1세트 업로드
from google.colab import files
uploaded = files.upload()
```

```
# 폴더 확인
!dir
```

```
dual_network.py                                        game.py    self_play.py
evaluate_best_player.py  human_play.py train_cycle.py
evaluate_network.py                      pv_mcts.py    train_network.py
```

```
# 학습 사이클 실행
!python train_cycle.py
```

```
    (생략)
Train 9 ====================
SelfPlay 500/500
Train 100/100
Evaluate 10/10
AveragePoint 0.55
Change BestPlayer
Evaluate 10/10
VS_Random 0.95
Evaluate 10/10
VS_AlphaBeta 0.5
Evaluate 10/10
VS_MCTS 0.60
```

학습이 완료되면 'best.h5'를 다운로드한다. 다음 7장 '사람과 AI의 대전'에서 사용한다.

```
# best.h5 다운로드
from google.colab import files
files.download('./model/best.h5')
```

6-8-5 학습 재개

베스트 플레이어 모델(./model/best.h5)을 가진 상태에서 'train_cycle.py'를 실행해 다시 학습할 수 있다.

10 사이클 정도의 학습으로 충분히 강력해지지 않은 경우에는 다시 학습을 계속한다. 30 사이클 정도 학습하면 MCTS에 대한 승률은 70% 정도 향상된다.

Google Colab의 12시간 제한 규칙으로 인해 인스턴스가 초기화될 우려가 있는 경우에는 'best.h5'를 인스턴스 바깥으로 꺼내어 메뉴의 '런타임 ➡ 모든 런타임 재설정...'으로 초기화한 뒤 다시 학습할 수 있다.

'best.h5'를 업로드하는 코드는 다음과 같다. 업로드 후 model 폴더로 옮긴다.

```
# best.h5 업로드
from google.colab import files
uploaded = files.upload()

# model 폴더로 이동
!mkdir model
!mv best.h5 model
```

COLUMN   Google Colab의 인스턴스 기동 시간 확인

Google Colab에서 인스턴스를 기동한 뒤 경과 시간을 확인하려면 다음 명령어를 실행한다. Google Colab에서는 12시간 규칙 제한으로 실행 결과가 0.5days를 넘는 경우 즉시 리셋된다.

```
!cat /proc/uptime | awk '{print $1 /60 /60 /24 "days (" $1 "sec)"}'
0.00371968days (321.38sec)
```

6-8-6 TPU 이용

3-3 '컨볼루셔널 뉴럴 네트워크를 활용한 이미지 분류'에서 설명한 TPU를 이번 학습에 적용하면 유감스럽게도 GPU보다 속도가 느리다.

이는 TPU의 성능이 좋지 않아서가 아니라, 이번 시스템 자체가 간단함을 중시해 순차적인 동작을 하도록 구현했기 때문이다. 대규모의 비동기 시스템을 구축하면 TPU를 활용해 고속화할 수 있다.

표 6-8-1 **GPU와 TPU의 속도 비교**

하드웨어	셀프 플레이	학습	모델 저장
GPU	12분	3분(1.8초/이폭)	10초
TPU	22분	5분(3초/이폭) 첫 번째 이폭: 4분, 두 번째 이폭 이후: 0.8초	3분

■ 셀프 플레이 속도

셀프 플레이에서는 많은 추론을 수행하지만, TPU용 모델에서 사용하기 위해서는 학습 데이터 수와 배치 사이즈를 TPU 코어의 수로 나누어지도록 설정해 주어야만 한다. 그렇기 때문에 추론을 한 번 할 때마다 8개로 부풀린 학습 데이터를 전달해서 1개의 추론 결과를 얻는 방법으로 처리하면 22분이라는 느린 결과를 얻게 된다.

비동기로 여러 차례 학습을 시키는 시스템을 구축해 추론마다 8개의 추론 결과를 받아들이게 한다면 단순 계산만으로도 TPU는 '22분 / 8 = 3분'이므로 GPU보다 속도가 빠르다고 할 수 있다.

■ 학습 속도

TPU를 사용하는 경우 '첫 번째 이폭 학습 시간이 많이 걸리기' 때문에 학습 횟수가 많을수록 GPU와 비교해 유리하다. 반대로 학습 횟수가 적으면 TPU와 비교해 불리하다.

예를 들어, 10,000 이폭 동안 학습을 시키는 경우 GPU는 5시간(10,00 × 1.8초), TPU는 2시간 30분(4 × 40 + 0.8 × 10,000초)으로 TPU 쪽의 속도가 빠르다.

■ 모델 저장 속도

TPU용 모델을 저장하는 경우에는 내부적으로 CPU용 모델로 변화해서 저장하기 때문에 시간이 소요된다.

6-8-7 알파제로를 활용한 '틱택토' 정리

앞 장의 몬테카를로 트리 탐색을 활용한 틱택토에서는 알파베타법에 대해 40% 정도의 승률이었다. 이 장에서 설명한 알파제로 머신러닝 알고리즘을 활용하면 틱택토에서는 최강인 알파베타법과 박빙의 성능을 보임을 알 수 있다.

게임트리를 모두 전개하는 알파베타법은 시간이 너무 많이 걸려 일반적인 게임에서는 적용할 수 없다는 점을 고려하면, 한정된 시간에 거의 비슷한 성능을 얻을 수 있는 알파제로의 접근 방식이 매우 우수함을 알 수 있다.

사람과 AI의 대전

6장에서는 알파제로의 알고리즘을 사용한 틱택토의 인공지능을 구현했다. 다른 알고리즘과 대전한 결과를 봐도 틱택토에서는 최강의 알파베타법에 견줄 만큼의 강한 모델이 만들어진 것을 확인할 수 있었다. 그래서 이번 장에서는 앞 장의 알파제로로서 학습을 마친 인공지능 모델을 사용해 사람과 대전하는 틱택토 게임을 만들어 본다.

이를 위해 새로운 파이썬 개발 환경을 구축한다. 6장까지는 클라우드의 Google Colab 내에 환경을 구축하고, 학습을 수행해서 모델을 작성한 뒤, 성능 향상 확인 작업 또한 클라우드에서 수행했다. 클라우드에서는 사람과 대전하는 게임 UI를 작성할 수 없으므로 로컬 PC에 개발 환경을 구축한다.

게임 UI를 구현하는 데는 파이썬 3에서 표준으로 제공하는 'Tkinter' 패키지를 사용한다. 이 장에서는 '틱택토 UI'를 구현하는 것이 목적이므로 Tkinter의 사용 방법에 관해서는 최소한으로 설명한다. Tkinter 사용에 관한 보다 자세한 내용은 인터넷 등 다른 정보를 참고하기 바란다. 또한, 틱택토 게임 자체도 사람이 무조건 선 수를 두는 것으로 단순화했으므로 이후 보다 게임답게 확장해 볼 수도 있다.

이 장에서는 게임 UI 구현에 관해서만 설명하므로 머신러닝에 관한 화제는 없지만, 다음 8장에서는 6장에서 소개한 알파제로의 알고리즘을 도입해 다른 샘플 게임을 구현한다.

이 장의 목적

- 게임 UI를 작성하기 위해 로컬 PC에 새로운 파이썬 개발 환경을 준비하고, 필요한 패키지를 임포트한다.

- Python3의 GUI 구현 패키지인 Tkinter의 기본적인 사용 방법을 마스터한다.

- 틱택토 게임을 작성하고, 앞 장에서 학습을 완료한 인공지능 모델과 사람을 실제로 대전시켜 본다.

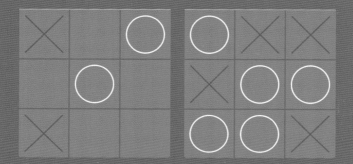

7-1 로컬 파이썬 개발 환경 준비

2장 '파이썬 개발 환경 준비'에서는 다양한 파이썬 개발 환경 중 구글이 제공하는 Google Colab에 파이썬 개발 환경을 구축하고, 기본적인 사용 방법을 소개했다. 여기서는 클라우드가 아닌 로컬 PC 내에 파이썬 실행 환경을 구축하는 순서를 설명한다.

7-1-1 게임 UI 구현을 위한 파이썬 실행 환경

사람과 인공지능의 대전을 수행하는 경우에는 UI가 필요하지만, Google Colab 상에서는 UI는 실행하지 못하므로 여러분의 PC에 파이썬 실행 환경을 설치해서 구축한다.

7-1-2 로컬 파이썬 실행 환경 설치

로컬 파이썬 실행 환경을 설치하는 방법은 다양하지만, 이 책에서는 'Anaconda'를 사용한다. Anaconda는 파이썬과 자주 이용되는 라이브러리를 한데 묶은 패키지다.

Anaconda 설치 순서는 다음과 같다.

📖 윈도우 또는 Mac에서의 설치

① Anaconda 공식 사이트의 'Download'에서 '플랫폼(윈도우 또는 맥OS)'을 클릭하고, 'Python 3.x.x'를 선택하고, 인스톨러를 다운로드한다.

> Anaconda
> https://www.anaconda.com/distribution/

그림 7-1-1 Anaconda 공식 사이트에서 'Python 3.x.x'를 다운로드

② 인스톨러를 실행하고, 인스톨러의 안내에 따라 설치한다.

설치가 종료되면 가상 환경을 생성한다. '가상 환경'은 파이썬이나 라이브러리 버전을 필요에 따라 바꾸어 이용하기 위한 환경이다.

③ Anaconda Navigator를 기동한다.

윈도우는 프로그램 목록에서 'Anaconda Navigator', 맥OS에서는 설치한 폴더 내의 'Anaconda-Navigator.app'으로 기동한다.

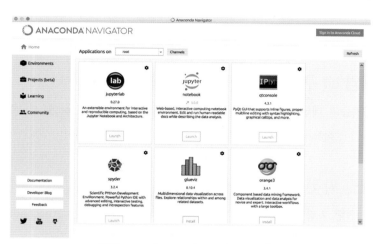

그림 7-1-2 **Anaconda Navigator 기동**

④ 왼쪽 메뉴의 'Environments'를 선택한다.

가상 환경 목록이 표시된다. 초기 상태에서는 'base'라는 가상 환경만 존재한다.

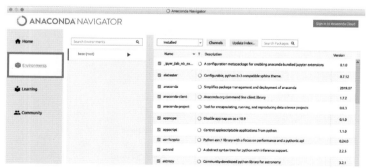

그림 7-1-3 **Anaconda Navigator의 메뉴에서 'Environments' 선택**

⑤ 화면 하단의 'Create' 버튼을 클릭한다.

그림 7-1-4 Anaconda Navigator 화면 하단의 'Create' 버튼 클릭

맥OS를 사용하는 경우에는 Anaconda 2019.07 버전에서 파이썬 3.6으로 가상 환경이 설치되지 않을 수 있다. 이 경우에는 다음 사이트를 방문해 이전 버전의 인스톨러를 받아서 설치한다.

https://repo.anaconda.com/archive/

⑥ 이름에 'alphazero(임의의 이름을 사용해도 무방함),' 파이썬 버전에 '3.6'을 지정하고, 'Create' 버튼을 클릭한다.

그림 7-1-5 파이썬 가상 환경 신규 작성

⑦ 작성한 가상 환경의 '▶' 버튼을 클릭한 뒤, 'Open Terminal'을 선택한다.

성공하면 파이썬을 이용할 수 있는 터미널(커맨드 프롬프트)이 시작된다.

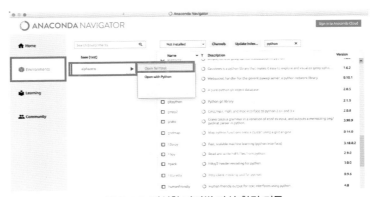

그림 7-1-6 작성한 파이썬 가상 환경 기동

⑧ 프롬프트의 좌측에 '(alphazero)'와 같이 가상 환경 이름이 표시되는지 확인한다.

이후 이 책에서의 명령어 입력은 모두 이 가상 환경 내에서 수행한다.

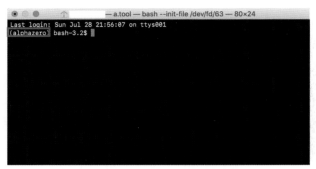

그림 7-1-7 가상 환경 터미널 기동

⑨ 다음 명령어를 입력해 파이썬 설치 여부를 확인한다.

```
$ python --version
Python 3.6.8 :: Anaconda, Inc.
```

■ Ubuntu(리눅스)에서의 설치

① Anaconda 공식 사이트의 'Download'에서 '플랫폼(리눅스)'을 클릭하고, 'Python 3.x.x'를 선택하고, 인스톨러를 다운로드한다.

> Anaconda
> https://www.anaconda.com/distribution/

② 다운로드한 '.sh' 파일을 실행하고, 인스톨러의 지시에 따라 설치한다.

기본적으로 'yes/no'와 'Enter'로 설치를 진행한다.

```
$ bash Anaconda3-2018.12-Linux-x86_64.sh
```

③ 다음 명령어로 가상 환경을 작성한다.

이름에 'alphazero', 파이썬 버전에 '3.6'을 지정한다.

```
$ conda create -n alphazero python=3.6 anaconda
```

④ 다음 명령어로 가상 환경으로 변환한다.

```
$ conda activate alphazero
```

⑤ 프롬프트의 좌측에 '(alphazero)'와 같이 가상 환경 이름이 표시되는지 확인한다.

이후, 이 책에서의 명령어 입력은 모두 이 가상 환경 내에서 수행한다.

⑥ 다음 명령어를 입력해 파이썬 설치 여부를 확인한다.

```
$ python --version
Python 3.6.8 :: Anaconda, Inc.
```

Anaconda의 터미널(명령어 프롬프트)에서 주로 사용하는 명령어는 다음과 같다.

표 7-1-1 Anaconda의 주요 명령어

조작	명령어
가상 환경 작성	conda create -n <가상 환경 이름> python=3.6 conda
가상 환경 변경	conda activate <가상 환경 이름>
가상 환경 삭제	conda deactivate
가상 환경 목록	conda info -e

7-1-3 패키지 설치

틱택토의 UI를 구현하기 위해 필요한 TensorFlow, Pillow(PIL), h5py는 Anaconda의 가상 환경 초기 상태에 포함되어 있지 않으므로 설치한다.

표 7-1-2에 있는 HDF5는 Hierarchical Data Format 형식이라고 불리는 데이터로 계층화된 데이터군을 취급하는 파일 형식의 하나다. 케라스의 API로 뉴럴 네트워크 모델을 저장하면 이 HDF5 형식으로 저장된다. 2장과 6장에서 model.save()로 저장했던 '.h5' 파일이 HDF5 형식 파일이다.

표 7-1-2 파이썬 가상 환경에 설치할 패키지

패키지	설명	버전
tensorflow	딥 러닝 패키지	1.13.1
Pillow(PIL)	이미지 처리 패키지	4.1.1
h5py	HDF5를 다루기 위한 패키지	2.8.0

다음 명령어로 설치한다.

```
$ pip install tensorflow==1.13.1
$ pip install pillow
$ pip install h5py
```

```
alphazero) bash-3.2$ pip list
Package              Version
-------------------- ---------
absl-py              0.7.1
astor                0.8.0
certifi              2019.6.16
gast                 0.2.2
grpcio               1.22.0
h5py                 2.9.0
Keras-Applications   1.0.8
Keras-Preprocessing  1.1.0
Markdown             3.1.1
mock                 3.0.5
numpy                1.17.0
Pillow               6.1.0
pip                  19.1.1
protobuf             3.9.0
setuptools           41.0.1
six                  1.12.0
tensorboard          1.13.1
tensorflow           1.13.1
tensorflow-estimator 1.13.0
termcolor            1.1.0
Werkzeug             0.15.5
wheel                0.33.4
```

7-1-4 에디터 준비

파이썬 코드를 편집할 에디터도 준비한다. 파이썬 코드 작성을 위해 자주 사용되는 에디터
로는 Visual Studio Code, Atom, Vim이 있다. 이들 에디터는 파이썬 코드 입력을 지원하
는 기능을 포함하고 있다. 물론 다른 에디터를 사용해도 관계없다.

Visual Studio Code

URL: https://code.visualstudio.com/
비용: 무료
개발자: Microsoft
플랫폼: 윈도우, 맥OS, 리눅스

Atom

URL: https://atom.io/
비용: 무료
개발자: GitHub
플랫폼: 윈도우, 맥OS, 리눅스

Vim

URL: https://www.vim.org/
비용: 무료
개발자: Bram Moolenaar
플랫폼: 윈도우, 맥OS, 리눅스

7-1-5 스크립트 작성에서 실행까지

에디터를 사용해 파이썬 스크립트를 실행하는 순서는 다음과 같다.

① 에디터를 실행하고, 메뉴의 '파일 ➡ 새 파일' 등으로 신규 파일을 준비한다.

그림 7-1-8 에디터에서 신규 파일 작성(Visual Studio Code)

② 빈 셀에 다음 코드를 기술한다.

'Hello World'라는 문자열을 표시하는 코드다.

```
print('Hello World')
```

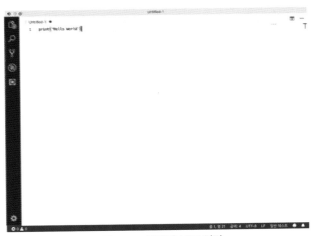

그림 7-1-9 **파이썬 코드 입력**

③ 메뉴의 '파일 ➡ 다른 이름으로 저장…'에서 이름은 'hello.py'로 저장한다.

파이썬 스크립트 확장자는 '.py'로 한다.

그림 7-1-10 **작성한 파일 저장**

④ 가상 환경의 터미널(커맨드 프롬프트)에서 cd 명령어로 'hello.py'가 저장된 폴더로 이동해서 파이썬 명령어를 사용해 파이썬 스크립트를 실행한다.

파이썬 커맨드 서식은 다음과 같다.

```
$ python <파이썬 스크립트명>
```

'hello.py'는 다음과 같이 실행할 수 있다.

```
$ python hello.py
Hello World!
```

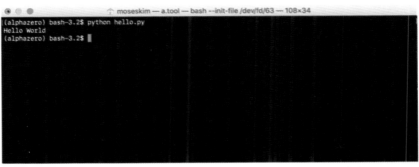

그림 7-1-11 **파이썬 가상 환경에서 폴더로 이동한 뒤 스크립트 실행**

GPU 버전 텐서플로를 설치하기 위해서는 다음의 것들이 필요하다. GPU 버전의 텐서플로를 사용해서 머신러닝 퍼포먼스를 향상시킬 수 있다.

- NVIDIA의 GPU를 가진 PC
- NVIDIA 드라이버, CUDA 및 cuDNN
- tensorflow-gpu

NVIDIA의 GPU를 가진 PC

NVIDIA의 GPU(GeForce)는 필수다. 최근 맥에서는 NVIDIA의 GPU를 사용하지 않으므로 윈도우 10 혹은 리눅스를 준비한다.

NVIDIA 드라이버, CUDA 및 cuDNN 설치

NVIDIA 드라이버는 NVIDIA의 그래픽 보드를 동작시키기 위한 드라이버이며, CUDA는 NVIDIA가 제공하는 GPU용 통합 개발 환경이고, cuDNN은 NVIDIA가 제공하는 딥 러닝 라이브러리다.

NVIDIA 드라이버
https://www.nvidia.co.kr/Download/index.aspx?lang=kr

CUDA
https://developer.nvidia.com/cuda-downloads

cuDNN
https://developer.nvidia.com/cudnn

tensorflow-gpu 설치

tensorflow가 아닌 tensorflow-gpu를 사용한다. GPU 버전 텐서플로 1.8은 다음과 같이 설치한다.

```
$ pip uninstall tensorflow
$ pip install tensorflow-gpu==1.8
```

tensorflow-gpu 버전과 CUDA 및 cuDNN 버전은 대응 여부를 확인해야 한다. 다음 웹사이트에서 각 플랫폼의 'Tested build configurations' 항목을 확인한다.

Build form source | TensorFlow
https://www.tensorflow.org/install/source#tested_build_configurations

버전	Python 버전	컴파일러	빌드 도구	cuDNN	CUDA
tensorflow_gpu-1.13.1	2.7, 3.3-3.6	GCC 4.8	Bazel 0.19.2	7.4	10.0
tensorflow_gpu-1.12.0	2.7, 3.3-3.6	GCC 4.8	Bazel 0.15.0	7	9
tensorflow_gpu-1.11.0	2.7, 3.3-3.6	GCC 4.8	Bazel 0.15.0	7	9
tensorflow_gpu-1.10.0	2.7, 3.3-3.6	GCC 4.8	Bazel 0.15.0	7	9
tensorflow_gpu-1.9.0	2.7, 3.3-3.6	GCC 4.8	Bazel 0.11.0	7	9
tensorflow_gpu-1.8.0	2.7, 3.3-3.6	GCC 4.8	Bazel 0.10.0	7	9
tensorflow_gpu-1.7.0	2.7, 3.3-3.6	GCC 4.8	Bazel 0.9.0	7	9
tensorflow_gpu-1.6.0	2.7, 3.3-3.6	GCC 4.8	Bazel 0.9.0	7	9
tensorflow_gpu-1.5.0	2.7, 3.3-3.6	GCC 4.8	Bazel 0.8.0	7	9
tensorflow_gpu-1.4.0	2.7, 3.3-3.6	GCC 4.8	Bazel 0.5.4	6	8
tensorflow_gpu-1.3.0	2.7, 3.3-3.6	GCC 4.8	Bazel 0.4.5	6	8
tensorflow_gpu-1.2.0	2.7, 3.3-3.6	GCC 4.8	Bazel 0.4.5	5.1	8
tensorflow_gpu-1.1.0	2.7, 3.3-3.6	GCC 4.8	Bazel 0.4.2	5.1	8
tensorflow_gpu-1.0.0	2.7, 3.3-3.6	GCC 4.8	Bazel 0.4.2	5.1	8

그림 GPU 대응 TensorFlow, CUDA, cuDNN 대응 버전(리눅스의 예)

7-2 Tkinter를 활용한 GUI 구현

틱택토 게임 UI를 작성하기 위한 준비로 'Tkinter' 패키지의 사용 방법을 설명한다. 여기서는 게임 UI를 구현하기 위한 최소한의 내용만 설명한다.

7-2-1 Tkinter란?

'Tkinter'는 파이썬에서 GUI를 작성하는 패키지이며, Python 3.x.x에 표준으로 포함되어 있다.

틱택토의 UI를 만들기 전에 Tkinter의 기본적인 사용법을 설명한다.

7-2-2 빈 UI 작성

다음 그림 7-2-1과 같은 '빈 UI'를 작성한다. 이번 프로그램은 'empty_ui.py' 파일에 작성한다.

그림 7-2-1 **UI가 없는 'Hello World' 윈도우**

■ 프레임

UI를 생성하기 위해서는 Frame을 상속한 프레임으로 준비한다. pack()으로 위젯(UI 컴포넌트)의 배치를 조정하고, mainloop()으로 실행한다.

■ 타이틀 표시

타이틀을 표시하기 위해서는 'self.master.title()'을 사용한다. 여기서는 'Hello World'를 표시한다. master는 Frame 생성자의 인수이며, 이 위젯을 만든 부모 위젯이다.

■ 캔버스 생성

'캔버스'는 그래픽에서 그림을 그리는 UI다. 캔버스를 생성하기 위해서는 'Canvas'를 사용한다. 인수로는 추가할 프레임과 폭/높이, 하이라이트 두께를 지정한다. 마지막으로 pack()으로 위젯 배치를 조정한다.

```python
import tkinter as tk

# 빈 UI 생성
class EmptyUI(tk.Frame):
    # 초기화
    def __init__(self, master=None):
        tk.Frame.__init__(self, master)

        # 타이틀 표시
        self.master.title('Hello World')

        # 캔버스 생성
        self.c = tk.Canvas(self, width = 240, height = 240, highlightthickness = 0)
        self.c.pack()

# 빈 UI 실행
f = EmptyUI()
f.pack()
f.mainloop()
```

다음 명령어로 스크립트를 실행한다.

```
$ python empty_ui.py
```

이 책에서 이용하는 Tkinter 위젯은 프레임과 캔버스뿐이다. Tkinter는 다음과 같은 위젯을 제공한다.

표 Tkinter의 위젯

클래스명	위젯명	설명
Frame	프레임	상속해서 이용하는 위젯 프레임
Label	라벨	문자열이나 이미지 표시
Message	메시지	여러 행의 문자열 표시
Button	버튼	버튼
Radiobutton	라디오 버튼	여러 항목 중 하나를 선택하는 버튼
Checkbutton	체크 버튼	체크 유무를 지정하는 버튼
Listbox	리스트 박스	리스트 박스
Scrollbar	스크롤 바	스크롤 바
Scale	스케일	숫자값 지정 슬라이더
Entry	엔트리	한 행의 문자열 입력과 편집
Text	텍스트	여러 행의 문자열 입력과 편집
Menu	메뉴	메뉴
Menubotton	메뉴 버튼	메뉴 버튼
Bitmap	비트맵	비트맵
Canvas	캔버스	그래픽 묘화
LabelFrame	라벨 프레임	라벨이 표시된 프레임
Spinbox	스핀 박스	입력 보조를 위한 상하 버튼이 붙은 스핀 박스
PanedWindow	팬드 윈도우	화면 분할이 가능한 팬드 윈도우

위젯의 공통 멤버 변수는 다음과 같다.

표 위젯의 멤버 변수

멤버 변수	설명
text	위젯 내에 표시되는 텍스트
textvariable	텍스트를 담은 객체
image	위젯 내에 표시되는 이미지
bitmap	위젯 내에 표시되는 비트맵
relief	위젯의 테두리 스타일
height	위젯의 높이
width	위젯의 폭
anchor	위젯에 표시되는 데이터의 위치

위젯의 공통 메소드는 다음과 같다.

표 위젯의 메소드

메소드	설명
foreground(fg)	위젯의 전경색 지정
background(bg)	위젯의 배경색 지정
borderwidth(bd)	위젯의 테두리 폭 지정
place(x, y)	지정한 좌표에 위젯을 배치
pack()	위젯을 가로 혹은 세로 방향으로 일렬 배치
grid()	위젯을 격자형으로 배치

7-2-3 그래픽 그리기

다음 그림 7-2-2와 같은 그래픽을 그리는 UI를 구현한다. 선, 원, 직사각형, 문자열을 그린다. 이번 프로그램은 'graphic_ui.py' 파일에 구현한다.

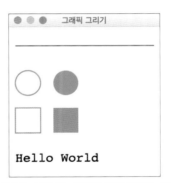

그림 7-2-2 선과 원, 문자열 등을 그리는 윈도우

■ 화면 초기화

화면을 초기화하려면 'Canvas'의 'delete('all')'을 사용한다.

■ 그래픽 그리기

그래픽을 그리려면 'Canvas'의 메소드를 사용한다. 'Canvas'의 메소드와 그 인수는 다음과 같다.

표 7-2-1 Canvas의 메소드

메소드	설명
create_line()	선
create_oval()	타원
create_arc()	원호
create_rectangle()	직사각형
create_image()	이미지
create_bitmap()	비트맵
create_text()	문자열

표 7-2-2 Canvas 메소드의 인수

인수	타입	설명
outline	str	테두리 색상
width	float	테두리 폭
fill	str	채움 색상
anchor	str	원점(anchor의 정의에 따라 선택). create_text(), create_image()에서 사용
text	str	텍스트. create_text()에서 사용
font	str	폰트. create_text()에서 사용
image	PhotoImage	이미지. create_image()에서 사용

표 7-2-3 anchor의 정수

정수	설명
nw	왼쪽 위
n	위
ne	오른쪽 위
w	왼쪽
center	가운데
e	오른쪽
sw	왼쪽 아래
s	아래
se	오른쪽 아래

선 그리기는 create_line(), 원 그리기는 create_oval(), 원의 나머지는 create_oval(), 사각형 그리기와 나머지는 create_rectangle(), 문자열 표시는 create_text()를 사용한다.

```python
import tkinter as tk

# 그래픽 UI 정의
class GraphicUI(tk.Frame):
    # 초기화
    def __init__(self, master=None):
        tk.Frame.__init__(self, master)

        # 타이틀 표시
        self.master.title('그래픽 그리기')

        # 캔버스 생성
        self.c = tk.Canvas(self, width = 240, height = 240, highlightthickness = 0)
        self.c.pack()

        # 그림 갱신
        self.on_draw()

    # 그림 갱신
    def on_draw(self):
        # 그림 클리어
        self.c.delete('all')

        # 라인 그리기
        self.c.create_line(10, 30, 230, 30, width = 2.0, fill = '#FF0000')

        # 원 그리기
        self.c.create_oval(10, 70, 50, 110, width = 2.0, outline = '#00FF00')

        # 원 채우기
        self.c.create_oval(70, 70, 110, 110, width = 0.0, fill = '#00FF00')

        # 직사각형 그리기
        self.c.create_rectangle(10, 130, 50, 170, width = 2.0, outline = '#00A0FF')

        # 직사각형 채우기
        self.c.create_rectangle(70, 130, 110, 170, width = 0.0, fill = '#00A0FF')

        # 문자열 표시
        self.c.create_text(10, 200, text = 'Hello World', font='courier 20',
anchor = tk.NW)

# 그래픽 UI 실행
```

```
f = GraphicUI()
f.pack()
f.mainloop()
```

7-2-4 이미지 그리기

다음 그림 7-2-3과 같이 이미지를 그리는 UI를 작성한다. 여기서는 아이콘 이미지를 읽어서 그림을 그린다. 이번 프로그램은 'graphic_ui.py' 파일에 작성한다.

그림 7-2-3 **이미지를 읽어 윈도우에 표시**

📖 리소스 준비

80 × 80픽셀의 'sample.png'를 예제 코드와 같은 위치에 저장한다.

그림 7-2-4 **리소스 이미지 'sample.png'**

📖 이미지 로드

이미지를 로드하려면 Image.open()을 사용한다. 여기에 ImageTK.PhotoImage()를 사용해 'PhotoImage'로 변환한다.

다른 한 장은 Image의 rotate(180)을 사용해 이미지를 180도 회전시켜서 사용한다.

📖 이미지 그리기

이미지를 그리려면 create_image()를 사용한다.

```python
import tkinter as tk
from PIL import Image, ImageTk

# 이미지 UI 정의
class ImageUI(tk.Frame):
    # 초기화
    def __init__(self, master=None):
        tk.Frame.__init__(self, master)

        # 타이틀 표시
        self.master.title('이미지 그리기')

        # 이미지 로드
        image = Image.open('sample.png')
        self.images = []
        self.images.append(ImageTk.PhotoImage(image))
        self.images.append(ImageTk.PhotoImage(image.rotate(180)))

        # 캔버스 생성
        self.c = tk.Canvas(self, width = 240, height = 240, highlightthickness = 0)
        self.c.pack()

        # 화면 갱신
        self.on_draw()

    # 화면 갱신
    def on_draw(self):
        # 화면 삭제
        self.c.delete('all')

        # 이미지 그리기
        self.c.create_image(10, 10, image=self.images[0], anchor=tk.NW)

        # 반전 이미지 그리기
        self.c.create_image(10, 100, image=self.images[1], anchor=tk.NW)

# 이미지 UI 실행
f = ImageUI()
f.pack()
f.mainloop()
```

7-2-5 이벤트 처리

Tkinter의 이벤트 처리를 구현한다. 캔버스를 클릭할 때 클릭한 위치를 화면에 표시한다.

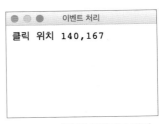

■ 이벤트 연결

이벤트 연결은 'bind(이벤트 정수, 함수)'를 사용한다. 이번에는 왼쪽 마우스 버튼을 눌렀을 때 on_click()을 호출한다.

그림 7-2-5 '클릭' 이벤트를 받아 클릭한 위치를 윈도우에 표시

마우스 왼쪽 버튼을 눌렀을 때의 이벤트 정의는 〈Button-1〉이다. 알림 대상 함수 event의 event.x에 클릭한 위치의 x 좌표, event.y에 클릭한 위치의 y 좌표가 전달된다.

```python
import tkinter as tk
from PIL import Image, ImageTk

# 이벤트 UI 정의
class EventUI(tk.Frame):
    # 초기화
    def __init__(self, master=None):
        tk.Frame.__init__(self, master)

        # 타이틀 표시
        self.master.title('이벤트 처리')

        # 클릭 위치
        self.x = 0
        self.y = 0

        # 캔버스 생성
        self.c = tk.Canvas(self, width = 240, height = 240, highlightthickness = 0)
        self.c.bind('<Button-1>', self.on_click)   # 클릭 판정 추가
        self.c.pack()

        # 화면 갱신
        self.on_draw()

    # 클릭 시 호출
    def on_click(self, event):
        self.x = event.x
        self.y = event.y
        self.on_draw()
```

```
    # 화면 갱신
    def on_draw(self):
        # 그림 삭제
        self.c.delete('all')

        # 문자열 표시
        str = '클릭 위치 {},{}'.format(self.x, self.y)
        self.c.create_text(10, 10, text = str, font='courier 16', anchor = tk.NW)

# 이벤트 UI 실행
f = EventUI()
f.pack()
f.mainloop()
```

COLUMN Tkinter의 이벤트 정수

Tkinter의 이벤트 정수는 다음과 같다. 여기에는 마우스 관련 이벤트만 표시했지만, 이 외에도 키보드 관련 키 이벤트 등도 있다.

표 Tkinter의 이벤트 정수

정수	설명
<Button-1>	마우스 왼쪽 버튼 누름
<Button-2>	마우스 가운데 버튼 누름
<Button-3>	마우스 오른쪽 버튼 누름
<B1-Motion>	마우스 왼쪽 버튼을 누른 상태로 이동
<B2-Motion>	마우스 가운데 버튼을 누른 상태로 이동
<B3-Motion>	마우스 오른쪽 버튼을 누른 상태로 이동
<ButtonRelease-1>	마우스 왼쪽 버튼 뗌
<ButtonRelease-2>	마우스 가운데 버튼 뗌
<ButtonRelease-3>	마우스 오른쪽 버튼 뗌
<Double-Button-1>	마우스 왼쪽 버튼 더블 클릭
<Double-Button-2>	마우스 가운데 버튼 더블 클릭
<Double-Button-3>	마우스 오른쪽 버튼 더블 클릭
<Enter>	마우스 포인터가 위젯으로 진입
<Leave>	마우스 포인트가 위젯에서 이탈

7-3 사람과 AI의 대전

앞 절에서 설명한 Tkinter 패키지의 기본적인 사용법을 바탕으로 틱택토 게임 UI를 만들고, 사람과 AI가 대전하는 게임을 완성해 본다.

7-3-1 개요

틱택토의 UI를 작성해 사람과 AI가 대전한다. 마우스 왼쪽 버튼을 클릭해 돌을 배치한다. 또한, 간소화를 위해 항상 사람이 먼저 돌을 놓는다.

이번 프로그램은 'human_play.py' 파일에 구현한다.

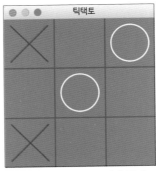

그림 7-3-1 **틱택토 게임 화면**

7-3-2 패키지 임포트

틱택토 게임 구현에 필요한 패키지를 임포트한다.

```
# 패키지 임포트
from game import State
from pv_mcts import pv_mcts_action
from tensorflow.keras.models import load_model
from pathlib import Path
```

```
from threading import Thread
import tkinter as tk
```

7-3-3 베스트 플레이어 모델 로드

앞 장에서 학습을 완료한 틱택토의 베스트 플레이어 모델을 로드한다. 모델은 먼저 로컬 PC로 다운로드해야 한다(저장 장소 등은 뒤에 설명).

```
# 베스트 플레이어 모델 로드
model = load_model('./model/best.h5')
```

7-3-4 게임 UI 정의와 실행

게임 UI 'GameUI'를 다음 예제 코드와 같이 정의해서 실행한다. GameUI의 메소드는 다음과 같다.

표 7-3-1 **GameUI의 메소드**

메소드	설명
__init__(master=None, model=None)	게임 UI 초기화
turn_of_human(event)	사람 턴
turn_of_ai()	AI 턴
draw_piece(index, first_player)	돌 그리기
on_draw()	그림 갱신

다음 예제 코드 중 생략된 부분은 이후 메소드별로 설명한다.

```
# 게임 UI 정의
class GameUI(tk.Frame):
    (생략)

# 게임 UI 실행
f = GameUI(model=model)
f.pack()
f.mainloop()
```

■ 게임 UI 초기화

'__init__()'은 게임 UI를 초기화한다.

여기서는 게임 상태와 PV MCTS의 행동 선택을 수행하는 함수 및 캔버스를 준비한다. 마지막으로 그리기를 갱신해 초기 화면을 표시한다.

```python
# 초기화
def __init__(self, master=None, model=None):
    tk.Frame.__init__(self, master)
    self.master.title('틱택토')

    # 게임 상태 생성
    self.state = State()

    # PV MCTS를 활용한 행동 선택을 따르는 함수 생성
    self.next_action = pv_mcts_action(model, 0.0)

    # 캔버스 생성
    self.c = tk.Canvas(self, width=240, height=240, highlightthickness=0)
    self.c.bind('<Button-1>', self.turn_of_human)
    self.c.pack()

    # 그림 갱신
    self.on_draw()
```

■ 사람의 턴 처리

'turn_of_human()'은 사람의 턴을 처리한다.

① 게임이 종료되는 경우
게임이 종료되는 경우에는 게임 상태를 초기 상태로 되돌린다.

② 선 수가 아닌 경우
선 수가 아닌 경우(AI의 턴일 때) 사람은 조작할 수 없다.

③ 클릭 위치를 행동으로 변환
클릭 위치로부터 행동(매스 번호)으로 변환한다.

④ 둘 수 있는 수가 아닌 경우
클릭 위치의 XY 좌표로부터 행동으로 변환하고, 그 행동이 둘 수 있는 수가 아닌 경우에는 처리하지 않도록 한다.

⑤ 다음 상태 취득

둘 수 있는 수의 경우에는 state.next()로 다음 상태를 취득하고, 화면을 갱신한다.

⑥ AI 턴으로 변경

사람의 턴이 완료되면 AI의 턴으로 변경한다.

직접 turn_of_ai()를 호출하면 AI 턴이 종료될 때까지 사람의 턴으로 화면 갱신(⑤)이 적용되지 않기 때문에 master.after()로 1밀리초 슬립을 한 뒤 호출한다.

```python
# 사람의 턴
def turn_of_human(self, event):
    # 게임 종료 시
    if self.state.is_done():
        self.state = State()
        self.on_draw()
        return

    # 선 수가 아닌 경우
    if not self.state.is_first_player():
        return

    # 클릭 위치를 행동으로 변환
    x = int(event.x / 80)
    y = int(event.y / 80)
    if x < 0 or 2 < x or y < 0 or 2 < y:  # 범위 외
        return
    action = x + y * 3

    # 둘 수 있는 수가 아닌 경우
    if not (action in self.state.legal_actions()):
        return

    # 다음 상태 얻기
    self.state = self.state.next(action)
    self.on_draw()

    # AI의 턴
    self.master.after(1, self.turn_of_ai)
```

■ AI의 턴 처리

'turn_of_ai()'는 AI의 턴을 처리한다.

① 게임 종료 시

게임 종료 시에는 아무런 처리를 하지 않는다.

② 행동 취득

뉴럴 네트워크에서 행동을 취득한다.

③ 다음 상태 취득

취득한 행동에 따라 다음 상태를 취득한다. 그리고 화면을 갱신한다.

```python
# AI의 턴
def turn_of_ai(self):
    # 게임 종료 시
    if self.state.is_done():
        return

    # 행동 얻기
    action = self.next_action(self.state)

    # 다음 상태 얻기
    self.state = self.state.next(action)
    self.on_draw()
```

📖 돌 그리기

'draw_piece()'는 돌을 그린다.

인수인 'index'는 매스 위치, 'first_player'는 누가 선 수를 두는가다. 선 수는 원, 후 수는 엑스로 그린다.

```python
# 돌 그리기
def draw_piece(self, index, first_player):
    x = (index % 3) * 80 + 10
    y = int(index / 3) * 80 + 10
    if first_player:
        self.c.create_oval(x, y, x + 60, y + 60, width=2.0, outline='#FFFFFF')
    else:
        self.c.create_line(x, y, x + 60, y + 60, width=2.0, fill='#5D5D5D')
        self.c.create_line(x + 60, y, x, y + 60, width=2.0, fill='#5D5D5D')
```

■ 화면 갱신

'on_draw()'는 화면을 갱신한다. 모든 매스와 돌을 다시 그린다.

```
# 화면 갱신
def on_draw(self):
    self.c.delete('all')
    self.c.create_rectangle(0, 0, 240, 240, width=0.0, fill='#00A0FF')
    self.c.create_line(80, 0, 80, 240, width=2.0, fill='#0077BB')
    self.c.create_line(160, 0, 160, 240, width=2.0, fill='#0077BB')
    self.c.create_line(0, 80, 240, 80, width=2.0, fill='#0077BB')
    self.c.create_line(0, 160, 240, 160, width=2.0, fill='#0077BB')
    for i in range(9):
        if self.state.pieces[i] == 1:
            self.draw_piece(i, self.state.is_first_player())
        if self.state.enemy_pieces[i] == 1:
            self.draw_piece(i, not self.state.is_first_player())
```

7-3-5 사람과 AI의 대전 실행

사람과 AI의 대전을 실행하기 전에 'human_play.py'와 같은 폴더에 앞 장에서 작성한 모델
'best.h5'를 포함한 모델 폴더가 있는지 확인한다.

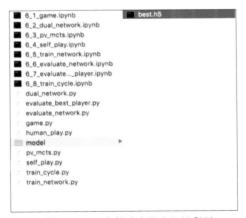

그림 7-3-2 **로컬 환경의 폴더 구성 확인**

이후, 가상 환경의 터미널로 다음 명령어를 실행하면 틱택토 게임(선 수: 사람, 후 수: AI)이 시
작된다. 실제로 6장에서 만든 AI 모델과 대전해 본다.

```
$ python human_play.py
```

COLUMN 텐서플로의 CPU 확장 명령 실행 시 경고

텐서플로를 실행하면 다음과 같은 경고가 나타난다.

```
Your SPUR supports instructions that this TensorFlow binary was not
compiled to use: AVX2 FMA
```

이는 현재 사용하는 CPU가 확장 명령에 대응한 모델이지만, 이를 사용할 수 없는 텐서플로 바이너리를 사용하고 있다는 경로이며, 무시해도 관계없다.

CPU의 확장 명령을 사용하고자 하는 경우에는 다음 링크에서 예제 코드를 다운로드해서 별도의 텐서플로를 컴파일해야 한다. 이 과정을 통해 CPU에서의 텐서플로 속도를 20% 정도 향상시킬 수 있다.

Build from source | TensorFlow
https://www.tensorflow.org/install/source

샘플 게임 구현

6, 7장에서는 틱택토를 소재로 알파제로 알고리즘을 사용한 AI 모델을 작성하고, 실제로 사람과 AI가 대전하는 게임을 구현했다. 이번 장에서는 다른 모드 게임을 기반으로 한 대전 게임을 만들어 보고, 지금까지의 배운 지식을 다양한 게임에 적용할 수 있음을 학습한다.

첫 번째 소재는 '커넥트4'로 다른 말로는 '중력 기반 4단 틱택토'라고 부른다. 틱택토의 발전된 버전이다.

두 번째 소재는 긴 역사를 가진 보드 게임으로 유명한 '오셀로'다. 컴퓨터 게임으로도 많은 종류의 게임이 발매되어 있기 때문에 직접 즐겨 본 분들도 많을 것이다.

세 번째 소재는 '동물 장기'를 소재로 한 '간이 장기'다. 오리지널 알파제로는 장기 대전 게임이지만, 책의 샘플로 사용하기에는 규모가 너무 크다. 작성하는 게임은 말의 수나 움직임이 한정되어 있는 간이 버전이며, 말을 따먹고 그 말의 자리에 자신의 말을 놓을 수 있는 등 앞선 샘플 게임과 다른 요소가 포함되어 있다.

이 3개의 게임은 틱택토와 같이 두 사람이 대결하는 유한 확정 완전 정보 게임이므로 6장의 틱택토에서 만든 학습 사이클을 일부 수정해서 거의 그대로 이용할 수 있다.

이 장의 목적

- 틱택토의 일부를 개량해 바닥부터 돌이 쌓이는 4단 틱택토인 커넥트4를 구현할 수 있음을 이해한다.

- 많은 사람에게 친숙한 오셀로 역시 6장에서 작성한 학습 사이클을 활용해 강력한 프로그램을 만들 수 있음을 확인한다.

- 말의 움직임을 간략화한 간이 장기에도 학습 사이클을 적용해 '사람 vs 컴퓨터'로 대전해 본다.

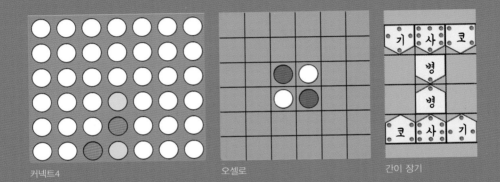

커넥트4   오셀로   간이 장기

8-1 커넥트4

'커넥트4'는 앞 장에서 구현해 본 틱택토를 약간 복잡하게 만든 대전 게임이므로 첫 번째 샘플로 이해하기 쉬울 것이다. 틱택토와 마찬가지로 Google Colab에서 학습을 수행하고, 로컬 PC에서 게임 UI를 실행한다.

8-1-1 커넥트4 개요

바닥부터 돌이 쌓이는 4단 틱택토인 '커넥트4'를 구현한다. 두 플레이어가 교대로 7×6의 보드면에 아래부터 돌을 쌓아 올린다. 먼저 가로, 세로, 대각선 방향 중 하나로 4개의 돌을 나란히 놓는 편이 승리한다.

커넥트4 UI의 돌을 놓는 열은 클릭으로 지정한다. 또한, 간이화했으므로 사람은 항상 선수를 둔다.

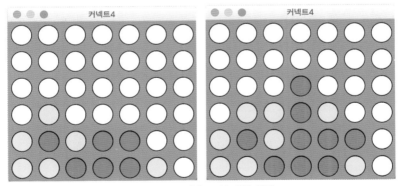

그림 8-1-1 **커넥트4의 게임 화면**

6장에서 구현했던 틱택토의 코드와는 약간의 차이가 있다. 게임 상태(game.py)와 게임 UI (human_play.py)는 게임 자체가 다르므로 모두 업데이트하고, 듀얼 네트워크(dual_network.py)는 파라미터만 업데이트하며, 학습 사이클 실행(train_cycle.py)은 베스트 플레이어 평가 부분만을 삭제한다.

이후에는 예제 코드 변경 부분만을 설명한다. 다른 예제 코드에 관한 설명은 6, 7장을 참고한다.

표 8-1-1 **커넥트4의 예제 코드 목록**

예제 코드	설명	6, 7장과의 차이
game.py	게임 상태	모두 변경
dual_network.py	듀얼 네트워크	파라미터만 변경
pc_mcts.py	몬테카를로 트리 탐색	없음
self_play.py	셀프 플레이 파트	없음
train_network.py	파라미터 갱신 파트	없음
evaluate_network.py	신규 파라미터 평가 파트	없음
train_cycle.py	학습 사이클 실행	베스트 플레이어 평가 파트 삭제
human_play.py	게임 UI	모두 변경

8-1-2 커넥트4의 듀얼 네트워크 입력

커넥트4의 듀얼 네트워크에는 '게임 판면'이 입력된다.

이번에는 게임 보드면을 '자신의 돌의 위치', '상대방의 돌의 위치' 두 가지의 2차원 배열로 입력한다. 구체적으로는 7×6의 2차원 배열 2개로 입력 형태는 (7, 6, 2)이며, 돌이 놓여있는 경우에는 1, 그렇지 않은 경우에는 0이 된다.

- 자신의 돌의 위치(7×6 사이즈의 2차원 배열)
- 상대방의 돌의 위치(7×6 사이즈의 2차원 배열)

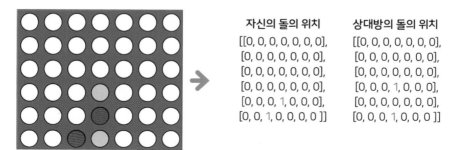

자신의 돌의 위치
[[0, 0, 0, 0, 0, 0, 0],
 [0, 0, 0, 0, 0, 0, 0],
 [0, 0, 0, 0, 0, 0, 0],
 [0, 0, 0, 0, 0, 0, 0],
 [0, 0, 0, 1, 0, 0, 0],
 [0, 0, 1, 0, 0, 0, 0]]

상대방의 돌의 위치
[[0, 0, 0, 0, 0, 0, 0],
 [0, 0, 0, 0, 0, 0, 0],
 [0, 0, 0, 0, 0, 0, 0],
 [0, 0, 0, 1, 0, 0, 0],
 [0, 0, 0, 0, 0, 0, 0],
 [0, 0, 0, 1, 0, 0, 0]]

그림 8-1-2 **커넥트4의 듀얼 네트워크 입력**

8-1-3 커넥트4에서의 행동

커넥트4의 행동은 돌을 떨어뜨릴 열(0~6)이다. 선택한 열에서 아직 돌이 놓이지 않은 가장 아래 위치에 돌이 놓인다. 행동 수는 7(열 수)이다.

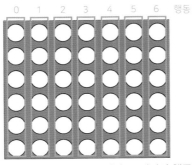

그림 8-1-3 **커넥트4에서의 행동**

8-1-4 game.py(전체 갱신)

'game.py'에서는 커넥트4의 게임 상태를 구현한다.

■ 게임 상태

게임 상태 'State'를 정의한다. State의 메소드는 다음과 같다.

표 8-1-2 **State의 메소드**

메소드	설명
__init__(pieces=None, enemy_pieces=None)	게임 상태 초기화
piece_count(pieces)	돌의 수 취득
is_lose()	패배 여부 판정
is_draw()	무승부 여부 판정
is_done()	게임 종료 여부 판정
next(action)	다음 상태 취득
legal_actions()	둘 수 있는 수 취득
is_first_player()	선 수 여부 취득
__str__()	문자열 표시

```
# 패키지 임포트
import random
import math

# 게임 상태
class State:
    (생략)
```

■ 게임 상태 초기화

'State' 생성자는 게임 상태를 초기화한다. 자신의 돌의 배치, 상대방의 돌의 위치를 길이
42(7열×6행)의 1차원 배열 'pieces', 'enemy_pieces'에 저장한다. 커넥트4에서 돌의 초기 배치
는 모두 빈 공간이다.

```
# 초기화
def __init__(self, pieces=None, enemy_pieces=None):
    # 돌의 배치
    self.pieces = pieces if pieces != None else [0] * 42
    self.enemy_pieces = enemy_pieces if enemy_pieces != None else [0] * 42
```

■ 돌의 수 얻기

'piece_count()'는 돌의 수를 얻는다. 무승부를 판단할 때 사용한다.

```
# 돌의 수 얻기
def piece_count(self, pieces):
    count = 0
    for i in pieces:
        if i == 1:
            count += 1
    return count
```

■ 패배 여부 판정

'is_lose()'는 패배 여부를 판정한다.

```
# 패배 여부 판정
def is_lose(self):
```

```
                    # 돌 4개 연결 여부 판정
                    def is_comp(x, y, dx, dy):
                        for k in range(4):
                            if y < 0 or 5 < y or x < 0 or 6 < x or \
                                self.enemy_pieces[x + y * 7] == 0:
                                return False
                            x, y = x + dx, y + dy
                        return True

                    # 패배 여부 판정
                    for j in range(6):
                        for i in range(7):
                            if is_comp(i, j, 1, 0) or is_comp(i, j, 0, 1) or \
                                is_comp(i, j, 1, -1) or is_comp(i, j, 1, 1):
                                return True
                    return False
```

■ 무승부 여부 판정

'is_draw()'는 무승부 여부를 판정한다.

```
# 무승부 여부 판정
def is_draw(self):
    return self.piece_count(self.pieces) + self.piece_count(self.enemy_pieces) == 42
```

■ 게임 종료 여부 판정

'is_done()'은 게임 종료 여부를 판정한다.

```
# 게임 종료 여부 판정
def is_done(self):
    return self.is_lose() or self.is_draw()
```

■ 다음 상태 얻기

'next(action)'은 행동에 따른 다음 상태를 얻는다. 돌의 배치 'pieces'를 복사한 뒤, 지정한 열에서 비어 있는 위치 중 가장 아래(T 좌표가 가장 큰) 장소에 돌을 배치한다.

```
# 다음 상태 얻기
def next(self, action):
    pieces = self.pieces.copy()
    for j in range(5, -1, -1):
        if self.pieces[action + j * 7] == 0 and self.enemy_pieces[action + j * 7] == 0:
            pieces[action + j * 7] = 1
            break
    return State(self.enemy_pieces, pieces)
```

■ 둘 수 있는 수 리스트 얻기

'legal_action()'은 둘 수 있는 수 리스트를 얻는다. 커넥트4에서의 둘 수 있는 수는 가장 위의 행(pieces와 enemy_pices의 0~6)에서 돌이 가득 차 있지 않은 매스다.

```
# 둘 수 있는 수의 리스트 얻기
def legal_actions(self):
    actions = []
    for i in range(7):
        if self.pieces[i] == 0 and self.enemy_pieces[i] == 0:
            actions.append(i)
    return actions
```

■ 선수 여부 얻기

'is_first_player()'는 선수 여부를 얻는다.

```
# 선수 여부 확인
def is_first_player(self):
    return self.piece_count(self.pieces) == self.piece_count(self.enemy_pieces)
```

■ 문자열 표시

'__str__()'는 게임 상태를 문자열로 표시한다.

```
# 문자열 표시
def __str__(self):
    ox = ('o', 'x') if self.is_first_player() else ('x', 'o')
    str = ''
    for i in range(42):
```

```
            if self.pieces[i] == 1:
                str += ox[0]
            elif self.enemy_pieces[i] == 1:
                str += ox[1]
            else:
                str += '-'
            if i % 7 == 6:
                str += '\n'
        return str
```

■ 동작 확인 정의

동작 확인을 위해 '랜덤 vs 랜덤'으로 대전하는 코드를 추가한다.

```
# 랜덤으로 행동 선택
def random_action(state):
    legal_actions = state.legal_actions()
    return legal_actions[random.randint(0, len(legal_actions) - 1)]

# 동작 확인
if __name__ == '__main__':
    # 상태 생성
    state = State()

    # 게임 종료 시까지 반복
    while True:
        # 게임 종료 시
        if state.is_done():
            break

        # 다음 상태 얻기
        state = state.next(random_action(state))

        # 문자열 출력
        print(state)
        print()
```

■ gamy.py 동작 확인

'gmae.py'를 Google Colab의 인스턴스에 업로드하고, 동작을 확인한다.

```
# game.py 업로드
from google.colab import files
uploaded = files.upload()

# 폴더 확인
!dir
```

```
game.py   sample_data
```

```
# game.py 동작 확인
!python game.py
```

```
-------     -------     -------     -------     -------     -------
-------     -------     -------     -------     -------     -------
-------     -------     -------     -------     -------     x--x---
-------     -------     -------     -------     o--x---     o--x-o-
-------     -------     -oox---     -oox-x-     ooox-x-     ooox-x-
-o-----     -oxx-o-     -oxx-o-     xoxx-oo     xoxx-oo     xoxx-oo

-------     -------     -------     -------     -------
-------     -------     -------     -------     x------
-------     -------     -------     -------     o--x---
-------     --o----     -oox---     ooox-x-     ooox-x-
-ox----     -oxx-o-     xoxx-o-     xoxx-oo     xoxx-oo

-------     -------     -------     -------     -------
-------     -------     -------     -------     -------
-------     -------     -------     -------     x------
-------     -------     -------     ---x---     o--x-o-
-------     --ox---     -oox---     ooox-x-     ooox-x-
-ox--o-     -oxx-o-     xoxx-oo     xoxx-oo     xoxx-oo
```

8-1-5 dual_network.py(파라미터만 갱신)

'dual_network.py'에서는 듀얼 네트워크의 파라미터를 갱신한다. 입력 형태는 (7, 6, 2), 행동 수는 7이다.

```
# 파라미터 준비
DN_INPUT_SHAPE = (7, 6, 2)  # 입력 형태
DN_OUTPUT_SIZE = 7  # 행동 수(배치 위치(7))
```

8-1-6 train_cycle.py(코드 일부 삭제)

'train_cycle.py'에서는 베스트 플레이어 평가 부분만을 삭제한다.

```
# 네트워크 평가
update_best_player = evaluate_network()

# 베스트 플레이어 평가
if update_best_player:
    evaluate_best_player()
```

↓

```
# 신규 파라미터 평가 파트
evaluate_network()
```

8-1-7 human_play.py(전체 갱신)

'human_play.py'에서는 커넥트4의 UI를 구현한다.

■ 패키지 임포트

앞 장 7-3 '사람과 AI의 대전'과 동일하다.

```
# 패키지 임포트
from game import State
from pv_mcts import pv_mcts_action
from tensorflow.keras.models import load_model
from pathlib import Path
from threading import Thread
import tkinter as tk
```

■ 베스트 플레이어 모델 로드

앞 장 7-3 '사람과 AI의 대전'과 동일하다.

```
# 베스트 플레이어 모델 로드
model = load_model('./model/best.h5')
```

■ 게임 UI 정의와 실행

'GameUI'를 정의하고 실행한다. GameUI의 메소드는 다음과 같다.

표 8-1-3 **GameUI의 메소드**

메소드	설명
__init__(master=None, model=None)	게임 UI 초기화
turn_of_human(event)	사람 턴
turn_of_ai()	AI 턴
draw_piece(index, first_player)	돌 그리기
on_draw()	화면 갱신

다음 예제 코드의 생략 부분은 이후 메소드별로 설명한다.

```
# 게임 UI 생성
class GameUI(tk.Frame):
    (생략)

# 게임 UI 실행
f = GameUI(model=model)
f.pack()
f.mainloop()
```

■ 게임 UI 초기화

'__init__()'은 게임 UI를 초기화한다.

여기서는 '게임 상태'와 'PV MCTS에서 행동을 선택하는 함수'와 '캔버스'를 준비한다. 마지막으로 화면 갱신을 수행하고, 초기 화면을 표시한다.

```
# 초기화
def __init__(self, master=None, model=None):
    tk.Frame.__init__(self, master)
    self.master.title('커넥트4')

    # 게임 상태 생성
    self.state = State()

    # PV MCTS를 활용한 행동 선택을 따르는 함수 생성
    self.next_action = pv_mcts_action(model, 0.0)

    # 캔버스 생성
    self.c = tk.Canvas(self, width=280, height=240, highlightthickness=0)
    self.c.bind('<Button-1>', self.turn_of_human)
    self.c.pack()

    # 화면 갱신
    self.on_draw()
```

■ 사람의 턴 처리

'turn_of_human()'은 사람의 턴을 처리한다.

① 게임이 종료되는 경우
게임이 종료되는 경우 게임 상태를 초기 상태로 되돌린다.

② 선 수가 아닌 경우
선 수가 아닌 경우에는 조작 불가로 처리한다.

③ 클릭 위치를 행동으로 변환
클릭 위치에서 행동으로 변환한다.

④ 둘 수 있는 수가 아닌 경우
클릭 위치에서 변환한 행동이 둘 수 있는 수가 아닌 경우 아무 처리도 하지 않는다.

⑤ 다음 상태 취득
둘 수 있는 수인 경우 다음 상태를 취득하고 화면을 갱신한다.

⑥ AI의 턴
AI의 턴으로 변경한다.

```python
# 사람의 턴
def turn_of_human(self, event):
    # 게임 종료 시
    if self.state.is_done():
        self.state = State()
        self.on_draw()
        return

    # 선 수가 아닌 경우
    if not self.state.is_first_player():
        return

    # 클릭 위치를 행동으로 변환
    x = int(event.x / 40)
    if x < 0 or 6 < x:  # 범위 외
        return
    action = x

    # 둘 수 있는 수가 아닌 경우
    if not (action in self.state.legal_actions()):
        return

    # 다음 상태 얻기
    self.state = self.state.next(action)
    self.on_draw()

    # AI의 턴
    self.master.after(1, self.turn_of_ai)
```

■ AI의 턴 처리

'turn_of_ai()'는 AI의 차례를 처리한다.

① 게임이 종료되는 경우

게임이 종료되는 경우 게임 상태를 초기 상태로 되돌린다.

② 행동 취득

듀얼 네트워크로 행동을 취득한다.

③ 다음 상태 취득

취득한 행동에 따라 다음 상태를 취득하고, 화면을 갱신한다.

```
# AI의 턴
def turn_of_ai(self):
    # 게임 종료 시
    if self.state.is_done():
        return

    # 행동 얻기
    action = self.next_action(self.state)

    # 다음 상태 얻기
    self.state = self.state.next(action)
    self.on_draw()
```

■ 돌 그리기

`draw_piece()`는 돌을 그린다.

인수로 'index'는 매스 번호, 'first_player'는 선 수 여부를 판단한다. 선 수는 빨간 원, 후수는 검은 원으로 그린다.

```
# 돌 그리기
def draw_piece(self, index, first_player):
    x = (index % 7) * 40 + 5
    y = int(index / 7) * 40 + 5
    if first_player:
        self.c.create_oval(x, y, x + 30, y + 30, width=1.0, fill='#FF0000')
    else:
        self.c.create_oval(x, y, x + 30, y + 30, width=1.0, fill='#FFFF00')
```

■ 화면 갱신

`on_draw()`는 화면을 갱신한다. 모든 위치와 돌을 그린다.

```
# 화면 갱신
def on_draw(self):
    self.c.delete('all')
    self.c.create_rectangle(0, 0, 280, 240, width=0.0, fill='#00A0FF')
    for i in range(42):
        x = (i % 7) * 40 + 5
        y = int(i / 7) * 40 + 5
        self.c.create_oval(x, y, x + 30, y + 30, width=1.0, fill='#FFFFFF')
```

```
for i in range(42):
    if self.state.pieces[i] == 1:
        self.draw_piece(i, self.state.is_first_player())
    if self.state.enemy_pieces[i] == 1:
        self.draw_piece(i, not self.state.is_first_player())
```

8-1-8 학습 사이클 실행

샘플 예제 코드 한 세트(표 8-1-1 참고)를 Google Colab의 인스턴스에 업로드하고 실행한다.
구체적인 실행 방법은 6-8 '학습 사이클 실행'을 참고한다.

- game.py
- dual_network.py
- pv_mcts.py
- self_play.py
- train_network.py
- evaluate_network.py
- train_cycle.py

```
# 샘플 파일 예제 코드 1 세트 업로드
from google.colab import files
uploaded = files.upload()

# 학습 사이클 실행
!python train_cycle.py
```

학습을 완료하는 데는 GPU로 꼬박 1일이 소요된다. 30 사이클 분량을 학습하면 상당히 강
한 사람 정도의 수준까지 학습할 수 있다.

학습이 완료되면 'best.h5'를 다운로드한다.

```
# best.h5 다운로드
from google.colab import files
files.download('./model/best.h5')
```

8-1-9 사람과 AI의 대결 실행

사람과 AI의 대전은 로컬 PC에서 실행한다. 'human_play.py'와 같은 폴더에 'best.h5'를 포함하는 모델 폴더를 저장한다.

그 뒤, 다음 명령어를 실행하면 커넥트4가 시작된다.

```
$ python human_play.py
```

8-2 오셀로

'오셀로'는 정통 보드 게임으로 유명하며, 컴퓨터 게임으로도 발매되어 있기 때문에 이미 해본 분도 많을 것이다. 틱택토와 마찬가지로 Google Colab에서 학습을 수행하고, 로컬 PC에서 게임 UI를 실행한다.

8-2-1 개요

두 사람이 대전하는 보드 게임인 '오셀로'를 구현한다. 교대로 6×6의 보드면에 돌을 놓고, 상대의 돌을 포위하면 자신의 돌의 색깔로 바꾼다. 마지막에 돌이 많은 쪽이 승리한다. 둘 수 있는 수가 없는 경우에는 자동적으로 패스가 되며(순서가 상대방에게 넘어감), 연속으로 패스하면 게임이 종료된다.

'오셀로 UI'에서는 클릭으로 돌을 배치한다. 또한, 간소화한 버전이기 때문에 사람이 항상 선 수를 둔다.

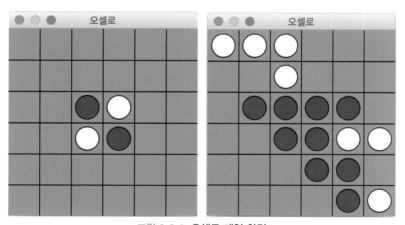

그림 8-2-1 오셀로 게임 화면

예제 코드 목록은 다음과 같다.

6장에서 구현한 틱택토의 코드와는 약간의 차이가 있다. 게임 상태(game.py)와 게임 UI (human_play.py)는 게임 자체가 다르므로 모두 업데이트하고, 듀얼 네트워크(dual_network.py) 는 파라미터만 업데이트하며, 학습 사이클 실행(train_cycle.py)은 베스트 플레이어 평가 부분만을 삭제한다.

이후에는 예제 코드 변경 부분만을 설명한다. 다른 예제 코드에 관한 설명은 6, 7장을 참고한다.

표 8-2-1 오셀로의 예제 코드 목록

예제 코드	설명	6, 7장과의 차이
game.py	게임 상태	모두 변경
dual_network.py	듀얼 네트워크	파라미터만 변경
pc_mcts.py	몬테카를로 트리 탐색	없음
self_play.py	셀프 플레이 파트	없음
train_network.py	파라미터 갱신 파트	없음
evaluate_network.py	신규 파라미터 평가 파트	없음
train_cycle.py	학습 사이클 실행	베스트 플레이어 평가 파트 삭제
human_play.py	게임 UI	모두 변경

8-2-2 오셀로의 듀얼 네트워크 입력

오셀로의 듀얼 네트워크에는 '게임 보드면'이 입력된다.

이번에는 게임 보드면을 '자신의 돌의 위치', '상대방의 돌의 위치'의 2차원 배열 2개로 입력한다. 구체적으로는 6×6 사이즈의 2차원 배열 2개로 입력 형태는 (6, 6, 2)이며, 돌이 놓여진 경우에는 1, 그렇지 않은 경우에는 0으로 한다.

- 자신의 돌의 배치(6×6 사이즈, 2차원 배열)
- 상대방의 돌의 배치(6×6 사이즈, 2차원 배열)

자신의 돌의 배치   **상대방의 돌의 위치**

[[0, 0, 0, 0, 0, 0],   [[0, 0, 0, 0, 0, 0],

[0, 0, 0, 0, 0, 0],   [0, 0, 0, 0, 0, 0],

[0, 0, 1, 0, 0, 0],   [0, 0, 0, 1, 0, 0],

[0, 0, 0, 1, 0, 0],   [0, 0, 1, 0, 0, 0],

[0, 0, 0, 0, 0, 0],   [0, 0, 0, 0, 0, 0],

[0, 0, 0, 0, 0, 0]]   [0, 0, 0, 0, 0, 0]]

그림 8-2-2 오셀로 듀얼 네트워크 입력

8-2-3 오셀로에서의 행동

오셀로에서의 행동은 돌을 배치하는 매스의 위치(0~35)와 패스(36)다. 둘 수 있는 수가 없는 경우에는 자동적으로 패스가 되고, 연속으로 패스하게 되면 게임이 종료된다. 행동 수는 37(매스 수(36) + 패스(1))이다.

0	1	2	3	4	5
6	7	8	9	10	11
12	13	14	15	16	17
18	19	20	21	22	23
24	25	26	27	28	29
30	31	32	33	34	35

패스: 36

그림 8-2-3 오셀로의 행동

8-2-4 game.py(전체 변경)

'game.py'에서는 오셀로 게임 상태를 작성한다.

■ 게임 상태

게임 상태 'State'를 정의한다. State의 메소드는 다음과 같다.

표 8-2-2 **State의 메소드**

메소드	설명
__init__(pieces=None, enemy_pieces=None, depth=-)	게임 상태 초기화
piece_count(pieces)	돌의 수 취득
is_lose()	패배 여부 판정
is_draw()	무승부 여부 판정
is_done()	게임 종료 여부 판정
next(action)	다음 상태 취득
legal_actions()	둘 수 있는 수의 리스트 취득
is_legal_action_xy()	임의의 위치가 둘 수 있는 수인지 판정
is_first_player()	선 수 여부 취득
__str__()	문자열 표시

다음 예제 코드의 생략 부분은 뒤에 메소드별로 설명한다.

```
# 패키지 임포트
import random
import math

# 게임 상태
class State:
    (생략)
```

■ 게임 상태 초기화

State 생성자는 게임 상태를 초기화한다. 자신의 돌의 배치, 상대방의 돌의 배치를 길이 36(6행×6열)의 1차원 배열인 'pieces', 'enemy_pieces'에 저장한다.

앞 절의 커넥트4의 돌의 초기 배치는 비어 있었지만, 오셀로에서의 돌의 초기 배치는 앞의 6-2-1의 왼쪽 그림과 같이 중앙에 돌을 2개씩 교차하도록 놓는다.

또한, 지금이 누구의 턴인지를 표시하는 'depth', 연속 패스에 따른 종료를 의미하는 플래그 'pass_end', 8방향을 표시하는 방향 정수 '[dxy]'를 사용한다.

틱택토나 커넥트4에서는 현재가 누구의 턴인지는 배치된 돌의 수로 계산할 수 있었지만, 오셀로에서는 패스가 존재하기 때문에 계산할 수 없다. 여기에서 'depth'를 저장해서 선 수의 턴인지 아닌지를 판정하는 데 사용한다.

'pass_end'는 연속으로 패스가 발생한 경우 'True'로 지정하고 게임을 종료시킨다. 'dxy'는
자신의 돌을 기준으로 8방위에 대해 상대방의 돌을 포위할 수 있는지 계산하기 위해 사용
하는 방향 상수다.

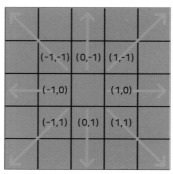

그림 8-2-4 **오셀로의 방향 상수**

```python
# 초기화
def __init__(self, pieces=None, enemy_pieces=None, depth=0):
    # 방향 상수
    self.dxy = ((1, 0), (1, 1), (0, 1), (-1, 1), (-1, 0), (-1, -1), (0, -1), (1, -1))

    # 연속 패스에 따른 종료
    self.pass_end = False

    # 돌의 배치
    self.pieces = pieces
    self.enemy_pieces = enemy_pieces
    self.depth = depth

    # 돌의 초기 배치
    if pieces == None or enemy_pieces == None:
        self.pieces = [0] * 36
        self.pieces[14] = self.pieces[21] = 1
        self.enemy_pieces = [0] * 36
        self.enemy_pieces[15] = self.enemy_pieces[20] = 1
```

■ 돌의 수 얻기

'piece_count()'는 돌의 수를 얻는다. 무승부 여부를 판정할 때 사용한다.

```python
# 돌의 수 얻기
def piece_count(self, pieces):
    count = 0
    for i in pieces:
        if i == 1:
            count +=  1
    return count
```

■ 패배 여부 판정

'is_lose()'는 패배 여부를 판정한다.

```python
# 패배 여부 판정
def is_lose(self):
    return self.is_done() and def is_lose(self):
    return self.is_done() and self.piece_count(self.pieces) \
            < self.piece_count(self.enemy_pieces)
```

■ 무승부 여부 판정

'is_draw()'는 무승부 여부를 판정한다.

```python
# 무승부 여부 판정
def is_draw(self):
    return self.is_done() and self.piece_count(self.pieces) \
            == self.piece_count(self.enemy_pieces)
```

■ 게임 종료 여부 판정

'is_done()'은 게임 종료 여부를 판정한다.

```python
# 게임 종료 여부 판정
def is_done(self):
    return self.piece_count(self.pieces) + self.piece_count(self.enemy_pieces) \
            == 36 or self.pass_end
```

■ 다음 상태 얻기

'next(action)'은 행동에 따른 다음 상태를 얻는다.

depth에 1을 더한 상태를 복사한 뒤, 'is_legal_action_xy()'로 포위한 돌을 반대로 뒤집고, 'pieces'와 'enemy_pieces'를 치환한다.

2회 연속으로 둘 수 있는 수가 패스(36)인 경우에는 'pass_end'에 'True'를 지정하고, 게임을 종료한다. 행동 수에 관해서는 다음 'dual_network.py(파라미터만 갱신)'에서 설명한다.

```python
# 다음 상태 얻기
def next(self, action):
    state = State(self.pieces.copy(), self.enemy_pieces.copy(), self.depth+1)
    if action != 36:
        state.is_legal_action_xy(action % 6, int(action / 6), True)
    w = state.pieces
    state.pieces = state.enemy_pieces
    state.enemy_pieces = w

    # 2회 연속 패스 판정
    if action == 36 and state.legal_actions() == [36]:
        state.pass_end = True
    return state
```

■ 둘 수 있는 수의 리스트 얻기

'legal_actions()'는 둘 수 있는 수의 리스트를 얻는다.

오셀로에서의 둘 수 있는 수란 돌이 놓여 있지 않은 장소 중에서 돌을 놓았을 때 상대방의 돌을 8방향 중 포위할 수 있는 장소다. 둘 수 있는 수가 없는 경우에는 패스(36)만을 반환한다.

```python
# 둘 수 있는 수의 리스트 얻기
def legal_actions(self):
    actions = []
    for j in range(0, 6):
        for i in range(0, 6):
            if self.is_legal_action_xy(i, j):
                actions.append(i + j * 6)
    if len(actions) == 0:
        actions.append(36)    # 패스
    return actions
```

■ 임의의 매스가 둘 수 있는 수인지 판정

'is_legal_action_xy()'는 임의의 한 방향에서 상대의 돌을 포위할 수 있는지 계산하는 함수를 작성한다. 8방향 중 어느 한 방향이라도 상대의 돌을 포위할 수 있는지 계산하기 위해 사용한다.

인수인 x와 y는 매스의 xy 좌표, 'flip'은 포위한 돌을 뒤집는지의 여부다.

```python
# 임의의 매스가 둘 수 있는 수인지 판정
def is_legal_action_xy(self, x, y, flip=False):
    # 임의의 매스에서 임의의 방향에 둘 수 있는 수인지 판정
    def is_legal_action_xy_dxy(x, y, dx, dy):
        # 1번째 상대의 돌
        x, y = x+dx, y+dy
        if y < 0 or 5 < y or x < 0 or 5 < x or \
            self.enemy_pieces[x + y + 6] != 1:
            return False

        # 2번째 이후
        for j in range(6):
            # 빈 칸
            if y < 0 or 5 < y or x < 0 or 5 < x or \
                (self.enemy_pieces[x + y + 6] == 0 and self.pieces[x + y + 6] == 0):
                return False

            # 자신의 돌
            if self.pieces[x+y*6] == 1:
                # 반전
                if flip:
                    for i in range(6):
                        x, y = x-dx, y-dy
                        if self.pieces[x+y*6] == 1:
                            return True
                        self.pieces[x+y*6] = 1
                        self.enemy_pieces[x+y*6] = 0
                return True
            # 상대의 돌
            x, y = x+dx, y+dy
        return False

    # 빈칸 없음
    if self.enemy_pieces[x + y * 6] == 1 or self.pieces[x + y * 6] == 1:
        return False

    # 돌을 놓음
```

```
        if flip:
            self.pieces[x + y * 6] = 1

        # 임의의 위치에 둘 수 있는 수 여부 확인
        flag = False
        for dx, dy in self.dxy:
            if is_legal_action_xy_dxy(x, y, dx, dy):
                flag = True
        return flag
```

■ 선 수 여부 취득

'is_first_player()'는 선 수 여부를 취득한다.

```
# 선 수 여부 확인
def is_first_player(self):
    return self.depth % 2 == 0
```

■ 문자열 표시

'__str__()'는 게임 상태를 나타내는 문자열을 표시한다.

```
# 문자열 표시
def __str__(self):
    ox = ('o', 'x') if self.is_first_player() else ('x', 'o')
    str = ''
    for i in range(36):
        if self.pieces[i] == 1:
            str += ox[0]
        elif self.enemy_pieces[i] == 1:
            str += ox[1]
        else:
            str += '-'
        if i % 6 == 5:
            str += '\n'
    return str
```

■ 동작 확인 정의

동작 확인을 위해 '랜덤 vs 랜덤'으로 대전하는 코드를 추가한다.

```python
# 랜덤으로 행동 선택
def random_action(state):
    legal_actions = state.legal_actions()
    return legal_actions[random.randint(0, len(legal_actions) - 1)]

# 동작 확인
if __name__ == '__main__':
    # 상태 생성
    state = State()

    # 게임 종료 시까지 반복
    while True:
        # 게임 종료 시
        if state.is_done():
            break

        # 다음 상태 얻기
        state = state.next(random_action(state))

        # 문자열 출력
        print(state)
        print()
```

■ game.py 동작 확인

'game.py'를 Google Colab의 인스턴스에 업로드하고, 동작을 확인한다.

```python
# game.py 업로드
from google.colab import files
uploaded = files.upload()

# 폴더 확인
!dir
```

```
game.py      sample_data
```

```python
# game.py 동작 확인
!python game.py------
```

```
------      ------      -----x      ---o-x      ---oxx      ooxxxx
--ox--      ----o-      ---xx-      --xooo      x-xoxo      oooxxx
--oo--      --oo--      --ooo-      -xoxo-      oxoxo-      ooxoxx
--o---      --ox--      x-oo--      xooox-      ooxoxo      ooxxoo
------      ooox--      ooox--      ooox--      ooox-o      oooxxo
            -ox---      oooo--      oooo--      oooo-o      oooo-o

------      ------      -----x      ---oxx      ---oxx      ooxxxx
--ox--      ----o-      ---xx-      --xoxo      x-xoxx      oooxxx
--xo--      --oo--      -xooo-      -xoxx-      oxoxxx      ooxoxx
-xo---      x-ox--      x-xo--      xooox-      ooxoxo      ooxxoo
------      oxox--      ooox--      ooox--      ooox-o      oooxxo
            -ox---      oooo--      oooo--      oooo-o      oooo-o

------      ------      ---o-x      ---oxx      ---oxx      ooxxxx
--ox--      ----o-      ---ox-      --xoxo      xoooxx      oooxxx
--xo--      --oo--      -xooo-      oooxx-      oooxxx      ooxoxx
ooo---      x-ox--      x-xo--      oooox-      ooxoxo      oooxoo
------      ooox--      ooox--      ooox--      ooox-o      oooooo
            oox---      oooo--      oooo--      oooo-o      oooooo

------      ------      ---o-x      ---oxx      --xxxx
--ox--      ---xo-      ---ox-      x-xoxo      xoxxxx
--xo--      --ox--      -xoox-      oxoxo-      ooxxxx
oox---      x-ox--      x-xxx-      ooxox-      ooxoxo
--x---      ooox--      ooox--      ooox--      ooox-o
            oox---      oooo--      oooo--      oooo-o

------      ------      ---o-x      ---oxx      o-xxxx
--ox--      ---xo-      ---ooo      x-xoxo      ooxxxx
--xo--      --ox--      -xooo-      oxoxo-      ooxxxx
ooo---      x-ox--      x-xox-      ooxooo      ooxoxo
-ox---      ooox--      ooox--      ooox--      ooox-o
            oooo--      oooo--      oooo--      oooo-o

------      ------      ---o-x      ---oxx      o-xxxx
------      -----x      --xooo      x-xoxo      ooxxxx
--ox--      ---xx-      -xxxo-      oxoxo-      ooxxxx
--xx--      --ox--      x-xox-      ooxoxo      ooxxoo
ooox--      x-ox--      ooox--      ooox-x      oooxxo
-ox---      ooox--      oooo--      oooo--      oooo-o
            oooo--
```

8-2-5 dual_network.py(파라미터만 갱신)

'dual_network.py'에서는 듀얼 네트워크의 파라미터를 갱신한다. 입력 형태는 (6, 6, 2), 행동 수는 37로 지정한다.

```
# 파라미터 준비
DN_INPUT_SHAPE = (6, 6, 2)  # 입력 형태
DN_OUTPUT_SIZE = 37  # 행동 수(배치 위치(6 × 6) + 패스(1))
```

8-2-6 train_cycle.py(코드 일부 삭제)

'train_cycle.py'에서는 베스트 플레이어 평가 부분만을 삭제한다.

```
# 신규 파라미터 평가 파트
update_best_player = evaluate_network()
```

```
# 베스트 플레이어 평가 파트
if update_best_player:
    evaluate_best_player()
```

```
# 신규 파라미터 평가 파트
evaluate_network()
```

8-2-7 human_play.py(전체 갱신)

'human_play.py'에서는 오셀로의 UI를 구현한다.

■ 패키지 임포트

앞 장 7-3 '사람과 AI의 대전'과 동일하다.

```
# 패키지 임포트
from game import State
from pv_mcts import pv_mcts_action
from tensorflow.keras.models import load_model
from pathlib import Path
```

```
from threading import Thread
import tkinter as tk
```

■ 베스트 플레이어 모델 로드

앞 장 7-3 '사람과 AI의 대전'과 동일하다.

```
# 베스트 플레이어 모델 로드
model = load_model('./model/best.h5')
```

■ 게임 UI 정의 및 실행

'GameUI'를 정의하고 실행한다. GameUI의 메소드는 다음과 같다.

표 8-2-3 **GameUI의 메소드**

메소드	설명
__init__(master=None, model=None)	게임 UI 초기화
turn_of_human(event)	사람의 턴
turn_of_ai	AI의 턴
draw_piece(index, first_player)	돌 그리기
on_draw()	화면 갱신

다음 예제 코드의 생략 부분은 이후 각 메소드별로 설명한다.

```
# 게임 UI 정의
class GameUI(tk.Frame):
    (생략)

# 게임 UI 실행
f = GameUI(model=model)
f.pack()
f.mainloop()
```

■ 게임 UI 초기화

'__init__()'은 게임 UI를 초기화한다.

여기서는 '게임 상태'와 'PV MCTS로 행동 선택을 수행하는 함수'와 '캔버스'를 준비한다. 마지막으로 화면을 갱신해 초기 화면을 표시한다.

```python
# 초기화
def __init__(self, master=None, model=None):
    tk.Frame.__init__(self, master)
    self.master.title('오셀로')

    # 게임 상태 생성
    self.state = State()

    # PV MCTS를 활용한 행동을 선택하는 함수 생성
    self.next_action = pv_mcts_action(model, 0.0)

    # 캔버스 생성
    self.c = tk.Canvas(self, width=240, height=240, highlightthickness=0)
    self.c.bind('<Button-1>', self.turn_of_human)
    self.c.pack()

    # 화면 갱신
    self.on_draw()
```

📖 사람의 턴 처리

'turn_of_human()'은 사람의 턴을 처리한다.

① 게임이 종료되는 경우

게임이 종료되는 경우 게임 상태를 초기 상태로 되돌린다.

② 선 수가 아닌 경우

선 수가 아닌 경우에는 조작 불가로 처리한다.

③ 클릭 위치를 행동으로 변환

클릭 위치에서 행동(매스 번호)으로 변환한다. 둘 수 있는 수가 패스밖에 없는 경우에는 패스 (36)를 지정한다.

④ 둘 수 있는 수가 아닌 경우

클릭 위치에서 변환한 행동이 둘 수 있는 수가 아닌 경우 아무 처리도 하지 않는다.

⑤ 다음 상태 취득

둘 수 있는 수인 경우 다음 상태를 취득하고 화면을 갱신한다.

⑥ AI의 턴

AI의 턴으로 변경한다.

```python
# 사람의 턴
def turn_of_human(self, event):
    # 게임 종료 시
    if self.state.is_done():
        self.state = State()
        self.on_draw()
        return

    # 선 수가 아닌 경우
    if not self.state.is_first_player():
        return

    # 클릭 위치를 행동으로 변환
    x = int(event.x / 40)
    y = int(event.y / 40)
    if x < 0 or 5 < x or y < 0 or 5 < y:  # 범위 외
        return
    action = x + y * 6

    # 둘 수 있는 수가 아닌 경우
    legal_actions = self.state.legal_actions()
    if legal_actions == [36]:
        action = 36  # 패스
    if action != 36 and not (action in legal_actions):
        return

    # 다음 상태 얻기
    self.state = self.state.next(action)
    self.on_draw()

    # AI의 턴
    self.master.after(1, self.turn_of_ai)
```

■ AI의 턴 처리

'turn_of_ai()'는 AI의 턴을 처리한다.

① 게임이 종료되는 경우

게임이 종료되는 경우 게임 상태를 초기 상태로 되돌린다.

② 행동 취득

듀얼 네트워크로 행동을 취득한다.

③ 다음 상태 취득

취득한 행동에 따라 다음 상태를 취득하고, 화면을 갱신한다.

```
# AI의 턴
def turn_of_ai(self):
    # 게임 종료 시
    if self.state.is_done():
        return

    # 행동 얻기
    action = self.next_action(self.state)

    # 다음 상태 얻기
    self.state = self.state.next(action)
    self.on_draw()
```

■ 돌 그리기

'draw_piece()'는 돌을 그린다.

인수로 'index'는 매스 번호, 'first_player'는 선 수 여부를 판단한다. 선 수는 빨간 원, 후 수는 검은 원으로 그린다.

```
# 돌 그리기
def draw_piece(self, index, first_player):
    x = (index % 6) * 40 + 5
    y = int(index / 6) * 40 + 5
    if first_player:
        self.c.create_oval(x, y, x + 30, y + 30, width=1.0, outline='#000000',
fill='#C2272D')
    else:
        self.c.create_oval(x, y, x + 30, y + 30, width=1.0, outline='#000000',
fill='#FFFFFF')
```

🖥 화면 갱신

on_draw()는 화면을 갱신한다. 모든 위치와 돌을 그린다.

```python
# 화면 갱신
def on_draw(self):
    self.c.delete('all')
    self.c.create_rectangle(0, 0, 240, 240, width=0.0, fill='#C69C6C')
    for i in range(1, 8):
        self.c.create_line(0, i * 40, 240, i * 40, width=1.0, fill='#000000')
        self.c.create_line(i * 40, 0, i * 40, 240, width=1.0, fill='#000000')
    for i in range(36):
        if self.state.pieces[i] == 1:
            self.draw_piece(i, self.state.is_first_player())
        if self.state.enemy_pieces[i] == 1:
            self.draw_piece(i, not self.state.is_first_player())
```

8-2-8 학습 사이클 실행

샘플 예제 코드 한 세트(표 8-2-1 참고)를 Google Colab의 인스턴스에 업로드하고 실행한다. 구체적인 실행 방법은 6-8 '학습 사이클 실행'을 참고한다.

- game.py
- dual_network.py
- pv_mcts.py
- self_play.py
- train_network.py
- evaluate_network.py
- train_cycle.py

```python
# 샘플 파일 예제 코드 1 세트 업로드
from google.colab import files
uploaded = files.upload()

# 학습 사이클 실행
!python train_cycle.py
```

학습을 완료하는 데는 GPU로 꼬박 1일이 소요된다. 30 사이클 분량을 학습하면 상당히 강한 사람 정도의 수준까지 학습할 수 있다.

학습이 완료되면 'best.h5'를 다운로드한다.

```python
# best.h5 다운로드
from google.colab import files
files.download('./model/best.h5')
```

8-2-9 사람과 AI의 대결 실행

사람과 AI의 대전은 로컬 PC에서 실행한다. 'human_play.py'와 같은 폴더에 'best.h5'를 포함한 모델 폴더를 저장한다.

그 뒤, 다음 명령어를 실행하면 오셀로가 시작된다.

```
$ python human_play.py
```

8-3 간이 장기

'간이 장기'는 보다 복잡한 게임으로 이제까지는 없던 상대방의 말을 획득하는 요소를 포함한다. 틱택토와 마찬가지로 Google Colab에서 학습을 수행하고, 로컬 PC에서 게임 UI를 실행한다.

8-3-1 간이 장기 개요

2인용 보드 게임인 '간이 장기'를 구현한다. 간이 장기는 말의 움직임을 단순화한 장기로 사자(사), 코끼리(코), 기린(기), 병아리(병)의 4종류의 말을 사용하며, 3 × 4의 작은 보드면으로 구성된다.

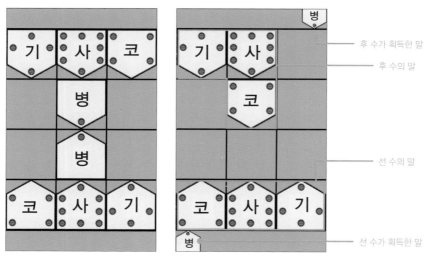

그림 8-3-1 간이 장기 게임 화면   그림 8-3-2 간이 장기 화면 구성

장기와 마찬가지로 플레이어는 보드면에서 교대로 자신의 말을 이동시킬지 혹은 획득한 말을 빈 매스에 배치할지 결정한다. 말은 그 위에 찍혀 있는 점의 방향으로 이동할 수 있다.

말을 움직이는 매스에 상대의 말이 있는 경우 그 말을 획득해서 가질 수 있다.[8] 그리고 상대의 사자를 획득하면 승리한다. 300수 내에 승부가 나지 않는 경우에는 무승부가 된다.

COLUMN 무승부 조건

알파제로의 논문에서는 무승부 조건에 대해 체스와 장기의 경우 512수, 바둑의 경우 722수로 정하고 있다.

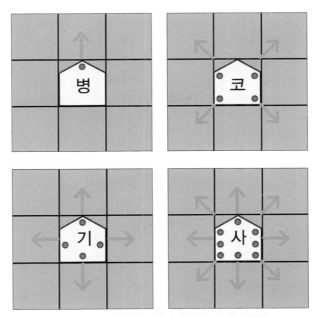

그림 8-3-3 **간이 장기에서 말의 이동 가능 방향**

간이 장기의 UI는 클릭해서 이동하는 말을 선택하고, 두 번째 클릭으로 이동 장소를 선택한다. 또한, 간이화되어 있어서 사람은 항상 선 수를 둔다.

샘플 간이 장기가 기반을 두고 있는 '동물장기'에서는 자신의 사자를 상대방 진영의 첫 번째 단계로 이동시키면 승리(이동한 다음 수에서 사자를 획득할 수 있는 경우는 제외)하고, 병아리를 상대방 진영의 첫 번째 단계로 이동시키면 닭으로 성장하는 규칙도 있지만, 이 예제에서는 생략한다.

---

8 **옮긴이** 일본 장기에서는 상대방의 말을 획득해서 가지고 있다가 유사 시에 자신의 말로 사용할 수 있다.

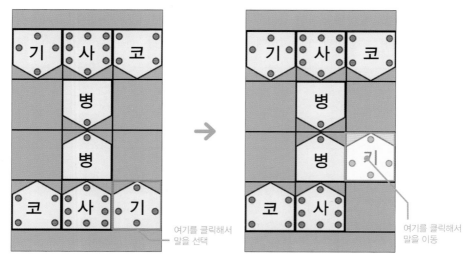

그림 8-3-4 간이 장기의 말 선택과 이동 방법

예제 코드 목록은 다음과 같다.

6장에서 구현한 틱택토의 코드와는 약간의 차이가 있다. 게임 상태(game.py)와 게임 UI (human_play.py)는 게임 자체가 다르므로 모두 업데이트하고, 듀얼 네트워크(dual_network.py) 는 파라미터만 업데이트하며, 학습 사이클 실행(train_cycle.py)은 베스트 플레이어 평가 부분만을 삭제한다.

또한, 듀얼 네트워크 입력 타입도 바뀌므로 몬테카를로 트리 탐색(pv_mcts.py)과 셀프 플레이 파트(self_play.py)도 갱신한다.

표 8-3-1 간이 장기의 예제 코드 목록

예제 코드	설명	6, 7장과의 차이
game.py	게임 상태	모두 변경
dual_network.py	듀얼 네트워크	파라미터만 변경
pc_mcts.py	몬테카를로 트리 탐색	듀얼 네트워크 입력 변경
self_play.py	셀프 플레이 파트	듀얼 네트워크 입력 변경
train_network.py	파라미터 갱신 파트	없음
evaluate_network.py	신규 파라미터 평가 파트	없음
train_cycle.py	학습 사이클 실행	베스트 플레이어 평가 파트 삭제
human_play.py	게임 UI	모두 변경

말의 이미지로 80×80 픽셀의 piece1.png, piece2.png, piece3.png, piece4.png도 예제 코드와 함께 같은 위치에 준비한다.

그림 8-3-5 **말의 이미지 데이터**

8-3-2 간이 장기의 듀얼 네트워크 입력

간이 장기의 듀얼 네트워크에는 '게임 보드면'과 '획득한 말의 유무'를 입력한다.

여기서는 아래 3×4의 2차원 배열 14개로 입력 형태는 (3, 4, 14)다. 게임 보드면은 말이 놓여있는 경우는 1, 그렇지 않은 경우는 0이다. 상대방의 보드면은 180도 회전시켜서 저장한다.

획득한 말의 유무가 있는 경우에는 배열의 모든 엘리먼트를 1, 없는 경우에는 배열의 모든 엘리먼트를 0으로 한다.

- 자신의 병아리 말 배치(3×4의 2차원 배열)
- 자신의 코끼리 말 배치(3×4의 2차원 배열)
- 자신의 기린 말 배치(3×4의 2차원 배열)
- 자신의 사자 말 배치(3×4의 2차원 배열)
- 자신이 가진 상대방의 병아리 말 유무(3×4의 2차원 배열)
- 자신이 가진 상대방의 코끼리 말 유무(3×4의 2차원 배열)
- 자신의 가진 상대방의 기린 말 유무(3×4의 2차원 배열)
- 상대방의 병아리 말 배치(3×4의 2차원 배열)
- 상대방의 코끼리 말 배치(3×4의 2차원 배열)
- 상대방의 기린 말 배치(3×4의 2차원 배열)
- 상대방의 사자 말 배치(3×4의 2차원 배열)
- 상대방이 가진 자신의 병아리 말 유무(3×4의 2차원 배열)
- 상대방이 가진 자신의 코끼리 말 유무(3×4의 2차원 배열)
- 상대방이 가진 자신의 기린 말 유무(3×4의 2차원 배열)

그림 8-3-6 간이 장기의 듀얼 네트워크 입력

자신의 병아리말 배치
[[0, 0, 0],
[0, 1, 0],
[0, 0, 0],
[0, 0, 0]]

자신의 코끼리 말 배치
[[0, 0, 0],
[0, 0, 0],
[0, 0, 0],
[1, 0, 0]]

자신의 기린 말 배치
[[0, 0, 0],
[0, 0, 0],
[0, 0, 0],
[0, 0, 1]]

자신의 사자 말 배치
[[0, 0, 0],
[0, 0, 0],
[0, 0, 0],
[0, 1, 0]]

자신이 가진 상대방의 병아리 말 유무
[[1, 1, 1],
[1, 1, 1],
[1, 1, 1],
[1, 1, 1]]

자신이 가진 상대방의 코끼리 말 유무
[[0, 0, 0],
[0, 0, 0],
[0, 0, 0],
[0, 0, 0]]

자신의 가진 상대방의 기린 말 유무
[[0, 0, 0],
[0, 0, 0],
[0, 0, 0],
[0, 0, 0]]

상대방의 병아리 말 배치
[[0, 0, 0],
[0, 0, 0],
[0, 0, 0],
[0, 0, 0]]

상대방의 코끼리 말 배치
[[0, 0, 0],
[0, 0, 0],
[0, 0, 0],
[1, 0, 0]]

상대방의 기린 말 배치
[[0, 0, 0],
[0, 0, 0],
[0, 0, 0],
[0, 0, 1]]

상대방의 사자 말 배치
[[0, 0, 0],
[0, 0, 0],
[0, 0, 0],
[0, 1, 0]]

상대방이 가진 자신의 병아리 말 유무
[[0, 0, 0],
[0, 0, 0],
[0, 0, 0],
[0, 0, 0]]

상대방이 가진 자신의 코끼리 말 유무
[[0, 0, 0],
[0, 0, 0],
[0, 0, 0],
[0, 0, 0]]

상대방이 가진 자신의 기린 말 유무
[[0, 0, 0],
[0, 0, 0],
[0, 0, 0],
[0, 0, 0]]

※ 상대방의 보드면은 180도 회전

8-3-3 간이 장기에서의 행동

간이 장기에서의 행동은 '말의 이동 도착 위치'와 '말의 이동 시작 위치'다. 말의 이동 도착 위치는 매스 위치(0~11)다. 말의 이동 시작 위치는 이동 시작 위치의 방향(0~7) 및 이동 시작 위치에 놓인 말의 종류(8~10)다.

- 말의 이동 도착 위치(0~11: 매스 위치)
- 말의 이동 시작 위치(0: 아래, 1: 왼쪽 아래, 2: 왼쪽, 3: 왼쪽 위, 4: 위, 5: 오른쪽 위, 6: 오른쪽, 7: 오른쪽 아래, 8: 병아리 말, 9: 코끼리 말, 10: 기린 말)

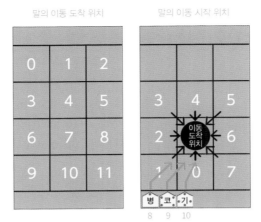

그림 8-3-7 간이 장기의 말의 이동 도착 위치와 이동 시작 위치의 행동 수

다음 계산식을 사용해 이 두 가지 정보를 한 변수로 모은다. 이 값이 '행동'이 된다. 행동 수는 132(말의 이동 도착 위치 수(12) × 말의 이동 시작 위치 수(11))다.

행동 계산식
행동 = 말의 이동 도착 위치 수×11 + 말의 이동 시작 위치

8-3-4 game.py(전체 갱신)

'game.py'에서는 간이 장기 게임 상태를 구현한다.

■ 게임 상태

게임 상태 'State'를 정의한다. State의 메소드는 다음과 같다.

표 8-3-2 **State의 메소드**

메소드	설명
__init__(pieces=None, enemy_pieces=None, depth=0)	게임 상태 초기화
is_lose()	패배 여부 판정
is_draw()	무승부 여부 판정
is_done()	게임 종료 여부 판정

표 8-3-2 **State의 메소드(계속)**

메소드	설명
pieces_array()	듀얼 네트워크의 입력 2차원 배열
position_to_action(position, direction)	말의 이동 도착 위치와 이동 시작 위치를 행동으로 변환
action_to_position(action)	행동을 말의 도착 위치와 이동 시작 위치로 변환
legal_actions()	둘 수 있는 수의 리스트 취득
legal_actions_pos(position_src)	말이 이동하는 경우 둘 수 있는 수의 리스트 취득
next(action)	다음 상태 취득
is_first_player()	선 수 여부 취득
__str__()	문자열 표시

다음 예제 코드의 생략 부분은 다음에 메소드별로 설명한다.

```
# 패키지 임포트
import random
import math

# 게임 상태
class State:
    (생략)
```

📖 게임 상태 초기화

'State' 생성자는 게임 상태를 초기화한다.

자신의 돌의 배치, 상대방의 돌의 배치를 길이 15(3행×4열 + 획득한 돌의 종류(3))의 1차원 배열 'pieces', 'enemy_pieces'에 저장한다(표 8-3-3). 12는 병아리, 13은 코끼리, 14는 기린의 획득한 말의 수를 의미한다. 이 1차원 배열의 인덱스 0~11은 보드면의 정보로 '말 ID'를 의미한다(표 8-3-4).

또한, 현재가 누구의 턴인지를 표시하는 'depth', 8방향을 표시하는 방향 정수 '[dxy]'를 사용한다. 틱택토나 커넥트4에서는 현재가 누구의 턴인지는 배치된 돌의 수로 계산할 수 있었지만, 동물 장기에서는 그 방식으로 계산할 수 없다. 여기에서 'depth'를 저장해서 선 수의 턴인지 아닌지, 300수로 무승부인지 판정하는 데 사용한다.

'dxy'는 자신의 돌로부터 8방향에 대해 말을 이동할 수 있는지 계산하는 데 이용하는 방향 정수다. 앞 절 오셀로의 방향 정수와 같다(앞 절의 그림 8-2-4 참고).

표 8-3-3 **말 배치의 배열 요소**

인덱스	엘리먼트	인덱스	엘리먼트
0	매스 0의 말 ID	8	매스 8의 말 ID
1	매스 1의 말 ID	9	매스 9의 말 ID
2	매스 2의 말 ID	10	매스 10의 말 ID
3	매스 3의 말 ID	11	매스 11의 말 ID
4	매스 4의 말 ID	12	획득한 병아리 말 수
5	매스 5의 말 ID	13	획득한 코끼리 말 수
6	매스 6의 말 ID	14	획득한 기린 말 수
7	매스 7의 말 ID		

표 8-3-4 **말 ID**

인덱스	엘리먼트	인덱스	엘리먼트
0	없음	4	사자
1	병아리	5	획득한 병아리
2	코끼리	6	획득한 코끼리
3	기린	7	획득한 기린

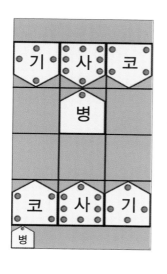

자신의 말 배치
[0, 0, 0],
[0, 1, 0], 병아리
[0, 0, 0],
[2, 4, 3], 코끼리, 사자, 기린
[1, 0, 0] 획득한 병아리 × 1

상대방의 말 배치
[0, 0, 0],
[0, 0, 0],
[0, 0, 0],
[2, 4, 3], 코끼리, 사자, 기린
[0, 0, 0] 획득한 말 없음

※ **상대방의 보드면은
180도 회전**

그림 8-3-8 **게임 상태의 예**

```
# 초기화
def __init__(self, pieces=None, enemy_pieces=None, depth=0):
    # 방향 정수
    self.dxy = ((0, -1), (1, -1), (1, 0), (1, 1), (0, 1), (-1, 1), (-1, 0), (-1, -1))

    # 말의 배치
    self.pieces = pieces if pieces != None else [0] * (12 + 3)
    self.enemy_pieces = enemy_pieces if enemy_pieces != None else [0] * (12 + 3)
    self.depth = depth

    # 말의 초기 배치
    if pieces == None or enemy_pieces == None:
        self.pieces = [0, 0, 0, 0, 0, 0, 0, 1, 0, 2, 4, 3, 0, 0, 0]
        self.enemy_pieces = [0, 0, 0, 0, 0, 0, 0, 1, 0, 2, 4, 3, 0, 0, 0]
```

■ 패배 여부 판정

'is_lose()'는 패배 여부를 판정한다.

```
# 패배 여부 판정
def is_lose(self):
    for i in range(12):
        if self.pieces[i] == 4:    # 사자 말 존재
            return False
    return True
```

■ 무승부 여부 판정

'is_draw()'는 무승부 여부를 판정한다. 300수로 승부가 나지 않는 경우는 무승부로 판정한다.

```
# 무승부 여부 판정
def is_draw(self):
    return self.depth >= 300    # 300수
```

■ 게임 종료 여부 판정

'is_done()'은 게임 종료 여부를 판정한다.

```
# 게임 종료 여부 판정
def is_done(self):
    return self.is_lose() or self.is_draw()
```

■ 듀얼 네트워크의 입력 2차원 배열 얻기

'말 배치의 2개 1차원 배열('pieces'와 'enemy_pieces')'을 듀얼 네트워크 입력의 14개 2차원 배열
로 변환한다.

말 배치에 관해서는 본 절의 초반 '게임 상태 초기화', 듀얼 네트워크 입력에 관해서는 8-3-2
'간이 장기의 듀얼 네트워크 입력'에서 설명했다.

```
# 듀얼 네트워크 입력 2차원 배열 얻기
def pieces_array(self):
    # 플레이어별 듀얼 네트워크 입력 1차원 배열 얻기
    def pieces_array_of(pieces):
        table_list = []
        # 0: 병아리, 1: 코끼리, 2: 기린, 3: 사자
        for j in range(1, 5):
            table = [0] * 12
            table_list.append(table)
            for i in range(12):
                if pieces[i] == j:
                    table[i] = 1

        # 4: 획득한 상대방의 병아리, 5: 획득한 상대방의 코끼리, 6: 획득한 상대방의 기린
        for j in range(1, 4):
            flag = 1 if pieces[11 + j] > 0 else 0
            table = [flag] * 12
            table_list.append(table)
        return table_list

    # 듀얼 네트워크 입력 2차원 배열 반환
    return [pieces_array_of(self.pieces), pieces_array_of(self.enemy_pieces)]
```

■ 말의 이동 도착 위치와 이동 시작 위치를 행동으로 변환

'position_to_action(position, direction)'은 말의 이동 도착 위치와 말의 이동 시작 위치를
행동으로 변환한다.

```
# 말의 이동 도착 위치 및 이동 시작 위치를 행동으로 변환
def position_to_action(self, position, direction):
    return position * 11 + direction
```

■ 행동을 말의 이동 도착 위치와 이동 시작 위치로 변환

'action_to_position(action)'은 행동을 말의 이동 도착 위치와 말의 이동 시작 위치로 변환한다. 계산식은 다음과 같다.

행동의 변환

말의 이동 도착 위치 = 행동 / 11
말의 이동 시작 위치 = 행동 % 11

```
# 행동을 말의 이동 도착 위치 및 이동 시작 위치로 변환
def action_to_position(self, action):
    return (int(action / 11), action % 11)
```

■ 둘 수 있는 수의 리스트 얻기

'legal_actions()'는 둘 수 있는 수의 리스트를 얻는다.

매스별로 '말이 이동해서 도착할 때'와 '획득한 말을 배치할 때'의 둘 수 있는 수를 취득한다. 말이 이동해서 도착할 때의 둘 수 있는 수는 매스에 말이 놓여있는 경우 legal_action_pos()로 계산한다. 획득한 말을 배치할 때의 둘 수 있는 수는 매스에 말이 놓여 있지 않으면 획득한 말의 수만큼 추가한다.

```
# 둘 수 있는 수의 리스트 얻기
def legal_actions(self):
    actions = []
    for p in range(12):
        # 말 이동 시
        if self.pieces[p] != 0:
            actions.extend(self.legal_actions_pos(p))

        # 획득한 상대방의 말 배치 시
        if self.pieces[p] == 0 and self.enemy_pieces[11 - p] == 0:
```

```
                for capture in range(1, 4):
                    if self.pieces[11 + capture] != 0:
                        actions.append(self.position_to_action(p, 8 - 1 + capture))
        return actions
```

■ 말이 이동하는 경우 둘 수 있는 수의 리스트 취득

'legal_action_pos()'는 말이 이동하는 경우 둘 수 있는 수의 리스트를 취득한다. 말이 이동 가능한 방향을 계산하고, 이동 가능한 경우에는 둘 수 있는 수로서 추가한다.

```
# 말이 이동하는 경우 둘 수 있는 수의 리스트 얻기
def legal_actions_pos(self, position_src):
    actions = []

    # 말이 이동할 수 있는 방향
    piece_type = self.pieces[position_src]
    if piece_type > 4: piece_type - 4
    directions = []
    if piece_type == 1:    # 병아리
        directions = [0]
    elif piece_type == 2:    # 코끼리
        directions = [1, 3, 5, 7]
    elif piece_type == 3:    # 기린
        directions = [0, 2, 4, 6]
    elif piece_type == 4:    # 사자
        directions = [0, 1, 2, 3, 4, 5, 6, 7]

    # 둘 수 있는 수 얻기
    for direction in directions:
        # 말의 이동 전 위치
        x = position_src % 3 + self.dxy[direction][0]
        y = int(position_src / 3) + self.dxy[direction][1]
        p = x + y * 3

        # 이동 가능한 경우에는 둘 수 있는 수로 추가
        if 0 <= x and x <= 2 and 0 <= y and y <= 3 and self.pieces[p] == 0:
            actions.append(self.position_to_action(p, direction))
    return actions
```

■ 다음 상태 얻기

'next(action)'은 행동에 따른 다음 상태를 취득한다. 다음 상태를 복사해서 작성한 뒤, depth에 1을 더하고, 행동을 말의 선택과 이동 정보로 변환해 상태에 반영시킨다.

```python
# 다음 상태 얻기
def next(self, action):
    # 다음 상태 생성
    state = State(self.pieces.copy(), self.enemy_pieces.copy(), self.depth + 1)

    # 행동을 (이동 도착 위치, 이동 전 위치)로 변환
    position_dst, position_src = self.action_to_position(action)

    # 말 이동
    if position_src < 8:
        # 말 이동 도착 위치
        x = position_dst % 3 - self.dxy[position_src][0]
        y = int(position_dst / 3) - self.dxy[position_src][1]
        position_src = x + y * 3

        # 말 이동
        state.pieces[position_dst] = state.pieces[position_src]
        state.pieces[position_src] = 0

        # 상대의 말이 존재하는 경우에 획득
        piece_type = state.enemy_pieces[11 - position_dst]
        if piece_type != 0:
            if piece_type != 4:
                state.pieces[11 + piece_type] += 1  # 획득한 말 +1
            state.enemy_pieces[11 - position_dst] = 0

    # 획득한 상대방의 말 배치
    else:
        capture = position_src - 7
        state.pieces[position_dst] = capture
        state.pieces[11 + capture] -= 1  # 획득한 말 -1

    # 말 교대
    w = state.pieces
    state.pieces = state.enemy_pieces
    state.enemy_pieces = w
    return state
```

■ 선 수 여부 판정

'is_first_player()'는 선 수 여부를 판정한다.

```python
# 선 수 여부 판정
def is_first_player(self):
    return self.depth % 2 == 0
```

■ 문자열 표시

'__str__()'는 게임 상태의 문자열을 표시한다. 각각의 말은 다음 문자열로 표시한다. []로 둘러싼 것은 획득한 말을 의미한다.

표 8-3-5 **말 문자열 표현**

말 문자열 표현	설명	말 문자열 표현	설명
C	선 수의 병아리	c	후 수의 병아리
E	선 수의 코끼리	e	후 수의 코끼리
G	선 수의 기린	g	후 수의 기린
L	선 수의 사자	l	후 수의 사자

```python
# 문자열 표시
def __str__(self):
    pieces0 = self.pieces if self.is_first_player() else self.enemy_pieces
    pieces1 = self.enemy_pieces if self.is_first_player() else self.pieces
    cegl0 = ('', 'C', 'E', 'G', 'L')
    cegl1 = ('', 'c', 'e', 'g', 'l')

    # 선 수 플레이어가 획득한 말
    str = '['
    for i in range(12, 15):
        if pieces1[i] >= 2: str += cegl1[i - 11]
        if pieces1[i] >= 1: str += cegl1[i - 11]
    str += ']\n'

    # 보드
    for i in range(12):
        if pieces0[i] != 0:
            str += cegl0[pieces0[i]]
        elif pieces1[11 - i] != 0:
            str += cegl1[pieces1[11 - i]]
        else:
```

```
                    str += '-'
            if i % 3 == 2:
                str += '\n'

    # 선수 플레이어가 획득한 말
    str += '['
    for i in range(12, 15):
        if pieces0[i] >= 2: str += cegl0[i - 11]
        if pieces0[i] >= 1: str += cegl0[i - 11]
    str += ']\n'
    return str
```

■ 동작 확인 정의

동작 확인을 위해 '랜덤 vs 랜덤'으로 대전하는 코드를 추가한다.

```
# 랜덤으로 행동 선택
def random_action(state):
    legal_actions = state.legal_actions()
    return legal_actions[random.randint(0, len(legal_actions) - 1)]

# 동작 확인
if __name__ == '__main__':
    # 상태 생성
    state = State()

    # 게임 종료 시까지 반복
    while True:
        # 게임 종료 시
        if state.is_done():
            break

        # 다음 상태 얻기
        state = state.next(random_action(state))

        # 문자열 표시
        print(state)
        print()
```

■ game.py 동작 확인

'game.py'를 Google Colab의 인스턴스에 업로드하고, 동작을 확인한다.

```python
# game.py 업로드
from google.colab import files
uploaded = files.upload()
```

```python
# 폴더 확인
!dir
game.py
```

```
game.py        sample_data
```

```python
# game.py 동작 확인
!python game.py
```

```
[]        [c]        []         [c]        [c]        [c]
gle       g-e        g-e        gle        g-e        --G
-c-       -c-        lcG        --G        -lG        gLl
LC-       -lG        L--        -L-        L--        ---
E-G       EL-        E--        E--        Ec-        Ec-
[]        []         [C]        [C]        []         [E]

[]        []         []         []         [c]        [c]
g-e       g-e        gle        gle        --e        g-G
-cl       -cc        -cG        --G        glG        -Ll
LC-       -lG        L--        -L-        L--        ---
E-G       EL-        E--        Ec-        Ec-        Ec-
[]        []         [C]        [C]        []         [E]

[]        []         []         []         [c]        [c]
g-e       g-e        gle        gle        --G        g--
-cl       -cc        -cG        -CG        gl-        -LG
-C-       LlG        LC-        -L-        L--        ---
ELG       E--        E--        Ec-        Ec-        Ec-
[]        []         []         []         [E]        [E]

[c]       []         [c]        [c]        [c]
g-e       g-e        gle        g-e        --G
-c-       lcc        --G        -lG        g-l
-l-       L-G        Lc-        -L-        L--
ELG       E--        E--        Ec-        Ec-
[]        []         []         []         [E]
```

8-3-5 dual_network.py(파라미터만 갱신)

'dual_network.py'에서는 듀얼 네트워크의 파라미터를 변경한다. 입력 형태는 (3, 4, 14), 행동 수는 132로 지정한다.

```
DN_INPUT_SHAPE = (3, 4, 14)   # 입력 형태
DN_OUTPUT_SIZE = 132   # 행동 수(말의 이동 도착 위치(12) × 말의 이동 시작 위치(11))
```

8-3-6 pv_mcts.py(듀얼 네트워크 입력 갱신)

'pv_mcts.py'는 듀얼 네트워크 입력 타입을 갱신한다. 'state.pieces, state.enemy_pieces'를 'state.pieces_array()'로 변경한다.

```
x = np.array([state.pieces, state.enemy_pieces])
```

```
x = np.array(state.pieces_array())
```

8-3-7 self_play.py(듀얼 네트워크 입력 갱신)

'self_play.py' 역시 듀얼 네트워크 입력 타입을 변경한다. 'state.pieces, state.enemy_pieces'를 'state.pieces_array()'로 변경한다.

```
history.append([[state.pieces, state.enemy_pieces], policies, None])
```

```
history.append([state.pieces_array(), policies, None])
```

8-3-8 train_cycle.py(코드 일부 삭제)

'train_cycle.py'에서는 베스트 플레이어 평가 부분만을 삭제한다.

```
# 네트워크 평가
update_best_player = evaluate_network()

# 베스트 플레이어 평가
if update_best_player:
    evaluate_best_player()
```

```
# 네트워크 평가
evaluate_network()
```

8-3-9 human_play.py(전체 갱신)

'human_play.py'에서는 간이 장기 UI를 구현한다.

■ 패키지 임포트

앞 장 7-3 '사람과 AI의 대전'과 같다.

```
# 패키지 임포트
from game import State
from pv_mcts import pv_mcts_action
from tensorflow.keras.models import load_model
from pathlib import Path
from threading import Thread
import tkinter as tk
from PIL import Image, ImageTk
```

■ 베스트 플레이어 모델 로드

앞 장 7-3 '사람과 AI의 대전'과 같다.

```
# 베스트 플레이어 모델 로드
model = load_model('./model/best.h5')
```

■ 게임 UI 정의와 실행

'GameUI'를 정의하고 실행한다. GameUI의 메소드는 다음과 같다.

표 8-3-6 GameUI의 메소드

메소드	설명
__init__(master=None, model=None)	게임 UI 초기화
turn_of_human(event)	사람의 턴
turn_of_ai	AI의 턴
draw_piece(index, first_player)	말 그리기
on_draw()	화면 갱신

다음 예제 코드의 생략된 부분은 이후 메소드별로 설명한다.

```python
# 게임 UI 정의
class GameUI(tk.Frame):
    (생략)

# 게임 UI 실행
f = GameUI(model=model)
f.pack()
f.mainloop()
```

■ 게임 UI 초기화

'__init__()'는 게임 UI를 초기화한다.

여기서는 '게임 상태'와 'PV MCTS로 행동 선택을 수행하는 함수'와 '이미지', '캔버스'를 준비한다. 마지막으로 화면을 갱신하고, 초기 화면을 표시한다.

```python
# 초기화
def __init__(self, master=None, model=None):
    tk.Frame.__init__(self, master)
    self.master.title('간이 장기')

    # 게임 상태 생성
    self.state = State()
    self.select = -1   # 선택(-1: 없음, 0~11: 매스, 12~14: 획득한 말)

    # 방향 정수
    self.dxy = ((0, -1), (1, -1), (1, 0), (1, 1), (0, 1), (-1, 1), (-1, 0), (-1, -1))

    # PV MCTS를 활용한 행동 선택을 수행하는 함수 생성
    self.next_action = pv_mcts_action(model, 0.0)
```

```
# 이미지 준비
self.images = [(None, None, None, None)]
for i in range(1, 5):
    image = Image.open('piece{}.png'.format(i))
    self.images.append((
        ImageTk.PhotoImage(image),
        ImageTk.PhotoImage(image.rotate(180)),
        ImageTk.PhotoImage(image.resize((40, 40))),
        ImageTk.PhotoImage(image.resize((40, 40)).rotate(180))))

# 캔버스 생성
self.c = tk.Canvas(self, width=240, height=400, highlightthickness=0)
self.c.bind('<Button-1>', self.turn_of_human)
self.c.pack()

# 화면 갱신
self.on_draw()
```

■ 사람의 턴 처리

'turn_of_human()'은 사람의 턴을 처리한다.

① 게임이 종료되는 경우

게임이 종료되는 경우 게임 상태를 초기 상태로 되돌린다.

② 선 수가 아닌 경우

선 수가 아닌 경우에는 조작 불가로 처리한다.

③ 획득한 말의 종류 얻기

'state.pieces'로부터 획득한 말의 종류를 얻는다.

④ 말 선택과 이동 위치 계산

클릭 위치로부터 말의 선택과 이동 위치를 계산한다.

⑤ 말 선택

말이 선택되지 않은 경우에는 말을 선택해서 말의 이동 지정을 보조한다.

⑥ 말 선택과 이동 위치를 행동으로 변환

말 선택과 이동 위치를 행동으로 변환한다.

⑦ 둘 수 있는 수가 아닌 경우

말 선택과 이동 위치로부터 변환한 행동이 둘 수 있는 수가 아닌 경우 말 선택을 해제한다.

⑧ 다음 상태 취득

둘 수 있는 수인 경우 다음 상태를 취득하고, 화면을 갱신한다.

⑨ AI의 턴

AI의 턴으로 바꾼다.

```python
# 사람의 턴
def turn_of_human(self, event):
    # 게임 종료 시
    if self.state.is_done():
        self.state = State()
        self.on_draw()
        return

    # 선 수가 아닌 경우
    if not self.state.is_first_player():
        return

    # 획득한 말의 종류 얻기
    captures = []
    for i in range(3):
        if self.state.pieces[12 + i] >= 2: captures.append(1 + i)
        if self.state.pieces[12 + i] >= 1: captures.append(1 + i)

    # 말 선택과 이동 위치 계산(0~11: 매스, 12~13: 획득한 말)
    p = int(event.x / 80) + int((event.y - 40) / 80) * 3
    if 40 <= event.y and event.y <= 360:
        select = p
    elif event.x < len(captures) * 40 and event.y > 360:
        select = 12 + int(event.x / 40)
    else:
        return

    # 말 선택
    if self.select < 0:
        self.select = select
        self.on_draw()
        return

    # 말 선택과 이동을 행동으로 변환
    action = -1
    if select < 12:
```

```
                    # 말 이동 시
            if self.select < 12:
                action = self.state.position_to_action(p, self.position_to_
direction(self.select, p))
                    # 획득한 말의 배치 시
            else:
                action = self.state.position_to_action(p, 8 - 1 + captures[self.select - 12])

        # 둘 수 있는 수가 아닌 경우
        if not (action in self.state.legal_actions()):
            self.select = -1
            self.on_draw()
            return

        # 다음 상태 얻기
        self.state = self.state.next(action)
        self.select = -1
        self.on_draw()

        # AI의 턴
        self.master.after(1, self.turn_of_ai)
```

■ AI의 턴 처리

'turn_of_ai()'는 AI의 턴을 처리한다.

① 게임이 종료되는 경우

게임이 종료되는 경우 게임 상태를 초기 상태로 되돌린다.

② 행동 얻기

듀얼 네트워크로 행동을 얻는다.

③ 다음 상태 얻기

얻은 행동에 따라 다음 상태를 얻고, 화면을 갱신한다.

```
    # AI의 턴
    def turn_of_ai(self):
        # 게임 종료 시
        if self.state.is_done():
            return

        # 행동 얻기
        action = self.next_action(self.state)
```

```
        # 다음 상태 얻기
        self.state = self.state.next(action)
        self.on_draw()
```

◼ 말의 이동 도착 위치를 말의 이동 방향으로 변화

'position_to_direction()'은 말의 이동 도착 위치를 말의 이동 방향으로 변환한다.

```
# 말의 이동 도착 위치를 말의 이동 방향으로 변환
def position_to_direction(self, position_src, position_dst):
    dx = position_dst % 3 - position_src % 3
    dy = int(position_dst / 3) - int(position_src / 3)
    for i in range(8):
        if self.dxy[i][0] == dx and self.dxy[i][1] == dy: return i
    return 0
```

◼ 말 그리기

'draw_piece()'는 말을 그린다.

인수로 'index'는 매스 번호, 'first_player'는 선 수 여부를 판단한다. 선 수와 후 수에서는
말의 방향을 바꾼다.

```
# 말 그리기
def draw_piece(self, index, first_player, piece_type):
    x = (index % 3) * 80
    y = int(index / 3) * 80 + 40
    index = 0 if first_player else 1
    self.c.create_image(x, y, image=self.images[piece_type][index], anchor=tk.NW)
```

◼ 획득한 말 그리기

'draw_capture(first_player, pieces)'는 획득한 말을 그린다.

인수로 'first_player'는 선 수 여부, 'pieces'는 말의 배치다. 'pieces'의 12~14는 획득한 말의
숫자다.

```
# 획득한 말 그리기
def draw_capture(self, first_player, pieces):
    index, x, dx, y = (2, 0, 40, 360) if first_player else (3, 200, -40, 0)
    captures = []
    for i in range(3):
        if pieces[12 + i] >= 2: captures.append(1 + i)
        if pieces[12 + i] >= 1: captures.append(1 + i)
    for i in range(len(captures)):
        self.c.create_image(x + dx * i, y, image=self.images[captures[i]][index],
anchor=tk.NW)
```

■ 커서 그리기

'draw_cursor(x, y, size)'는 커서를 그린다.

인수 x, y는 캔버스의 xy 좌표, 'size'는 커서의 폭과 높이로 픽셀 단위로 지정한다.

```
# 커서 그리기
def draw_cursor(self, x, y, size):
    self.c.create_line(x + 1, y + 1, x + size - 1, y + 1, width=4.0, fill='#FF0000')
    self.c.create_line(x + 1, y + size - 1, x + size - 1, y + size - 1, width=4.0,
fill='#FF0000')
    self.c.create_line(x + 1, y + 1, x + 1, y + size - 1, width=4.0,
fill='#FF0000')
    self.c.create_line(x + size - 1, y + 1, x + size - 1, y + size - 1, width=4.0,
fill='#FF0000')
```

■ 화면 갱신

'on_draw()'는 화면을 갱신한다. 모든 위치, 말, 획득한 말, 그리고 선택 커서를 그린다.

```
# 화면 갱신
def on_draw(self):
    # 매스 눈금
    self.c.delete('all')
    self.c.create_rectangle(0, 0, 240, 400, width=0.0, fill='#EDAA56')
    for i in range(1, 3):
        self.c.create_line(i * 80 + 1, 40, i * 80, 360, width=2.0, fill='#000000')
    for i in range(5):
        self.c.create_line(0, 40 + i * 80, 240, 40 + i * 80, width=2.0, fill='#000000')

    # 말
```

```
    for p in range(12):
        p0, p1 = (p, 11 - p) if self.state.is_first_player() else (11 - p, p)
        if self.state.pieces[p0] != 0:
            self.draw_piece(p, self.state.is_first_player(), self.state.pieces[p0])
        if self.state.enemy_pieces[p1] != 0:
            self.draw_piece(p, not self.state.is_first_player(), self.state.enemy_
pieces[p1])

    # 획득한 말
    self.draw_capture(self.state.is_first_player(), self.state.pieces)
    self.draw_capture(not self.state.is_first_player(), self.state.enemy_pieces)

    # 선택 커서
    if 0 <= self.select and self.select < 12:
        self.draw_cursor(int(self.select % 3) * 80, int(self.select / 3) * 80 +
40, 80)
    elif 12 <= self.select:
        self.draw_cursor((self.select - 12) * 40, 360, 40)
```

8-3-10 학습 사이클 실행

샘플 예제 코드 한 세트(표 8-3-1 참고)를 Google Colab의 인스턴스에 업로드하고 실행한다.
구체적인 실행 방법은 6-8 '학습 사이클 실행'을 참고한다.

- game.py
- dual_network.py
- pv_mcts.py
- self_play.py
- train_network.py
- evaluate_network.py
- train_cycle.py

```
# 샘플 예제 코드 한 세트 업로드
from google.colab import files
uploaded = files.upload()

# 학습 사이클 실행
!python train_cycle.py
```

학습을 완료하는 데는 GPU로 꼬박 1일이 소요된다. 30 사이클 분량을 학습하면 규칙을 이제 막 익힌 사람 정도의 수준까지 학습할 수 있다.

학습이 완료되면 'best.h5'를 다운로드한다.

```python
# best.h5 다운로드
from google.colab import files
files.download('./model/best.h5')
```

8-3-11 사람과 AI의 대결 실행

사람과 AI의 대전은 로컬 PC에서 실행한다. 'human_play.py'와 같은 폴더에 'best.h5'를 포함한 모델 폴더를 저장한다.

그 뒤, 다음 명령어를 실행하면 간이 장기가 시작된다.

```
$ python human_play.py
```

찾아보기